人力资源管理师操作实务

薪酬管理实务

主编 ◎葛玉辉　副主编 ◎蔡弘毅

第2版

Compensation Management Practice

清华大学出版社
北京

内 容 简 介

本书是作者结合近年来企业人力资源管理和薪酬管理的实践以及作者多年的教学积累和咨询经验编写而成的,从综合性和动态性的角度阐述了薪酬管理的相关概念、薪酬体系的设计以及特殊人员的薪酬管理。全书注重对薪酬管理理论知识的讲解和实际操作技能的介绍,每章开头都设有"导入案例",然后介绍相应的理论知识和操作应用,帮助读者由浅入深地理解薪酬管理的相关知识,以求尽可能翔实地介绍薪酬管理的实际操作技能,帮助读者提高实际的薪酬管理操作能力。

本书可作为高校经济管理类相关专业的本科生、MBA和研究生教材,也适用于企事业单位人事行政总监、人力资源经理、人力资源主管、人力资源专员、行政专员等各级管理人员的管理培训和实际操作。

本书封面贴有清华大学出版社防伪标签,无标签者不得销售。
版权所有,侵权必究。举报:010-62782989,beiqinquan@tup.tsinghua.edu.cn。

图书在版编目(CIP)数据

薪酬管理实务/葛玉辉主编. —2版. —北京:清华大学出版社,2022.10
(人力资源管理师操作实务)
ISBN 978-7-302-53832-5

Ⅰ. ①薪… Ⅱ. ①葛… Ⅲ. ①企业管理-工资管理 Ⅳ. ①F272.92

中国版本图书馆 CIP 数据核字(2019)第 205992 号

责任编辑:邓 婷
封面设计:刘 超
版式设计:文森时代
责任校对:马军令
责任印制:曹婉颖

出版发行:清华大学出版社
　　　　　网　　址:http://www.tup.com.cn,http://www.wqbook.com
　　　　　地　　址:北京清华大学学研大厦 A 座　　　　邮　　编:100084
　　　　　社 总 机:010-83470000　　　　　　　　　　邮　　购:010-62786544
　　　　　投稿与读者服务:010-62776969,c-service@tup.tsinghua.edu.cn
　　　　　质量反馈:010-62772015,zhiliang@tup.tsinghua.edu.cn
印 装 者:三河市铭诚印务有限公司
经　　销:全国新华书店
开　　本:185mm×260mm　　　印　张:14　　　字　数:319 千字
版　　次:2011 年 2 月第 1 版　　2022 年 11 月第 2 版　　印　次:2022 年 11 月第 1 次印刷
定　　价:59.80 元

产品编号:081388-01

丛书主编

葛玉辉，男，1964 年出生，华中科技大学管理学博士，上海理工大学管理学院教授、博士生导师、工商管理系主任、工商管理一流学科带头人，国内著名的管理咨询专家，中国管理学网名师，上海交通大学海外教育学院特聘教授，复旦大学特聘教授，同济大学特聘教授，慧泉（中国）国际教育集团高级教练，精品课程"人力资源管理"主讲教授，上海解放教育传媒·学网特聘教师，上海博示企业管理咨询有限公司技术总监，中国人力资源开发与管理委员会委员，上海人才学会理事，上海市系统工程学会会员，上海社会科学联合会会员，湖北省社会科学联合会会员，中国管理研究国际学会理事。

葛玉辉在 African Journal of Business Management，Journal of Grey System，Journal of Computational Information Systems 等国外期刊，以及《预测》《管理工程学报》《科学学与科学技术管理》等国内期刊上公开发表学术论文 260 余篇，2000—2018 年主持企业策划、人力资源开发与管理研究等科技项目 40 余项，其中国家级项目 4 项，省部级项目 6 项，横向课题 31 项，4 项科研成果分获国家优秀成果二等奖、湖北省重大科技成果奖、湖北省科技进步三等奖。

丛书编委会（排名不分先后）

宋 美 宋志强 张玉玲 孟陈莉 赵晓青 郭亮亮

高 雪 顾增旺 蔡弘毅 葛玉辉 焦忆雷 蔺思雨

总 序

本套"人力资源管理师操作实务"丛书第2版是在丛书第1版的基础上结合新时代前沿理论和最新的行业实践要求,从人力资源工作实务的角度进行编写的。本丛书注重理论与实践平衡,强化实操,汲取了人力资源管理经典理论和新观点并融入了编者多年在管理咨询实践中的许多心得体会与经验,形成了"理论—实战—工具—操作"的全新撰写思路。本套丛书实操性强,注重基础理论、工具方法和实际操作的有机联系,充分利用丰富的图表来形象地表达和说明问题并结合案例进行分析,每章有思考案例、管理提示或大师名言,有助于读者尽快掌握人力资源管理实务操作技能。本套丛书是人力资源管理者进行人力资源规范化管理、提高工作效率必备的实用工作手册和常用工具书。同时,本套丛书为打造一个专门的板块特构建了一个集"阅读—下载—互动"为一体的立体化教学资源平台,读者可以从这个平台的网站上下载工作中实用的表格或者文件的模板,也可以延伸阅读一些案例。

1. 丛书(第2版)构成:一套六本

(1)《工作分析与工作设计实务(第2版)》
(2)《招聘与录用管理实务(第2版)》
(3)《员工培训与开发实务(第2版)》
(4)《绩效管理实务(第2版)》
(5)《薪酬管理实务(第2版)》
(6)《职业生涯规划管理实务(第2版)》

2. 丛书特色:理论—实战—工具—操作—下载—互动

(1)丛书第2版立足于中国情境并结合新时代特色将前沿理论融入丛书,如在《绩效管理实务(第2版)》一书中编者增加了最新的绩效考核工具目标-结果考核法(objectives and key results,OKR)和经济增加值考核法(economic value added,EVA)。

(2)从人力资源管理工作实务的角度出发,按照实际工作流程中的相应环节进行内容框架设计;内容丰富,与实际工作结合紧密,具有工具性特色。在每章的开头以案例导入,每章的正文适当穿插案例,每章的结尾再设置案例,便于读者结合理论进行分析和讨论。

（3）从实用性的角度出发，对知识讲解采取图和表等直观形式来进行说明；对一些具体工作文本和工具表格，提供网络链接，方便读者下载使用，突出实用性特色。

（4）对一些不容易用图和表说明的内容，针对各个工作环节中遇到的主要问题用实例加以说明；突出方法与技巧，帮助读者理解和掌握相关知识点；示例新颖、有代表性，完美地展现了人力资源管理的成功经验和实用技巧。

（5）形式活泼。书中增加了一些小案例、小测试或相关知识阅读推荐之类的小板块，使读者阅读起来更轻松，便于掌握。

（6）网络与丛书的互动。我们在互联网上搭建了一个编者与读者教与学的互动平台，将最新理论成果、策划案例分析、图形、表格、工作文本等相关资料展现在网上（www.boshzixun.cn），形成教学互动，实现丛书资源共享。

3. 作者团队：学术界+企业界

本套丛书的作者既有来自高校管理学院的教授、博士，又有来自管理咨询公司的资深高级咨询师，更有来自企业的人力资源总监、高层管理者，体现了理论与实践的完美结合、学术与应用的并重、操作与理念的相互渗透。

本套丛书从调研、策划、构思、撰写到出版，前后历时多年。丛书第 2 版的出版，既是作者辛勤工作的成果，更是"产学研"团队合作成功的标志。在此衷心感谢团队成员付出的大量心血，感谢清华大学出版社对本丛书出版的支持和帮助。

本套丛书适合作为经济管理类专业的本科生、研究生和 MBA 教材，也可供研究人员及各类组织的管理人员自学和培训使用。

在编写本套丛书的过程中，我们参阅和借鉴了大量的相关书籍与论文，在此谨向这些书籍和论文的作者表示最诚挚的谢意。限于编者的水平和经验，书中难免存在不足之处，敬请广大读者批评指正。

葛玉辉于上海

前 言

众所周知,薪酬管理是企业人力资源管理工作中一个非常重要的环节,也是人力资源管理工作的一大难点,因此业界及学术界对薪酬管理相关书籍的编写质量有较高的要求。我们希望本书能帮助人力资源管理人员将薪酬管理理论体系熟记于心并指导其顺利开展薪酬管理工作,同时希望能促使薪酬管理相关研究者对薪酬管理实务产生更新、更深入的认识。如果本书的出版最终能够为业界和学术界提供一些帮助和启发,便实现了我们的初衷。

尽管关于薪酬管理的相关概念,业界和学术界早已形成较为全面的认知,薪酬管理工作在实务中也已形成较为系统的一套操作流程,但作者仍然希望从综合的角度对薪酬相关概念进行概述,以便于读者更好地理解;希望在动态地解析薪酬体系的设计、调整与实施过程的同时,重新审视企业应如何制定有效的薪酬管理制度、如何设计合理的薪酬管理体系,从而帮助企业顺利开展薪酬管理活动。

本书在写作过程中遵循"理论基础—流程解析—实战操作"的编写思路,从薪酬的一般理解层次、广义理解层次、狭义理解层次以及薪酬的主要类型和影响因素入手,厘清了薪酬的相关概念,详细描述了薪酬管理的制度安排和具体的薪酬管理体系的设计流程,同时辅以大量的图表和典型企业案例,以帮助读者更透彻地理解各章内容,提高其实际操作能力。

本书是作者结合多年的管理咨询和培训实战经验,花费了大量的时间和心血编写而成的,但由于作者自身水平有限,书中难免存在需要改进的地方,恳请广大读者批评指正。

编者

目录

第一篇 薪酬管理概论

第一章 薪酬与薪酬管理 2
  第一节 薪酬与薪酬管理概述 4
  第二节 薪酬管理的重要决策及其基本流程 12
  第三节 我国企业薪酬体系的演变 14
  第四节 现代薪酬管理的发展趋势 16

第二章 战略性薪酬管理 21
  第一节 战略性薪酬管理概述 22
  第二节 薪酬战略的内容与实施 26
  第三节 战略性薪酬体系的设计 35

第二篇 薪酬体系设计

第三章 薪酬体系的设计原则与薪酬策略 38
  第一节 薪酬体系的设计原则 38
  第二节 薪酬策略体系的构成 42
  第三节 影响企业薪酬策略的主要因素 44

第四章 工作分析与工作评价 47
  第一节 工作分析 47
  第二节 工作评价 77

第五章 薪酬调查与薪酬水平设计ㆍㆍ92

第一节 薪酬调查ㆍㆍ92

第二节 薪酬水平策略ㆍㆍ102

第六章 薪酬结构ㆍㆍㆍ109

第一节 薪酬结构概述ㆍㆍ110

第二节 薪酬结构的设计ㆍㆍ117

第三节 宽带型薪酬结构的设计ㆍㆍㆍㆍㆍㆍㆍㆍㆍㆍㆍㆍㆍㆍㆍㆍㆍㆍㆍㆍㆍㆍㆍㆍㆍㆍㆍㆍㆍ129

第七章 员工福利管理ㆍㆍㆍ139

第一节 员工福利概述ㆍㆍ139

第二节 员工福利管理ㆍㆍ144

第三篇 薪酬管理的实施与调整

第八章 薪酬支付ㆍㆍㆍ148

第一节 薪酬支付概述ㆍㆍ148

第二节 特殊情况下的薪酬支付ㆍㆍㆍㆍㆍㆍㆍㆍㆍㆍㆍㆍㆍㆍㆍㆍㆍㆍㆍㆍㆍㆍㆍㆍㆍㆍㆍㆍㆍ156

第九章 薪酬诊断与分析ㆍㆍㆍ158

第一节 薪酬诊断ㆍㆍ159

第二节 薪酬分析ㆍㆍ165

第十章 薪酬预算的编制与调整ㆍㆍ171

第一节 薪酬预算ㆍㆍ171

第二节 薪酬调整ㆍㆍ178

第四篇 特殊人员的薪酬管理

第十一章 管理人员的薪酬管理ㆍㆍ184

第一节 管理人员概述ㆍㆍ185

第二节 管理人员薪酬管理的实施ㆍㆍㆍㆍㆍㆍㆍㆍㆍㆍㆍㆍㆍㆍㆍㆍㆍㆍㆍㆍㆍㆍㆍㆍㆍ187

第十二章 技术人员的薪酬管理ㆍㆍ190

第一节 专业技术人员概述ㆍㆍㆍㆍㆍㆍㆍㆍㆍㆍㆍㆍㆍㆍㆍㆍㆍㆍㆍㆍㆍㆍㆍㆍㆍㆍㆍㆍㆍㆍㆍㆍㆍㆍㆍㆍㆍㆍ191

第二节 专业技术人员的薪酬设计ㆍㆍㆍㆍㆍㆍㆍㆍㆍㆍㆍㆍㆍㆍㆍㆍㆍㆍㆍㆍㆍㆍㆍㆍ192

第三节　技术人员薪酬设计的要点......194

第十三章　销售人员的薪酬管理......197
　　第一节　销售人员的薪酬模式及其选择......198
　　第二节　销售人员薪酬体系的设计......202

第十四章　国际外派人员的薪酬管理......206
　　第一节　国际外派人员薪酬管理的特点......207
　　第二节　国际外派人员薪酬体系......208

参考文献......212

第一篇
薪酬管理概论

第一章 薪酬与薪酬管理

（一）薪酬管理的作用

以下是某杂志记者就薪酬问题对一些企业中的人员所做的采访记录。

某连锁超市培训主任张先生说："薪酬固然重要，尤其是对于已经在职场上打拼了近10年的人来说，但它并不是唯一重要的。如果企业给予你充分的发展空间、成就感，就可以将这些连同薪酬综合起来考虑。在单纯因为对薪酬不满离开企业之前一定要想一下，什么是对你最重要的。"

北京某空调公司副总经理说："作为公司的创始人之一，发工资时，我总在想什么时候才能多发一些工资给大家。因为我觉得企业所有的利润不是老板个人创造的，而是所有人共同创造的，是团队创造的，只是不同的角色所起的作用不同。所以，我们提出一个观点：处理好'左腿'与'右腿'的关系。如果你是老板，工资是'右腿'的话，那你就先迈右腿。只要你的'肢体'是健康的，'左腿'一定会跟上去的。我们这样做了，结果得到了相应的回报，大家的工作积极性提高了，利润增长了。当然，前提是需要做好一件事情，就是要有相应的考核工作，设定明确的标准，让每个人都争取达标；规定细致的奖罚条件，以保证薪酬制度的顺利实施。"

某通信公司总裁夏先生说："企业发展到一定阶段后，很多老板可能会觉得薪酬不是最重要的，最重要的是给员工发展空间。这没有错，但一定要意识到一点，那就是应该在给予充足的薪水的前提下给予发展空间，毕竟薪酬是很重要的一个留人因素。公司以前发生过这样一件事情：新上任的一个部门经理在领第一个月的薪水时发现数额不对，和他当初与人事部门谈的薪酬差了几百块钱。他鼓足勇气找到直线经理，再找到我这里，我发现事情是人力资源部门的工作疏忽造成的，就立即签字把他的薪水补发了。这个员工感觉补发的薪水是他自己争取来的，而不是企业愿意给他的，于是心里别扭了好长一段时间。现在，我们发薪水时会用一个小小的'伎俩'：我在和应聘者面谈薪酬的时候会承诺他们某个数额，但真正付给他们的会比这个数额适当高一点，这样会使员工的感受大不一样，因为给出的薪酬超过了他们的期望值。公司多付出一点，起到的激励作用却是很大的。"

上海的赵先生说："1997年，我的第一份工作在一家国企。我当时的目标很明确，就是多学点东西，虽然一个月只有一千多元工资（后来变成两千元左右），但能多见识些东西，多和各个方面接触，我觉得很兴奋，感觉自己在成长。第一次换工作时，我没怎么考虑薪酬的因素。当时，我去一家国内知名的软件公司面试，面试结束后我特意观察了一下，不管是那一张张年轻的、踌躇满志的面孔，还是公司的氛围、工作方式以及节奏，都让我有一种'相见恨晚'的感觉，所以我义无反顾地加入了，那时的薪水是两千五百元左右。尽管一年以后我离开了那里，但还是觉得那是一家很不错的公司。这些年我又陆续换了几家公司工作，尽管薪水一直维持在5000~6000元，却不像以前那么有满足感了。我必须承认的是，现在再换工作的话，除公司的发展前景、规模、文化以外，薪酬水平也是我必须要考虑的一个因素，毕竟我已经不年轻了，要承担更大的家庭责任。而且，在某种程度上，薪酬水平代表公司对我的工作的认可程度。"

资料来源：何志毛．"薪"故事：边做梦，边赶路[J]．经理人，2003（2）：50-56．（有改动）

（二）薪酬诊断——问题到底出在哪里

S公司是一家以生产加工为基础的技、工、贸一体化的高科技企业，拥有一大批技术人才并聘请了经验丰富的技术专家亲自参与、指导工作，在电子、化工、办公自动化等诸多领域从事开发、生产、销售、咨询、维修和技术服务等经营活动。该公司的薪酬体系以职位为基础，其基本设计思路是：首先对每个职位所要求的知识、技能以及职责等因素的价值进行评估，根据评估结果将所有职位归入不同的薪酬等级，每个薪酬等级包含若干综合价值相近的职位；然后根据市场上同类职位的薪酬水平确定每个薪酬等级的工资率并在此基础上设定每个薪酬等级的薪酬范围。2007年，该公司产品的市场需求非常旺盛，到年底却发现全年利润率还不到10%，而且是在尚未扣除公司在年初承诺给技术员工的提成和奖金的情况下。对此，公司经理层感到非常震惊。他们在对企业内、外部环境做了认真的调查之后发现，首先，人力成本过高是造成公司年度利润过低的主要原因之一；其次，公司当前的薪酬结构设计并没有起到很好的激励作用，核心员工的工作积极性不高。于是，一场以"薪酬与业绩挂钩，合理拉开薪酬差距"为核心的薪酬制度改革在该公司内轰轰烈烈地展开了。新的薪酬制度对设计人员一律实行低底薪、高提成的薪酬管理办法，同时让薪酬与回款率挂钩。根据要求，每个设计人员每个月至少要完成上万元的项目业绩，底薪一律为1500元（以前为3000~6000元）；不能完成者，降职为设计助理，底薪为800元；同时实行自动淘汰机制……

资料来源：李广义．人力资源管理[M]．天津：天津大学出版社，2009：155．

对大多数企业来说，薪酬是企业总成本的重要组成部分，因此如何设计和管理薪酬的整个分配和运作过程、评价员工的工作绩效、促进劳动数量和质量的提高、激励员工的劳动积极性，使企业获得最大程度的回报，成为管理者的重要职责。对员工来讲，薪酬使他们从企业中获得满足感，是他们维持生活、提高生活质量的重要保障。合理的薪酬制度和薪酬水平可以使员工有一种安全感，从而增强他们对企业的信任感和归属感。

本章将依次介绍薪酬的概念、功能，薪酬管理以及薪酬设计的一般流程等知识，重点帮助读者建立起对薪酬和薪酬管理的基本认识。

薪酬管理是人力资源管理的重要内容。在现代企业管理中，薪酬已不仅仅是传统的企业生产成本支出，还是与企业人力资源开发战略紧密相连的管理要素。从早期的工资理论到近期提出的奖薪管理，伴随薪酬管理发展的是不断更新的经营理念和管理哲学。薪酬管理必须从企业战略出发，以"激励"的特征引导、塑造员工行为，在一定的薪酬预算范围内，做到吸引、激励和保留企业关键人才。

第一节　薪酬与薪酬管理概述

一、薪酬

1. 薪酬的本质

薪酬的本质是什么？是劳动力输出劳动的价值并从企业获得相应的报酬，这个过程实际上是一种市场交换行为。既然是交换，是市场行为，那么薪酬设计一定要遵从市场规律，要有市场的竞争性或者跟市场匹配，薪酬在市场上有没有优势决定公司能否吸引到优质的人才。

当然，这个问题要和企业的业务性质联系起来考虑。如果业务本身是靠国家政策垄断的，而人又是国家认定的，其收入完全参照同岗位市场薪酬水平就是不对的，因为不管是谁在这个岗位上都是一样的，业务是国家给的、价格是国家定的、利润也是稳定的，所以这时候人的收入就不应该按照市场水平来定。薪酬的本质是市场交换行为，所以薪酬的市场化要和业务的市场化对接。市场化是一个系统工程，不是那么简单的。没有业务的市场化，薪酬的市场化是要出问题的。因此，在这个系统里面，上面是战略，战略的核心是业务。首先是业务市场化，然后是人才市场化、薪酬市场化。这个系统如果不建立起来，薪酬就不能发挥激励性，薪酬的变动是整个系统的变动。

薪酬的本质是市场交换行为，那么这个市场交换行为在市场竞争充分的情况下为我们带来什么样的思考呢？不同的岗位，价值不同，报酬也不一样，所以薪酬设计要进行价值评估。同时，按照基本的经济学原理，是市场交换行为，就存在供求关系。市场上能够胜任某个岗位的人很多，当很多人找不到工作的时候，该岗位的报酬就相对较低。而当市场人才缺乏、招不到人的时候，劳动力的价格就上涨。薪酬管理应该遵循基本的经济规律——供求关系。此外，既然是交换行为，价格是可商量的，可以讨价还价，所以市场化包括价格的可谈判性。薪酬管理需要掌握好人才市场的行情，以相对较低的人工成本把合适的人才吸引过来。

薪酬的另一个要点是如何衡量贡献度，如何体现多劳多得、少劳少得，如何体现薪酬的激励性，解决途径就是绩效考核，它的本质就是衡量贡献度。

2. 薪酬的构成

广义的薪酬包括非经济性薪酬和经济性薪酬两大类。

（1）非经济性薪酬。近年来，由于企业支付报酬形式的多样化发展，各种与工作有关的显性报酬和隐性报酬层出不穷，非经济性薪酬就是一种隐性报酬。非经济性薪酬涉及工作本身因素、价值实现因素以及工作条件等方面的因素。工作本身因素包括挑战性、成就感、晋升的机会等；价值实现因素包括社会地位、个人发展、个人价值实现等；工作条件等方面的因素包括良好的工作氛围、舒适的工作环境和便利的工作条件等。非经济性薪酬之所以被称为薪酬，是因为其引发的心理效用是影响人们的职业选择和薪酬激励效果的重要因素，是企业吸引、保留人才的重要手段。

（2）经济性薪酬。经济性薪酬又叫作狭义薪酬，分为直接经济性薪酬和间接经济性薪酬。

① 直接经济性薪酬。直接经济性薪酬是企业按照一定标准以货币形式向员工支付的薪酬，在经济性薪酬中往往占有比较高的比例。对于普通员工而言，直接经济性薪酬主要是指工资、奖金、津贴、补贴等；对于企业高层管理者以及技术骨干而言，直接经济性薪酬除包括工资、奖金、津贴、补贴外，股票期权、职务消费等也是经常采用的报酬形式。

从本质上来讲，工资和奖金的性质相同，通常无法对二者进行严格的界定和划分，即使划分也没有意义。《中华人民共和国个人所得税法实施条例》规定："工资、薪金所得，是指个人因任职或者受雇取得的工资、薪金、奖金、年终加薪、劳动分红、津贴、补贴以及与任职或者受雇有关的其他所得。""工资、薪金所得"是个人所得税的征税内容之一。

工资是薪酬的主要形式，是单位依据国家法律规定和劳动合同，以货币形式直接支付给员工的劳动报酬。工资的具体构成项目或称谓有很多，在企业管理实践中，基本工资、岗位工资、绩效工资、技能工资、薪级工资、激励工资、职务工资、工龄工资、加班工资、计件工资以及计时工资等都是经常被采用的工资项目。需要说明的是，上述各种称谓是根据不同角度提出的，存在相互交叉和重叠的现象。其实，以上所有工资项目可以被归为两类，即固定工资和浮动工资。固定工资是在一定期限内数额相对固定的工资，如基本工资、工龄工资等；浮动工资是根据业绩等有关因素上下波动的工资，如绩效工资、激励工资、加班工资等。

奖金是单位对员工超额劳动部分或绩效突出部分所支付的激励性报酬，是组织为鼓励员工提高劳动效率和工作质量，给予员工的货币奖励。奖金的形式灵活多样，奖励的对象、性质、数额大小等也都可灵活安排。奖金具有不确定性，能否得到奖金取决于业绩完成情况的好坏，因此奖金是具有激励性质的报酬。

津贴是单位对员工在非正常工作环境下工作付出的额外劳动消耗、生活费用以及身心健康受到损害时所给予的补偿，其中与员工生活相关的部分称为补贴。非正常工作环境包括高温高空作业、矿下水下作业、有毒有害环境下作业等。在我国传统薪酬体系中，津贴、补贴对实现薪酬公平起到了很大的促进作用。很多企事业单位的津贴、补贴项目繁多，归纳起来主要有：具有补偿员工在特殊劳动条件下劳动消耗性质的津贴，如矿山井下津贴、高温临时津贴；兼具补偿员工特殊劳动消耗和额外生活支出的双重性质的津贴。

员工津贴、补贴的特点有三个：第一，具有补偿性。多数津贴所体现的不是劳动本身，即劳动数量和质量的差别，而是劳动所处环境和条件的差别，从而调整地区、行业、工种之间在这些方面的工资关系。第二，具有单一性。多数津贴是根据某一特定条件、为某一特定目的而制定的，往往"一事一贴"。第三，具有较大的灵活性。多数津贴可以随工作环境、劳动条件的变化而变化，可增、可减、可免。

② 间接经济性薪酬。间接经济性薪酬不直接以货币形式发放给员工，但通常可以给员工带来生活上的便利，减少员工的额外开支或者免除员工的后顾之忧。间接经济性薪酬通常被称为福利，包括各种保险、住房公积金、带薪休假、员工培训、节假日物品发放以及公共福利设施等。间接经济性薪酬主要是针对组织内员工的一系列有关安全健康、生活保障、社会保险以及退休养老等方面的保障，目的在于提高员工对工作的满意度和对企业的忠诚度。

从性质来看，企业福利可以分为两类：一类是政府立法规定应由企业实施的法定福利项目，另一类是企业根据自身情况有选择性地提供给员工的福利项目。

从福利内容来看，企业福利可以分为健康与安全方面的福利、非工作时间报酬以及为员工提供的服务等。健康与安全方面的福利主要包括社会保险、商业保险（如意外死亡与肢体伤残保险、住院保险和孕妇保险等）、补充医疗保险、附加失业保险以及企业年金计划、解雇费、健康体检、劳动保护等。非工作时间报酬主要包括带薪长假、代替带薪长假的奖金、病假补偿、探亲假或丧假补偿以及低息或无息住房贷款等。为员工提供的服务主要是指为员工提供各类咨询、教育帮助计划、关怀老幼、班车接送、保健活动、食堂服务等服务。有些企业甚至为员工开通了24小时服务热线，帮助员工解决个人问题，避免员工因个人问题产生工作危机，影响工作生产效率。

3. 薪酬的功能

薪酬的功能是薪酬管理的核心，对于员工和企业来说是不同的。对于员工而言，薪酬主要有补偿功能、激励功能、价值实现功能；对于企业而言，薪酬主要有调节功能、效益功能、统计与监督功能、塑造和强化企业文化的功能、控制经营成本的功能等。

（1）补偿功能。员工在劳动过程中的体力与脑力消耗必须得到补偿，只有这样，劳动才能得以继续，社会才能不断进步。同时，员工为了提高素质和技能，需要进行教育投资，相应的投资费用也需要得到补偿，否则就没有人愿意进行教育投资，劳动力素质就难以不断提高，进而会影响社会发展。在市场经济体制下，以上两方面的补偿费用不可能完全由社会来承担，有相当一部分要由个人承担。对员工来说，以取得的薪酬换取物质、文化生活资料，就可保证对劳动力消耗与劳动力生产费用支出予以补偿。

（2）激励功能。想要提高生活水平，就要通过多劳动来多得薪酬。但是，薪酬的多少不仅取决于提供的劳动量多少，还在于劳动质量的高低。劳动质量高，薪酬就多；反之，薪酬就少。因此，为了取得较多的薪酬，提高生活水平，员工应不断地全面提高自身素质，以提供数量更多、质量更高的劳动。薪酬的这一激励功能可以从物质利益方面激励员工关心自身劳动力素质的提高和劳动成果的增加，最终促使社会经济不断发展、人民生活不断改善。

（3）价值实现功能。薪酬是员工工作业绩的"显示器"。合理的薪酬是对员工工作能力和水平的认可，薪酬水平往往反映了员工在组织内部的地位与层次，是员工识别个人价值的一种信号。此外，合理的薪酬还可增强员工对组织的信任感和归属感。

（4）调节功能。薪酬的调节职能主要表现为引导劳动力合理流动。在劳动力市场中，供求状态的短期决定因素是薪酬。薪酬高，劳动供给量就大；薪酬低，劳动供给量就小。因此，科学、合理地运用薪酬这一经济参数可以引导劳动力合理流动，使其从不急需劳动力的产业流向急需劳动力的产业，从发挥作用小的产业流向发挥作用大的产业，达到劳动力的合理配置。薪酬的调节功能还表现在通过对薪酬关系、薪酬水平的调整引导劳动者努力学习和钻研企业等经济组织急需的业务知识，从人才过剩的职业向人才紧缺的职业流动，从而满足各行各业的需要，平衡人力资源结构。最后，薪酬的确定还能协调国家、集体、个人三者的利益关系。

（5）效益功能。薪酬对企业等经济组织来说是投入的可变成本，所以不能仅仅将企业的薪酬投入看成货币投入。它是资本金投入的特定形式，是投入活劳动（通过劳动力）这一生产要素的货币表现。因此，薪酬投入也就是劳动投入，而劳动是经济效益的源泉。此外，薪酬对劳动者来说是收入，是生活资料的来源。在正常情况下，一个劳动者所创造的劳动成果总是大于其薪酬（收入），超出部分就是薪酬的经济效益。从企业的角度来看，正因为薪酬的效益功能，社会才有可能扩大再生产，经济才能不断发展，人们的生活水平才能不断提高。

（6）统计与监督功能。薪酬是按劳动数量与质量进行分配的，因此薪酬可以反映出劳动者向社会提供的劳动量（劳动贡献）。薪酬是劳动者用来按一定价格购买与其劳动支出量相当的消费资料的，因此它还可以反映出劳动者的消费水平。薪酬能把劳动量与消费量直接联系起来，这有利于国家从宏观层面上合理安排消费品供应量与薪酬增长的关系以及薪酬增长与劳动生产率增长、国内生产总值增长的比例关系。

（7）塑造和强化企业文化的功能。合理的、富有激励性的薪酬制度有利于企业塑造良好的企业文化，能对企业文化起到积极的强化作用。同样的薪酬可能产生合作文化，也可能产生雇佣文化。如果薪酬制度与企业文化或价值观存在冲突，那么它会对企业文化和价值观产生严重的消极影响。

（8）控制经营成本的功能。薪酬是成本支出的重要部分。虽然较高的薪酬水平有利于企业吸引和保留员工，但同时会给企业造成很大的成本压力，从而对企业在产品市场上的竞争产生不利的影响。因此，如何在保证一定的薪酬吸引力的同时有效地控制薪酬成本支出，对于大多数企业来说都具有重大意义。

4. 薪酬的影响要素

薪酬的影响要素可以分为三大类，即内部要素、外部要素和个体要素（见图1-1），这三大要素决定了薪酬的公平性、竞争性、战略性和合法性等一系列属性。

组织愿景与战略、组织负担能力和组织文化等内部要素决定了组织薪酬总额的水平，进而决定了组织薪酬的外部竞争性和战略导向性。不同的经营战略、发展战略和人力资源战略要求组织的薪酬必须在"组织经营战略和薪酬战略""薪酬战略和人力资源战略的其他各个环节""薪酬战略的各个维度（如工资水平和支付方式）"三个层次实现整合、匹配和互补，以定位组织的整体薪酬水平，进而选择与什么样的竞争对手抗衡，最终帮助组织实现预定的经营目标（包括财务类指标、客户类指标以及员工学习成长类指标等）。

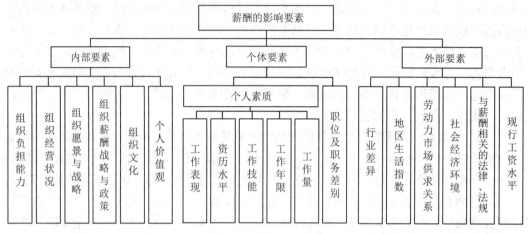

图 1-1　薪酬的影响要素

个人素质（包括工作表现、资历水平、工作技能等）、职位及职务差别等个体要素决定了组织薪酬的内部公平性和内部一致性。人力资本理论认为，工资水平主要取决于每个员工自身所拥有的人力资本的存量。该理论更关注员工之间在所提供的劳动方面的异质性并且认为这种异质性主要是由员工所拥有的人力资本存量的差异所造成的，而这种人力资本存量的差异也造成了员工之间的市场价值的差异，即不同的员工应获得不同的劳动报酬，以体现员工个体的自我纵向公平和内部横向公平。

劳动力市场供求关系、行业差异以及与薪酬相关的法律、法规等外部要素决定了薪酬的外部公平性、经济性和合法性。供求均衡理论认为，劳动力需求和供给是工资的函数且劳动力需求与工资成反方向函数关系，即薪酬水平主要取决于劳动力市场上供求双方的均衡情况。这就决定了组织的薪酬水平和结构要考虑市场因素，要对组织内部的员工进行分类、分层的薪酬管理，而不是把组织内所有职位的薪酬水平都与组织的经营效益严格挂钩，以降低组织的人工成本率。但是，这种注重经济性的原则和政策的实践必须符合国家有关法律、法规，如最低工资标准等。

当然，上述薪酬的影响要素和影响要素决定的属性之间往往自相矛盾或抵触。例如，工资水平越高，员工的外部公平感越强，但这违反了组织薪酬管理的经济性原则；降低薪酬支出可能会支持组织的经营战略，但可能会违背竞争性和合法性原则。因此，在实践中，组织在设计和管理薪酬时往往需要在内部要素、外部要素和个体要素以及薪酬的公平性、竞争性、战略性和合法性等方面找到一个动态的平衡点。

二、薪酬管理

1. 薪酬管理概述

（1）薪酬管理的内涵。所谓薪酬管理，就是对组织支付给员工的报酬进行计划、实施、调整、管理的过程。具体而言，薪酬管理就是针对支付给员工的经济性薪酬和非经济性薪酬确定相应的支付标准，发放的形式、时间和对象，适当的结构以及因时、因地、因人地做相应调整的动态过程。薪酬管理不仅要符合国家的法律、法规，而且必须与组织的整体战略相一致，更要求考虑到员工的切身利益和心理需求，因而它既是一门科学，又是一门艺术。

许多传统的薪酬管理方式往往只注意到物质报酬的重要性，以薪酬为激励员工努力工作的主要手段，忽视了员工的内在情感。其实，随着世界经济的高速发展，人们的观念也相应地发生改变，那种为薪酬而努力工作的外在激励观念正逐步淡化，良好的工作氛围、富有挑战和成就感的工作、领导的称赞和认可以及有趣的工作和完善的职业生涯设计等内在激励因素更能够促进员工积极而努力地工作。

现代人力资源管理强调的是把人作为一种资源，现代薪酬管理把支付给员工的薪酬看作一种有望获得可观价值回报的投资，而不是传统意义上的成本，是组织用来激励员工做出更多的组织所期望的有利于组织发展的行为，同时减少组织所不希望看到的行为并借此让员工为组织创造出更大的劳动价值的手段。

（2）薪酬管理与招聘、培训、绩效管理的关系。薪酬管理是人力资源管理中极为重要的一环，它不但需要人力资源管理中其他管理职能的支撑，同时也对其他管理职能具有一定的影响。

① 薪酬管理与招聘。招聘是指组织吸引应聘对象并从中选拔、录用、安排组织需要的适当人才的过程。在应聘对象还未能更多地了解组织文化及其战略等因素的情况下，组织能吸引他们的最简单、最直接的因素就是薪酬水平。一般情况下，只有市场竞争力最高的薪酬才会引起应聘者的认真考虑，才会使企业在招聘市场上有更大的优势。试想，一个薪酬水平偏低又不具有品牌效应的组织，怎么可能招募到组织最需要的人才呢。

② 薪酬管理与培训。培训是指给新、老员工传授完成本职工作所需的基本知识和技能，促进新、老员工知识面的拓展和能力的提高，以此着力挖掘他们自身所蕴藏的潜在能量的过程。培训对员工的职业生涯发展极其重要，有助于增加他们的收入。一般而言，经过培训的员工势必会提高生产效率，为组织创造更大的利润。而组织为鼓励员工，必然会提高薪酬水平，这样就形成了一个对员工、组织都有益的良性循环。

③ 薪酬管理与绩效管理。绩效管理是对员工在特定时间内的工作绩效进行考核、控制和改进的过程，是薪酬管理的重要依据。很多组织把绩效与薪酬紧密地结合在一起，每一次绩效考核的结果都为下一次薪酬调整提供了客观而有效的标准。只要绩效考核是科学、可靠并为员工所理解和接受的，那么薪酬与绩效的有效结合必然会为组织创造出一种积极向上的工作氛围，有利于组织实现自己的发展战略。

2. 薪酬管理的内容

薪酬管理与组织的发展是相辅相成的。一方面，薪酬管理的最终目标是吸引和保留组织所需要的优秀员工，鼓励员工提高工作能力，最大程度地发挥员工的积极性，提高生产效率，为组织创造最大的价值，为组织的发展提供强大的核心竞争力；另一方面，组织的发展必然依靠核心竞争力的充分发挥，同时组织的发展也为薪酬管理得到更有效的实施提供有力的财力支持。一般来说，薪酬管理主要包括薪酬计划、薪酬管理制度、人工成本核算等内容。

（1）薪酬计划。薪酬是组织成本的重要组成部分。随着经济的发展，人工成本在组织成本中占的比重越来越大，但是人工成本不能无限制地增长，否则不但会影响组织的市场竞争力，还有可能危及组织的生存，因而制订合理的薪酬计划显得极为重要。

制订薪酬计划的方法有两种：一种是从下而上法，另一种是从上而下法。从下而上法就是指根据各部门的人力资源规划和各部门每位员工在下一年度的薪酬预算计算每个部门的薪酬数额，汇总组织所有部门的预算，编制出组织整体薪酬计划的方法。从下而上法具有简单、灵活、易操作的优点，比较容易被员工理解，容易塑造积极向上的工作氛围，但是这种方法不能很好地控制组织的整体人工成本。从上而下法是指组织的高层领导根据组织的财务状况和人力资源规划等决定组织的整体薪酬总额，再将此数额分配到各个部门，各部门按照内部的实际情况，将数额分配到每位员工的方法。从上而下法具有能控制组织总体人工成本、灵活掌握组织资金流量，可适度调整资金周转等优点，但由于确定总额时的主观性太强，往往不够准确，也不利于调动员工的积极性。

（2）薪酬管理制度。薪酬管理制度是组织根据劳动的复杂、精确、繁重程度，劳动责任的大小，能力要求的高低和劳动条件的好坏等因素，将各类岗位划分为若干等级，再按等级确定薪酬标准的一种制度。没有一种薪酬管理制度能够适用于所有组织，事实上，不同性质的组织，其薪酬管理制度有不同的构成内容，侧重点也有所不同。

薪酬管理制度的设计一般必须考虑以下几个方面的内容。

① 薪酬水平与薪酬结构设计。组织的薪酬水平一般由三个层次组成：第一层次，为吸引并保留员工所必须支付的薪酬水平；第二层次，组织有能力支付的薪酬水平；第三层次，实现组织战略目标所要求的薪酬水平。

薪酬结构的类型有很多，从性质上可分为三类：其一是高弹性类，该类薪酬结构的特点是员工的薪酬在不同时期起伏较大，绩效工资与奖金占的比重较大，以绩效为导向的薪酬结构属于这种类型。其二是高稳定类，该类薪酬结构的特点是员工的薪酬与实际绩效的关系不大，而是主要取决于年功和组织整体经营状况，员工的薪酬相对稳定。在采用这类薪酬结构的组织中，员工薪酬中基本工资所占的比重相当大，而奖金的发放则根据公司整体经营状况，按照个人基本工资的一定比例发放，如日本的年功工资。其三是折中类，该类薪酬结构既有高弹性成分，以激励员工提高绩效；又有高稳定成分，以促使员工注意长远目标，如以能力为导向的薪酬结构、以岗位为导向的薪酬结构以及组合薪酬结构，采用该类型薪酬结构的组织较多。组织可以根据自身的薪酬策略选择适合的薪酬结构。

② 薪酬等级设计。不同的组织有不同的岗位，因此薪酬等级也不同，但一般可以分为两种类型。一是分层式薪酬等级类型，其特点是组织设置的薪酬等级比较多，呈金字塔形排列，员工薪酬水平是随着个人岗位等级向上发展而提高的。二是宽泛式薪酬等级类型，其特点是组织设置的薪酬等级少，呈平行式，员工薪酬水平既可以因为个人岗位等级向上发展而提高，也可以因横向工作调整而提高。

③ 固定薪酬的设计。划分了薪酬等级，还要确定不同等级之间薪酬相差的幅度，即薪酬级差，主要是确定组织内最高等级与最低等级的薪酬比例关系以及其他各等级之间的薪酬比例关系。

薪酬浮动幅度是指在同一个薪酬等级中，最高档次的薪酬水平与最低档次薪酬水平之间的薪酬差距，也可以指中间档次的薪酬水平与最低档次或最高档次薪酬水平之间的薪酬差距。

④ 浮动薪酬的设计。员工的浮动薪酬（奖金或绩效工资）不仅要与组织经济效益、部门业绩考核结果挂钩，还必须与个人业绩考核结果挂钩。设计浮动薪酬的关键，一是要确定浮动薪酬总额，二是要确定个人浮动薪酬份额。

（3）人工成本核算。人工成本是组织在生产经营活动中因使用劳动力而发生的所有费用，它包括从业人员劳动报酬总额、社会保险费用、福利费用、教育费用、劳动保护费用、住房费用和其他人工成本，即

人工成本=从业人员劳动报酬总额+社会保险费用+福利费用+教育费用+
劳动保护费用+住房费用+其他人工成本

人工成本并不仅仅是组织成本费用中用于人工的部分，还包括组织税后利润中用于员工分配的部分。

① 从业人员劳动报酬总额。从业人员劳动报酬总额即核算组织支付给所有有酬从业人员的劳动报酬总额，包括在岗员工工资总额和其他从业人员的劳动报酬。

② 社会保险费用。社会保险费用主要包括组织按国家规定参加基本养老保险、基本医疗保险、失业保险、工伤保险和生育保险等强制性基本保险的费用支出以及组织依法设立的各项补充保险（包括商业保险）的费用支出。

③ 福利费用。福利费用包括在组织福利费用中列支并用于组织从业人员医药费、医护人员工资、医疗经费、员工因工负伤赴外地就医路费、员工生活困难补助、在员工集体福利设施内工作的人员的工资以及其他国家规定的福利性支出。

④ 教育费用。教育费用指专用于从业人员学习先进技术和提高文化水平方面的支出。

⑤ 劳动保护费用。劳动保护费用主要包括组织购买或负担的劳动保护设备的费用以及其他只能在工作现场使用的特殊用品的购置、维修等费用。

⑥ 住房费用。住房费用指组织为改善本组织从业人员居住条件而支付的费用。

⑦ 其他人工成本。其他人工成本主要包括：员工招聘、解聘费用；工会经费；子弟学校和技工学校经费；外籍雇员报酬以及其他外聘雇员和专家的人工费用；专、兼职董事以及咨询顾问人员的报酬和相关费用；离岗人员基本生活费等。

人工成本是组织花费在雇员身上的所有费用，人工成本的增加意味着利润的减少，所以人工成本核算是组织关心的焦点问题。

通过人工成本核算，组织可以知道自己使用劳动力所付出的代价，可以了解产品成本和人工成本的主要支出方向，可以及时、有效地监督、控制生产经营过程中的费用支出，改善费用支出结构，节约成本，降低产品价格，提高市场竞争力。

通过人工成本核算，组织可以根据自己的情况，寻找合适的人工成本的投入产出点，达到以最小的投入换取最大的经济效益并调动员工积极性的目的。

第二节 薪酬管理的重要决策及其基本流程

一、薪酬管理的重要决策

企业的主要薪酬管理决策可概括为薪酬体系决策、薪酬水平决策、薪酬结构决策以及薪酬管理政策四大类。

1. 薪酬体系决策

薪酬体系决策的重要任务是明确企业确定基本薪酬的依据。当前，国际上通用的薪酬体系主要有三种，即职位薪酬体系、技能薪酬体系以及能力薪酬体系，其中，职位薪酬体系的运用最为广泛。所谓职位薪酬体系、技能薪酬体系以及能力薪酬体系，顾名思义，就是指企业确定基本薪酬水平的依据分别是员工所从事的工作的价值、员工自身的技能水平、员工所具备的胜任能力或综合性任职资格。职位薪酬体系是以工作和职位为基础的薪酬体系，而技能薪酬体系和能力薪酬体系是以人为基础的薪酬体系。由于薪酬通常被称为薪资，因此很多时候人们也称上述三种体系为职位薪资体系、技能薪资体系和能力薪资体系。

2. 薪酬水平决策

薪酬水平是指企业中各职位、各部门以及整个企业的平均薪酬水平，薪酬水平决定了企业薪酬的外部竞争性。这里需要指出的是，传统的薪酬水平概念更关注企业的整体薪酬水平，而在当前全球经济一体化以及竞争日趋激烈的市场环境中，人们开始越来越多地关注职位和职位之间或者不同企业中的同类工作之间的薪酬水平差异。这是因为，随着竞争的加剧以及企业对自身在产品市场和劳动力市场上的灵活性的强调，企业对薪酬的外部竞争性的考量日益超过了对企业薪酬内部一致性的考量。对企业的薪酬水平决策产生影响的主要因素包括同行业或地区中竞争对手的薪酬水平、企业的支付能力和薪酬战略、社会生活成本指数、在集体谈判情况下的工会薪酬政策等。

3. 薪酬结构决策

我国企业通常习惯将薪酬结构理解为企业的总薪酬体系所包括的薪酬项目，如浮动工资、岗位工资、工龄工资等项目。但是，在标准用法中，这些项目实际上是指薪酬体系的构成，而薪酬结构则是指在同一组织内部一共有多少个基本薪酬等级以及相邻的两个薪酬等级之间的薪酬水平差距。在企业薪酬水平一定的情况下，员工对企业内部的薪酬结构是极为关注的。这是因为，企业内部的薪酬结构实际上反映了企业对职位和技能价值的看法。企业既可以设立多个差距很小的基本薪酬等级，也可以设立较少的、差距很大的薪酬等级。企业的总体薪酬水平会对吸引和保留员工产生重大的影响，而薪酬结构的合理性往往会对员工的流动率和工作积极性产生重大的影响。一般来说，企业可通过正式或者非正式的职位评价以及外部市场薪酬调查来确保薪酬结构的公平性和合理性。

在薪酬结构中，如何保持不同薪酬等级之间的薪酬差距的合理性是一个值得研究的问题。如果薪酬差距过小，薪酬水平会很接近，当不同员工具体承担的工作在重要性、复杂性以及难度和压力等方面相差很大时，往往会导致从事重要工作的员工的薪酬相对较低，这种"薪酬压缩"现象很容易造成逆向选择问题，即优秀员工很难被留住，而能力较差的员工不愿意离开。反之，组织内部的薪酬差距过大则容易造成员工的不公平感，不利于建设共赢的企业文化。企业的内部薪酬差距主要取决于企业所在行业、企业规模、企业所处发展阶段、企业文化和社会文化等多方面的因素。

4. 薪酬管理政策

薪酬管理政策主要涉及企业的薪酬成本与预算控制方式，企业的薪酬制度、薪酬规定和员工的薪酬水平是否保密等问题。薪酬管理政策必须确保员工对薪酬体系的公平性看法以及薪酬体系有助于组织目标和员工个人目标的实现。

在薪酬管理政策中比较有争议性的一个问题是薪酬保密。过去，很多企业都以薪酬保密是国际惯例为借口实施薪酬保密政策。而现在，美国有很多公司已经在薪酬方面采取非常公开的政策了。这一方面是因为美国当前存在劳动力紧缺的问题，吸引人才变得很困难，企业希望以公开的薪酬政策培养和员工之间的良好关系；另一方面是因为美国劳资关系委员会明确规定，企业必须给予员工在工作场所谈论薪酬的自由，就像在公共场所谈论工作一样。不得不承认的是，人们喜欢相互比较，这是人的一种天性，因此提供准确的信息而不是让谣言主导舆论是很有必要的做法。

企业必须清醒地认识到，薪酬管理的真正目的并不是在没有任何争议的情况下将可以分配的薪酬分配下去，即将注意力放在分配过程本身；相反地，薪酬管理的真正目的是让员工了解薪酬分配的原则和依据，理解组织对什么样的行为感兴趣。如果企业试图通过薪酬保密来化解员工可能出现的怨言和不满，则可能会使薪酬丧失其重要的激励功能。事实上，具有经得起公开检验的薪酬政策是企业薪酬管理良好的一种体现。

二、薪酬管理的基本流程

薪酬管理系统能否正常运行和发挥正常的功能在很大程度上取决于企业薪酬管理的流程是否科学、有效。企业的薪酬管理流程受多种因素的影响，如企业经营性质、业务规模、战略以及员工的技术和能力状况等，虽然不同企业面临不同的情况，但依然具有一定的共同之处。在现代化市场经济条件下，企业的薪酬战略趋于市场化和个性化。企业薪酬管理立足于企业的经营战略和人力资源战略，以劳动力市场为依据，在考虑员工所担任的职位本身的价值及其任职资格的基础上考核、评价团队绩效和个人绩效，最后形成企业的薪酬管理系统。这种薪酬管理系统必须达到外部竞争性、内部一致性、成本有效性以及合理认可员工的贡献、遵守相关法律等有效标准。

市场经济体制下的企业薪酬管理流程如图1-2所示。

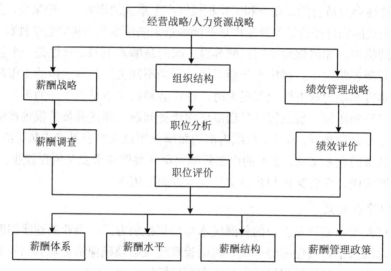

图1-2　市场经济体制下的企业薪酬管理流程

第三节　我国企业薪酬体系的演变

在我国，工资是薪酬最重要的组成部分。在计划经济体制下，薪酬体系实际上是通过立法和行政手段来确定工资分配制度和分配方式，由于在现阶段，国有企业仍然占有很大的比重，所以我国企业薪酬体系的演变过程在很大程度上就是我国国有企业工资制度的改革历程，具体分为以下五个发展阶段。

一、新、旧体制并存阶段（1949—1952年）

这一阶段，在我国一些企业中供给制和旧工资制度并存。因为当时我国正在进行社会主义改造，所以对于一些国家派往企业的接管干部实行供给制，对于企业中的留用人员和工人则保留原来的旧工资制度。按照当时的政策，原有企业人员按新中国成立前三个月的平均工资额来确定工资标准。

二、统一实行"工资分"制度（1952—1955年）

1952—1955年，我国实行了第一次工资改革。这次改革以各大行政区为单位进行，主要是以统一的、合理的、科学的制度代替原来不合理的制度，因此提出以"工资分"为全国统一的工资计算单位。每一工资分的分值均以统一规定的实物计算而不是以货币计算，这类似于现在的"自助式福利"中的福利点数。例如，当时每一工资分含粮食0.8斤（400克）、植物油0.05斤（25克）、白布0.2尺（约6.66厘米）。实行"工资分"制度主要是因为当时各地的物价水平和消费水平相差太大，不利于统一全国的工资水平。"工资分"制度不是一种独立的工资制度，只是我国成立初期由供给制向货币工资转变的一种过渡形式。

三、高度集权的工资等级制度（1955—1978年）

随着物价的稳定和职工生活的改善，"工资分"制度已失去保障的意义，矛盾也越来越多，因此1955年国务院发布了《关于国家机关工作人员全部实行工资制和改行货币工资制的命令》。1956年，国务院又做出了关于工资改革的决定，这次改革取消了"工资分"制度，实行统一按货币规定工资标准的工资制度，在实行货币工资制的同时建立了等级工资制。企业等级工资制的具体内容是：企业内部根据职工的职务高低、责任大小、工作繁简以及技术复杂程度实行有差别的职务工资制，在企业工人中推行8级工资制并将全国划分为11类工资区，各类工资区分别确定不同的工资标准。这次改革在全国范围内统一了工资标准，为我国现行工资制度奠定了基础。

四、改革开放后实行有部分自主权限的工资等级制度（1978—1994年）

随着国家经济体制改革的深入，国有企业内部工资制度改革也随着放权让利、承包经营责任制的实行而逐步推进。例如，通过放权让利，国家允许企业按盈利的一定比例提取奖金；通过承包经营责任制，企业工资和调控引入了计划与市场结合的机制。1986年，国家提出了企业"自主经营、自负盈亏、自主分配、国家征税"的工资体制，使企业内部获得更大的自主空间。1988年，国家在全国范围内推行工效挂钩；1990年，提出国家宏观调控分级分类管理、企业自主分配的工资体制，使企业有权在国家规定的工资总额和有关工资政策的范围内，自主决定内部分配的方式和办法。这一阶段，大部分企业开始实行工资等级制度，有一部分企业开始对传统的工资等级制度进行改革，探索实行新的基本薪酬制度——岗位技能工资制。

五、由岗位技能工资制向岗位工资制转变（1994年以后）

随着现代企业制度目标的确立，企业工资分配制度改革进入了目标明确、全方位推进的新阶段。1994年，国家提出"市场机制决定、企业自主分配、政府监督调控"的工资改革目标体制，1999年又提出"市场机制决定、企业自主分配、职工民主参与、政府监控指导"的目标模式。这些政策的出台使国有企业真正拥有了自主分配工资的权限，但这一阶段国有企业实行的基本工资制度仍是岗位技能工资制。考虑到岗位技能工资制的弊端，2000年，国家经济贸易委员会（以下简称经贸委）下发了《国有大中型企业建立现代企业制度和加强管理的基本规范（试行）》（以下简称《基本规范》）；与此同时，劳动和社会保障部也发布了《进一步深化企业内部分配制度改革的指导意见》，要求建立以岗位工资制为主要形式的工资制度，明确岗位职责和技能，实行以岗定薪、岗变薪变的制度。至此，国有企业内部工资分配制度又开始转向岗位工资制。

第四节 现代薪酬管理的发展趋势

对企业来说，薪酬是一把双刃剑，使用得当能够吸引、留住和激励人才，可以卓有成效地提高企业的实力和竞争力，而使用不当则会给企业带来危机。毫无疑问，建立全面、科学的薪酬管理系统对于企业在知识经济时代培育核心竞争能力和竞争优势、获得可持续发展具有重要意义。为了开展有效的薪酬设计，企业应该时时关注薪酬管理的最新发展趋势，以使组织的薪酬设计跟上时代的步伐。目前，薪酬管理逐渐出现了以下发展趋势。

一、全面薪酬的兴起

薪酬不仅仅是指纯粹的经济性薪酬，还包括非经济性薪酬，也就是在精神方面的激励，如优越的工作条件、良好的工作氛围、培训机会、晋升机会等。企业支付给员工的薪酬应包括内在薪酬和外在薪酬两类，两者的组合称为"全面薪酬"（total-compensation）。

外在薪酬主要是指为员工提供的可量化的货币性价值，主要包括：基本工资、奖金等短期激励薪酬；股票、期权等长期激励薪酬；退休金、医疗保险等货币性福利以及公司支付的其他各种货币性开支，如住房津贴等。

内在薪酬是指那些给员工提供的不能以量化的货币形式表现的各种奖励价值。例如，对工作的满意度，为完成工作而提供的各种方便的工具，培训的机会，提高个人名望的机会，吸引人的公司文化，相互配合的工作环境以及公司对个人的表彰、谢意等。

如何科学地把握全面薪酬的两个方面，将它们有机地统一起来，是企业经营者面临的一个难题。一般来说，外在薪酬是可量化的，可以通过市场竞争达到一个平均的水平，关键是企业要适时地了解和掌握市场上本行业内各种岗位的各种薪酬形式的平均水平，否则就失去了把握和控制自身企业薪酬水平的依据。薪酬水平高了则增加企业成本，低了又吸引不到人才。内在薪酬是非货币性的、难以量化的，其中一部分内容会反映在市场竞争之中，可以通过市场进行了解，如培训机会、公司名望等，还有一部分内容则完全要靠公司自身不断地培育和积累，如公司文化、工作环境、公司对员工的表彰等。

二、薪酬设计方案凸显"以人为本"的理念

传统的、以等价交易为核心的雇员薪酬设计方案正在被"以人为本"的、人性化的、以对雇员的参与和潜能开发为目标的管理方案所替代，这种薪酬设计方案的实质是将薪酬管理作为企业管理和人力资源开发的一个有机组成部分，作为一种激励的机制和手段，其基本思路是将企业的工资计划建立在四个原则的基础之上：薪酬、信任、缩减工资分类和基于业绩，目的是通过强化薪酬的激励功能，提高雇员对企业的认同感和忠诚度。

与传统管理机制相比，基于"以人为本"思想的薪酬设计方案鼓励员工参与和积极奉献，强调劳、资之间的利润分享。其主要的实现措施包括如下几个。

（1）将员工视为企业的合作者，建立员工与企业共担风险、共享利润的薪酬设计方案。

（2）采用技能薪酬体系和绩效薪酬体系。

（3）提高员工薪酬方案中奖励和福利的比例，使之超出基本薪酬的数额。

（4）减少员工的基本薪酬，增加员工的可变薪酬，员工的可变薪酬主要取决于其对企业的贡献。

三、宽带型薪酬结构与扁平型组织结构相得益彰

所谓宽带型薪酬结构，是指对多个薪酬等级以及薪酬变动范围进行重新组合，从而变成只有相对较少的薪酬等级以及相应较宽的薪酬变动范围。这种薪酬结构与组织结构的扁平化趋势是一致的，其主要特征包括以下几个。

（1）扩大专业人员、管理人员和领导者的工资差距，即减少公司薪等（薪酬等级，salary rank）。传统的薪酬结构一般都有 10～20 个薪酬等级，而宽带型薪酬结构一般只有 5～7 个薪酬等级。

（2）薪酬标准在某一薪酬类别的不同等级中差距比较大，特别是专业技术人员的薪酬等级间的差距更大，一般最高档与最低档相差 1 倍以上，即增大了薪距（薪资全距，salary range）范围和增多了薪级（调薪幅度，salary grade）数量，从而每个员工都拥有了充分的提薪空间。

（3）职务和薪酬等级主要取决于员工的专业水平，晋升和加薪与技能水平成正相关，等同于提高知识技能对薪酬水平的影响力。

之所以推崇宽带型薪酬结构，是因为与传统薪酬结构相比，它具有如下优点。

（1）缩小了工作之间的等级差别，打破了传统薪酬结构所维护和强化的等级制度，有利于企业提高效率以及创造学习型企业文化，也有助于企业保持自身组织结构的灵活性，提高了企业适应外部环境的能力。

（2）有助于提高员工的创造力，使其获得全面发展。通过建立宽带型薪酬结构，可抑制一些员工仅为获取高一等级的工资而努力工作的倾向，引导员工将注意力从职位或薪酬等级的晋升转移到个人发展和能力的提高。

（3）驱动良好的工作绩效的实现。尽管宽带型薪酬结构对员工的晋升激励有所减弱，但是由于这种薪酬模式将薪酬与员工的绩效紧密结合起来，赋予上级对优秀员工给予加薪奖励的权力，在激励员工方面表现得更为灵活。

（4）有利于职位轮换，培育组织的跨职能成长和开发。在传统的等级薪酬结构中，员工的薪酬水平是与其所担任的职位严格挂钩的。由于同一职位级别的变动并不能带来薪酬水平的变化且这种变动使得员工不得不学习新的东西，从而会造成工作难度提高，因此员工在很大程度上不愿意接受职位的同级轮换。而在宽带型薪酬结构中，由于薪酬的高低是由能力来决定而不是由职位来决定的，员工乐意通过相关职能领域的职务轮换提升自己的能力，以此获得更大的回报。

（5）对于一些非专业化的、无明显专业区域的工作岗位和组织，宽带型薪酬结构尤为适用。宽带型薪酬结构应用起来比较灵活，它只是划分一个薪酬范围，具体薪酬可根据员工的业绩情况进行弹性处理。

四、薪酬设计的差异化

薪酬设计的差异化首先表现为薪酬构成的差异化，过去计划经济时代的那种单一、僵化的薪酬构成已经不再适应现代企业的需要，取而代之的是多元化、多层次、灵活的薪酬构成。其次表现为专门人员薪酬设计专门化，如营销人员在公司里的作用巨大、专业人员的排他性比较强、临时工身份特殊，在设计这些人员的薪酬时不应该采取和其他部门人员相同的薪酬体系。很多公司除了设计统一的薪酬体系外，一般还会制定专门人员薪酬制度，如销售人员薪酬制度（包括销售人员提成办法）、技术人员薪酬制度、经理人员（包括高层管理者）薪酬制度（一般对于企业的职业经理人和知识型员工都要求实施年薪制度）等。

五、员工激励长期化、薪酬股权化

长期的员工激励计划日益受到关注。长期激励薪酬计划是相对短期薪酬激励计划而言的，它是指企业通过一些政策和措施引导员工在一段比较长的时期内自觉地关心企业的利益，而不是只关心一时一事，其目的是留住关键的人才和技术，稳定员工队伍。长期激励薪酬计划的主要方式有：员工股票选择计划（employee stock ownership plans）、资本积累项目（capital accumulation programs）、股票增值权（stock appreciation rights）、限定股计划（restricted stock plans）、虚拟股票计划（phantom stock plans）和股票转让价格（book value plan）等。

长期薪酬激励计划的实施对象主要有两类：一是企业高层管理人员，因为对经营者的激励和行为约束更有助于企业的长期发展；二是一些高科技企业为了防止员工一旦有了新的发明创造就脱离企业，自立山头，对科技人员实施长期薪酬激励计划，其常用的做法是向有发明成果的科技人员转赠企业股权，对新技术带来的利益进行永久性分成。

六、薪酬制度逐渐透明化

关于薪酬到底应该保密还是透明，一直存在比较大的争议。一些研究者认为，如果将激励作为薪资管理的目的，雇主就应该明智地征求员工的意见，根据大多数员工的意愿来选择是否采取薪酬保密制度。从近年的管理实践来看，越来越多的人支持薪酬的透明化，因为薪酬保密制度会使薪酬应有的激励作用大打折扣。另外，实行薪酬保密制度的企业经常出现这样的现象：强烈的好奇心使得员工通过各种渠道打听同事的工资额，使得保密的薪酬很快就变成透明的了。

实行透明化薪酬制度实际上是向员工传达了这样的信息：公司的薪酬制度没有必要对员工隐瞒，薪酬高的人自有其过人之处，薪酬低的人也自有其不足之处；欢迎所有员工监督公司薪酬制度的公正性，如果对自己的薪酬有不满意之处，可以提出意见或者申诉。薪酬制度透明化是建立在公平、公正和公开的基础上的，具体包括以下几种做法。

（1）允许员工参与薪酬制度的制定过程。在制定薪酬制度时，除各部门领导外，也应该有一定数量的员工代表。

（2）开展职务评价时，尽量采用简单方法，使员工容易理解。

（3）发布文件详细地向员工说明公司薪酬制度的制定过程。

（4）设立一个员工信箱，随时解答员工在薪酬方面的疑问并特别委派专门人员处理员工意见或申诉。

七、实行弹性福利制度

公司在福利方面的投入在总成本里所占的比例是比较高的，但这一部分的支出往往被员工忽视，他们认为福利不如货币形式的薪酬实在，这往往让公司有一种吃力不讨好的感觉。同时，员工在福利方面的偏好是因人而异的，公司所提供的福利可能无法对某些员工产生激励作用。基于以上两个问题，弹性福利制度逐渐受人青睐。弹性福利制度又被称为"自助餐式福利"，即员工可以从企业所提供的一份列有各种福利项目的"菜单"中自由选择其所需要的福利。

弹性福利制度强调的是让员工依照自己的需求从企业所提供的福利项目中选择、组合属于自己的一套福利"套餐",每一个员工都可以有"专属的"福利组合。

八、组织日益重视薪酬调查和薪酬信息

近年来,薪酬调查受到企业的广泛关注。通过薪酬调查,企业可以了解劳动力市场的需求状况,掌握各种类型人才的薪酬水平,从而制定合理的薪酬策略,有效地控制企业的人力成本。

通过薪酬调查得到的薪酬信息包括以下两种。

(1)外部信息。外部信息主要是指相同地区和行业,相似性质、规模的企业的薪酬水平、薪酬结构、薪酬价值取向等。外部信息主要是通过薪酬调查获得的,它能够使企业在制定和调整薪酬方案时有可以参考的资料。

(2)内部信息。内部信息主要是指员工满意度调查信息和员工合理化建议。满意度调查的目的不仅是了解有多少员工对薪酬是满意的,更在于了解员工对薪酬管理的建议以及不满之处,进而为组织制定更合理的薪酬制度提供参考。

第二章 战略性薪酬管理

IBM公司的薪酬战略转型

IBM公司在20世纪70年代至80年代早期一直是行业中的佼佼者，但是到了20世纪80年代后期，占据行业主导地位的它逐渐转入危机时期。IBM原有的薪酬制度与以绩效为导向的价值观和企业战略是不一致的，其原来的薪酬系统有如下四个方面的特点。

第一，与薪酬的外部竞争性相比，IBM的薪酬系统更强调薪酬的内部公平性。为了避免内部关系紧张，IBM会把市场营销经理和生产经理的工资水平定在同一个档次上，而并不考虑这两个职位在外部市场上的薪资水平是否相当。

第二，IBM原有的薪酬系统中一共包含5000多种职位和24个薪资等级，表现出严重的官僚化倾向。

第三，管理人员在给下属增加工资方面的分配自主权非常小。

第四，单个雇员的工资收入大部分来源于基本工资，只有很少一部分与利润、股票、绩效等风险性因素联系在一起。

从20世纪90年代中期开始，IBM公司结合整体战略规划，实施了战略性薪酬管理，使薪酬制度发生了根本性改变，具体表现在以下五个方面。

第一，强调市场驱动性，注重外部竞争性。1994—1995年，IBM公司将以前单一的薪酬结构（对非销售人员）转变为区分不同工作类别的差别薪酬结构和绩效预算。

第二，强调更少的工作岗位，从而在更宽的等级范围内估计薪酬。IBM放弃了原有的计点要素工作估计系统和传统的薪酬等级，用3个要素（技能、领导能力需求和工作范围）代替原来的10个要素，改善后的薪酬制度中仅剩下不到1200种职位和10个变动范围更大的薪资等级。

第三，加强对管理者的管理，即把薪资决策方面的权力下放给管理人员，赋予他们依照员工的个人工作绩效支付不同工资的权力。

第四，对利益相关者给予高回报。早在1997年，IBM员工的现金报酬中就已有10%甚至更多是与绩效挂钩的；而薪酬系统中只有3个绩效评价等级，高绩效等级员工的奖励比低绩效等级员工高2.5倍左右。

第五，裁员与福利改革。像其他许多大公司一样，IBM为降低成本，也采取了削减雇员数量的办法，其雇员人数从20世纪90年代初期的40多万人下降到了目前的约30万人。此外，IBM公司还废除了家长式福利制度并通过实施浮动工资计划、认购公司股份和期权计划以及建立在绩效基础上的加薪计划来引导员工培养全新的工资待遇理念。

> 现代企业的生存环境已经发生了巨大的变化,这种变化使得薪酬制度对于企业来说是一把"双刃剑",使用得当,能够吸引、留住和激励人才,使用不当则可能使企业陷入危机。网络信息时代背景下,建立全新的、科学的、系统的薪酬管理系统对于企业获得生存和竞争优势具有重要意义,改革和完善薪酬制度是当前企业面临的一项紧迫任务。
>
> 与传统薪酬管理思路相比,战略性薪酬管理从企业战略层面制定并实施薪酬管理制度,更加注重企业管理的系统性和协调性。战略性薪酬管理的思路不仅增强了人力资源管理的战略性地位,也相应地建立健全了人力资源开发体系,充实了体系内容,提升了体系效能。
>
> 资料来源:根据"IBM企业文化和战略薪酬管理"(金源网,2008年2月)及相关资料改编而成。

第一节 战略性薪酬管理概述

一、战略性薪酬管理的内涵

战略性薪酬管理是以企业发展战略为依据,根据企业在某一阶段的内、外部总体情况,正确选择薪酬策略,系统设计薪酬体系并实施动态管理,使之促进企业战略目标实现的活动。因此,战略性薪酬管理不只是对员工贡献的承认或回报,还是一套把企业愿景、目标和价值观转化为具体行动方案以及支持员工实施这一行动方案的管理流程。

战略性薪酬管理实际上是有关薪酬管理职能的一套新理念,它的核心是做出一系列战略性薪酬决策。在通常情况下,企业首先需要做出一系列根本性决策,即解决有关企业战略的一系列问题:企业应该进入并停留在什么行业?企业靠什么在本行业或相关产品市场上赢得并保持竞争优势?企业的整体人力资源策略应该是怎样的?企业确定战略后需要继续解决的一个问题是:如何才能依靠薪酬决策帮助企业立于不败之地?能够帮助组织取得并保持竞争优势的薪酬决策就是战略性薪酬决策,其主要需要解决以下几个方面的问题。

(1)薪酬管理的目标是什么?即薪酬决策如何支持企业经营战略;当企业面临经营和竞争压力时,应该如何调整薪酬决策。

(2)如何达成薪酬的内部一致性?即在企业内部,如何对不同职位和不同技能或能力的员工支付不同的薪酬。

(3)如何保持外部竞争性?即相对于企业的竞争对手,企业在劳动力市场上的薪酬水平应该如何定位。

(4)如何认可员工的贡献?即基本薪酬的调整依据是什么,是个人或团队的绩效还是个人的知识、经验增长以及技能的提高,抑或仅仅是生活成本的变化;是否需要根据员工的不同表现及其业绩状况制订不同的绩效奖励计划。

(5)如何管理薪酬系统?即对于所有的员工而言,薪酬决策的公开、透明程度应该是怎样的；应该由谁来设计和管理薪酬系统。

（6）如何提高薪酬成本的有效性？即如何有效控制薪酬成本。

二、战略性薪酬管理的作用

1. 在提升企业绩效方面的作用

（1）降低人工成本。人工成本一般要占企业整体运作成本的20%~50%，这一比例在服务行业中更高，甚至可以达到60%~70%，因此降低人工成本是增强企业竞争优势的重要手段。对于初创企业和处在困难时期的企业，依靠有效的薪酬管理减少薪酬开支对其生存与发展至关重要。

（2）吸引和保留人才。一方面，薪酬具有吸引与筛选人才的作用，较高的薪酬水平和较新的薪酬形式可以吸引和激励企业稀缺人才和创新人才；另一方面，薪酬不合理往往是造成员工流失的主要原因，在人才市场竞争日趋激烈的今天，建立公平、合理的薪酬管理制度对企业保留人才是十分关键的。

（3）引导员工行为。公平、合理的薪酬管理制度的实施可以传达出这样的信息：什么样的员工是企业需要和关注的、什么样的行为是企业认可并会给予奖励的。例如，岗位薪酬促使员工做出尽职尽责的行为，技能薪酬可促使员工做出更多有关学习知识和掌握技能的行为，绩效薪酬则可鼓励员工为企业价值增加做出更大的贡献性行为。企业可以根据对员工管理的需要，设计符合战略需求的薪酬管理制度。

（4）促进劳资关系的和谐。薪酬管理是一把双刃剑，不科学或不公平的薪酬管理制度往往是劳资双方产生矛盾的焦点，而战略性薪酬管理制度是建立在合法的劳资关系的基础之上的，它不仅有利于缓解劳资双方的冲突，而且有利于企业的持续发展。

2. 在增强企业竞争优势方面的作用

（1）价值性，即薪酬管理能否对控制人工成本、吸引和保留人才以及影响员工的态度和行为等产生直接、有力的影响。也就是说，对上述因素不产生影响或影响较小的薪酬管理行为不具有增强企业竞争优势的显著价值性。

（2）难以模仿性。如果一个薪酬决策很容易被模仿，所有的企业都可以通过该决策获得竞争优势，那么其优势也就不复存在。因此，为了使薪酬决策具有难以模仿性，必须使其具有企业的专属特征——根植于企业内部，内化为员工行为，最终与企业文化融为一体。

（3）有效执行性。战略性薪酬管理的关键不仅在于其制度本身的科学性，更重要的是该制度必须得到贯彻和执行。唯有这样，才能为企业打造竞争优势。薪酬管理制度的执行性主要取决于企业全体成员对薪酬管理制度的理解程度和接受程度。

3. 在促进企业可持续发展方面的作用

（1）实施战略性薪酬管理出于企业应对外部环境变化的需要。市场需求的变化、竞争对手的变化、资源供应的变化、相关宏观政策的调整等都会引起企业生产经营管理的变化，都会对企业薪酬策略造成重大影响。因此，企业需要及时调整薪酬管理策略以适应外部环境的变化。

（2）实施战略性薪酬管理出于企业适应深化改革的需要。企业改革是深层次的、根本性的，主要强调资源、资产、债务、股权、业务、机构、人员、利益关系八个方面的重新组合。其中，利益关系的重组要与前七个方面的重新组合相互匹配。所谓利益关系的重组，就是企业整体分配关系的调整，也就是对薪酬管理制度和其他分配制度的重建。

（3）实施战略性薪酬管理出于加强科学管理的需要。企业的使命和愿景决定了企业的发展战略，而制度建设对企业发展战略具有巨大的支撑作用。这里的制度主要包括战略决策管理制度、生产运行管理制度、市场营销管理制度、技术研发管理制度、战略性薪酬管理制度、财务会计管理制度、新型用人管理制度等。这些制度的建设共同构成了科学的管理体制，其中，战略性薪酬管理制度是科学管理制度的有机组成部分。

三、战略性薪酬管理的特征

战略性薪酬管理的特征主要体现在以下三个方面。

1. 战略性薪酬管理是与企业总体发展战略相匹配的薪酬决策

薪酬战略作为企业总体战略系统中的一个子战略，必须与企业总体发展战略的方向、目标相一致，必须体现和反映出企业的发展模式与趋势、贯穿并凝聚企业文化和经营理念、反映和体现企业不同发展阶段的特征。薪酬战略应依据企业总体发展战略来制定，从而确定薪酬的水平与结构、薪酬文化、薪酬政策。只有这样，薪酬战略才能与企业总体发展战略形成一种整体协调、相互促进的互动关系。

2. 战略性薪酬管理是一种具有总体性、长期性的薪酬决策与薪酬管理模式

总体性指的是针对整个企业而不是某个部门、某些人员构建系统性薪酬决策与管理模式；长期性是指这种薪酬决策与管理模式的构建不能仅考虑企业当前的状态，还要考虑企业的长期发展趋势，适应企业长期发展的需要。

3. 战略性薪酬管理对企业绩效与企业发展具有关键性作用

并非所有薪酬决策都属于薪酬战略，只有那些对企业绩效与企业变革具有重大影响的薪酬决策才属于薪酬战略。战略性薪酬管理对企业绩效与企业发展的关键作用主要体现为：强化对员工的激励效果，激发员工的积极性与创造力；增强企业的外部竞争力；强化企业的团队精神与凝聚力；提高薪酬成本的有效性。

四、战略性薪酬管理对企业人力资源管理角色转变的要求

战略性薪酬管理是现代人力资源开发管理体系的重要组成部分，它必须与其他人力资源工作紧密联系在一起，共同形成一个有机体。从企业战略层面研究并实施薪酬管理，

有利于正确把握建立健全人力资源开发管理体系的方向，充实体系的内容，提升体系的效能。与此同时，人力资源开发管理体系的健全也有利于薪酬管理制度的改进和完善，从而更好地发挥薪酬管理的作用。

实行战略性薪酬管理的企业，其人力资源管理部门及薪酬管理人员需要适当转变角色，以满足以下几个方面的要求。

1. 与组织的战略目标紧密联系

企业的竞争实力在很大程度上取决于其是否制定了适应市场环境的战略、是否具备实施这种战略的能力以及所有的员工是否认同这一战略。当薪酬战略与企业经营战略相适应时，就能有效地实现对员工的激励，增强他们对组织目标的承诺，促使他们帮助组织成功地实现经营战略。因此，战略性薪酬管理的第一要义就是要在薪酬战略和组织战略目标之间建立起一种紧密的联系。

2. 常规管理活动在薪酬管理活动中所占的时间比重下降

从薪酬管理的活动内容及其性质来看，薪酬管理活动可以划分为常规管理活动、服务与沟通活动以及战略规划活动三种类型。在传统组织中，薪酬管理人员往往把 2/3 甚至更多的时间消耗在处理常规管理活动上，如更新职位说明书，分析劳动力市场供求状况，分发、填写及汇总绩效评价表格，收集、分析、汇报薪酬数据等。在这种情况下，他们能够用来向员工提供个性化服务、就薪酬系统进行沟通及制定薪酬战略的时间可谓少之又少。而在战略性薪酬管理的思路下，薪酬管理人员的时间将会被重新分配，用于处理常规管理活动的时间减少，在服务与沟通活动和战略规划活动方面所花费的时间有所增加。在传统组织中，常规管理活动、服务与沟通活动以及战略规划活动三者所花费的时间分别约为总体的 70%、20% 和 10%；而在实行战略性薪酬管理的组织中，三者花费的时间分别转变成了总体的 20%、50% 和 30%。

3. 实现日常薪酬管理活动的自动化

在战略性薪酬管理理念下，效率高的组织往往把有关职位、能力、角色、员工及市场的数据整合到同一个计算机系统当中，如此即可实现自动化管理。事实上，常规性薪酬管理活动的自动化和系统化是确保人力资源管理部门及人力资源专业人员减少耗费在常规管理活动上的时间的一个主要途径。以编制职位说明书和完成工作评价为例，传统做法中，职位说明书通常首先由直线管理人员负责完成，他们先把初稿送至主管工作分析的人力资源管理专业人员处征求意见，再由后者将初稿呈报到工作评价委员会集中对职位的价值进行审查与评价。最后，经过几个星期甚至几个月的时间，通过审定的职位说明书的终稿及职位的相应薪酬等级才会被返回到直线管理人员处。而在自动化管理的情境之下，管理人员只需要把相关数据输入并保存在计算机当中或者直接通过专业人力资源管理软件，就可以很轻松地得到严格合乎规范、经过专家认可的职位说明书，而工作评价的任务也可以通过在线操作来完成。不仅如此，许多薪酬管理软件的功能早已不仅限于对工作进行对比、编写工作说明书、记录薪酬数据等，一些先进的薪酬管理软件甚至可以建立组织的薪酬模型，对不同员工和职位进行薪酬比较，从而协助管理者做出最优薪酬决策。

4. 积极承担新的人力资源管理角色

在传统组织中,薪酬管理者包括其他人力资源管理者在企业中所能够发挥的作用并不是很大,更有人将人力资源管理部门看成一个专业狭窄、跟不上变革的脚步、功能失常的落后部门。这种情况的形成主要有两个方面的原因:其一,企业中的人力资源管理者包括薪酬管理者不能迅速地感知组织内、外环境和经营策略发生的变化,不了解企业的经营和业务流程,因而无法提出能够支撑和推动企业战略实现的建议,只能从本职工作出发而不是从企业战略出发开展人力资源管理工作;其二,人力资源管理者承担了很多原本应该由直线管理者承担的事务性工作,消耗了大量的精力和时间,因而难以进行战略性思考,总是与处于业务一线的其他管理人员格格不入。而在战略性薪酬管理这一全新管理理念之下,薪酬管理与组织的其他所有管理职能实现了整合,薪酬管理并不仅仅涉及薪酬管理专员,直线管理者甚至普通员工都要参与其中。企业应当让薪酬管理者及时、准确地获悉企业中所发生的所有变化,而并不仅仅是薪酬方面的变化,同时要让他们从繁杂的管理事务中解脱出来,使他们转变为真正可以提供建议和支持的、具有全局眼光的薪酬管理专家。

第二节　薪酬战略的内容与实施

20世纪90年代以来,由于面临企业经营环境的变化,在国际企业界,传统薪酬战略逐渐让位于以全面薪酬战略为核心的新型企业薪酬战略。

一、传统薪酬战略

1. 基本薪酬的特点

在传统薪酬战略下,基本薪酬是员工为企业工作所获得的绝大部分报酬,而其决定因素主要有以下三个:员工所从事的特定工作的价值;在企业内维持员工薪酬公平性的需要;与市场、行业或地区内的其他企业相比,支付具有竞争力的薪酬的需要。其中,员工所从事的特定工作的价值是决定员工薪酬水平的最关键的因素,而对工作价值的评价通常是通过计点法等工作评价方法来完成的。在传统薪酬战略下,企业为适应员工对职位晋升和加薪的需要,往往将基本薪酬划分为详细的、数量较多的等级。在这种薪酬导向下,员工所关注的主要是职位的晋升,而不是技能的提升。当职位晋升涉及技能提升时,员工所追求的往往也只是技能符合晋升职位所需,而不是追求获得更高的技能水平。对于我们今天认为非常重要的内在个人能力特征(灵活性、实践和判断能力以及与他人合作的能力),企业支付报酬时几乎不予考虑。企业通过这种薪酬战略所透露出的含义就是"只要踏踏实实干好你的活儿,我们就会照顾好你的"。

由于在传统薪酬战略下,基本薪酬在员工总体薪酬中占有非常大的比重,所以基本薪酬的增长对于员工来说显得至关重要。一般来说,员工基本薪酬的增长主要取决于职位晋升、绩效加薪或生活成本加薪。在传统薪酬体系中,后两者之间的界限变得越来越模糊,尤其是在企业的薪酬预算水平不高时,绩效加薪的水平可能仅仅比生活成本加薪高一点点,这样,绩效奖励的作用就被弱化了,员工会逐渐将绩效加薪看成像生活成本加薪一样理所应当的事情,而不考虑个人或企业的绩效水平是否达到可以加薪的程度。

2. 可变薪酬的特点

可变薪酬即奖金。在许多传统的美国企业中,除企业的高层管理人员和销售部门人员有资格获得不确定的奖金或参与年度奖金计划之外,其他大多数员工都只能拿到基本薪酬,外加绩效加薪和生活成本加薪。事实上,这是传统薪酬战略最重要的特征之一。我国在计划经济体制时期基本上废除了奖金制度,改革开放以后,尽管许多企业也实行了浮动工资或者绩效工资计划,但是由于绩效管理难以落实,绩效工资逐渐流于形式。对于员工而言,他们将这种浮动工资或者绩效工资当成了自己的一种既得权利,而不是一种真正的绩效奖励或者是与企业分担风险所收获的报酬。

3. 间接薪酬的特点

间接薪酬即福利。从国际角度来看,员工福利和额外补贴是在第二次世界大战以后发展起来的,起初金额不大,发展也比较缓慢,但是后来逐渐成为雇主的一个重要成本开支项目、员工的一种重要价值来源(用于儿童看护、卫生保健、学费报销以及弹性支出)。但是,它面临的一个主要问题是,许多企业并未将福利看作薪酬的重要组成部分,没有认真研究和分析福利如何为企业的人力资源管理目标乃至企业战略目标服务,结果导致企业付出了成本,收获的效果却不明显。

二、传统薪酬战略存在的主要问题

进入 20 世纪 90 年代以后,传统薪酬战略的弊端越来越明显,主要表现出以下几个方面的问题。

第一,传统薪酬战略往往将目标界定为"吸引、激励和保留员工",所采取的战略通常是支付市场化薪酬等。但不同的企业在目标以及结构方面存在很大的差异,因此仅仅能够吸引、激励和保留员工的薪酬战略是无法作为企业的经营战略、财务战略以及人力资源管理战略的直接延伸的,其结果往往是企业中各层面的战略难以保持目标一致性,薪酬系统或者"自己过自己的日子",或者源自企业对竞争对手的简单复制。此外,传统薪酬战略下的薪酬系统大多以利润最大化为单一目标,只关注于生产率和市场占有率等可量化的指标,这对于处于激烈竞争环境当中的、需要达成多元目标的现代企业来说,具有很大的局限性。

第二,基本薪酬加绩效加薪的战略对于强调稳定性和一致性的职能组织来说是非常合适的，但是这种将基本薪酬与特定的、单个的职位紧紧联系在一起的做法对于强调流程和速度的企业来说并不适用。这是因为，强调流程和速度的企业所依赖的是要求团队成员共同分享工作角色的跨职能团队，对于这种团队来说，强调单个职位价值的薪酬系统显然是不适用的。

第三，20 世纪 90 年代以后，企业的组织结构开始从原来的金字塔状职能型结构向扁平型结构转变。传统薪酬战略的基本薪酬部分所强调的是保障性和职位的持续晋升，显然，这种薪酬导向是不符合扁平型组织结构的要求的。这是因为，在扁平型组织中，员工向上垂直流动或晋升的机会是非常有限的，个人和组织的成功也主要取决于绩效和员工的"横向成长"，即新的技能和能力的获得，而不是所谓的保障性。

第四，新的竞争环境要求企业不断改善绩效、生产率、产品或服务的质量，同时也要改善员工的工作、生活质量，从而获得竞争优势，而传统薪酬战略的激励性和灵活性较差，尽管具有绩效加薪，但实际上加薪的幅度仅仅能够维持在 3%～4%，对员工和组织绩效的影响并不明显。另外，在传统薪酬系统中，除了福利部分，其他部分为员工带来的价值增量是微小的，这对于看重生活质量的新一代劳动者来说基本没有吸引力。

三、全面薪酬战略的基本内涵和主要特征

全面薪酬战略是指企业为达到组织战略目标，奖励为企业做出贡献的个人或团队，它关注的对象主要是有助于组织实现目标的行动、态度和成就。全面薪酬战略的关键在于设计正确的薪酬计划组合，将传统薪酬项目和新型奖励项目结合起来，最大程度地发挥薪酬对企业战略的支持作用。全面薪酬战略摒弃了原有的科层体系和官僚结构，以客户满意度为中心，鼓励创新精神和持续的绩效改进并对技能娴熟的专业人员提供奖励，从而在员工和企业之间营造出一种双赢的工作状态。因此，在全面薪酬战略下，传统薪酬的构成要素所扮演的角色和发挥的作用也出现了变化。

1. 全面薪酬战略与传统薪酬战略的区别

（1）基本薪酬的变化。在考虑企业支付能力的情况下，尽量让基本薪酬水平接近劳动力市场水平，以保证企业能够获得高质量的人才——利用基本薪酬强调那些对企业具有战略重要性的工作和技能。同时，基本薪酬还具有充当可变薪酬的一个平台的作用。

（2）可变薪酬的变化。全面薪酬战略非常强调对可变薪酬的运用，这是因为，与基本薪酬相比，对可变薪酬的调整更能反映出组织目标的变化。在动态环境下，面向较大员工群体实行的可变薪酬能够针对员工和企业所面临的变革和较为复杂的挑战做出灵活的反应，这样不仅能够以一种积极的方式将员工和企业联系在一起，而且为双方之间建立伙伴关系提供了便利，同时还能起到鼓励团队合作的效果。此外，一方面，可变薪酬能够对员工所达成的有利于企业成功的绩效提供灵活的奖励；另一方面，在企业经营不利时，可变薪酬有利于控制成本开支。事实上，集体可变薪酬、利润分享、一次性奖励以及个人可变薪酬等多种可变薪酬形式的灵活运用以及由此而产生的激励性和灵活性恰

恰是全面薪酬战略的一个重要特征。

（3）间接薪酬的变化。全面薪酬战略之下的福利计划关注企业的绩效并且强调经营目标的实现，而非像过去那样单纯地为了追随其他企业的脚步。全面薪酬战略强调为迎接未来的挑战而创新性地使用福利计划，要求企业必须重视对间接薪酬成本的管理以及实行合理的福利成本分担。企业必须认识到，间接薪酬只是作为全面薪酬管理的核心要素的基本薪酬和可变薪酬的一种补充，而不是后两者的替代品。因此，在全面薪酬战略的引导下，许多企业的收益基准制养老金计划已经被利润分享计划或缴费基准制养老金计划所代替，许多原有的、针对性不强的福利计划也逐渐被弹性福利计划所取代。

2. 全面薪酬战略的制定和特征

全面薪酬战略是一种摒弃了原有的科层体系和官僚结构，以客户满意度为中心，鼓励创新精神和可持续的绩效改进并对娴熟的专业技能提供奖励，从而在员工和企业之间营造出一种双赢的工作状态的薪酬战略。与传统薪酬战略相比，全面薪酬战略更强调战略性、激励性、灵活性、创新性和沟通性。制定全面薪酬战略主要可以分为四个步骤：一是明确薪酬的含义，即在全面了解企业自身所处的内、外部环境的基础上确定企业薪酬战略；二是制定与企业战略相匹配的薪酬决策，包括薪酬体系、薪酬水平、薪酬结构、薪酬管理过程等方面的决策；三是执行战略性薪酬决策，通过设计薪酬制度将决策转化为行动；四是对薪酬系统的匹配性进行再评价，管理者必须根据企业经营环境和企业战略不断对薪酬系统进行评价并适时加以更新。

与传统薪酬战略相比，全面薪酬战略强调的是外部市场敏感性而不是内部一致性；是以绩效为基础的可变薪酬而不是年度定期加薪；是风险共担的伙伴关系而不是既得权利；是弹性的贡献机会而不是工作；是横向的流动而不是垂直的晋升；是就业的能力而不是工作的保障性；是团队的贡献而不是个人的贡献。具体来看，全面薪酬战略具有以下几个特征。

（1）战略性。全面薪酬战略的关键在于根据企业的经营战略和企业文化制定全方位的薪酬战略，该战略着眼于可能影响企业绩效的薪酬的方方面面，要求运用所有可能的"弹药"——基本薪酬、可变薪酬、间接薪酬来达到适当的绩效目标，从而最大程度地发挥薪酬对于企业战略的支持作用。

（2）激励性。全面薪酬战略关注企业的经营，是传播组织价值观、绩效期望以及绩效标准的一种良好媒介，它会对与企业目标保持一致的结果和行为给予奖励（重点是让那些绩效足以让企业满意以及绩效优异的人得到经济回报；对于绩效不足者，则会诱导他们离开企业）。实际上，关注绩效而不是等级秩序是全面薪酬战略的一个至关重要的特征。

（3）灵活性。全面薪酬战略认为，并不存在适用于所有企业的最佳薪酬计划，甚至对于同一家企业来说，也不存在总是有效的薪酬计划。因此，企业应当能够根据不同的要求设计出不同的薪酬计划，以充分满足企业对灵活性的要求，从而帮助企业适应不断变化的环境和客户需求。

（4）创新性。全面薪酬管理虽然沿袭了如收益分享等传统管理举措，但在具体使用时，管理者采取了不同于以往的方式，以将其应用于不同的环境并因时、因地加以改进，从而更好地支持企业的战略和各项管理措施。全面薪酬战略非常强调的一点是：薪酬制度的制定必须立足于企业的战略和目标，充分发挥其良好的导向作用，而不能机械地照搬原有的一些做法或者简单地复制其他企业的薪酬制度。

（5）沟通性。全面薪酬战略强调通过薪酬系统将企业的价值观、使命、战略、规划以及企业的未来前景传递给员工，界定好员工在上述每一种要素中将要扮演的角色，从而实现企业和员工之间的价值观共享和目标认同。此外，全面薪酬战略非常重视制定和实施全面薪酬战略的过程，这是因为该战略把制订计划的过程看成一种沟通的过程，企业必须通过这样一个过程使员工理解企业为什么要在薪酬领域采取某些特定的措施。

四、基于不同企业战略的薪酬管理策略

在不考虑具体职能战略的情况下，企业战略通常可以分为两个层次：一是企业的发展战略，二是企业的经营战略或竞争战略。当企业采取不同的战略时，薪酬水平和薪酬结构必然有所不同。

1. 适用于不同企业发展战略的薪酬管理策略

（1）增长型战略。增长型战略是一种关注市场开发，产品开发、创新以及合并等内容的战略，它又可以被划分为内增长型战略和外增长型战略。其中，前者是通过整合和利用组织所拥有的所有资源来强化组织优势的一种战略，注重的是对组织自身力量的增强和自我扩张；后者则试图通过纵向一体化、横向一体化或者多元化来实现一体化战略，因此采用这种战略的企业往往通过兼并、联合、收购等方式扩充自身的资源或者强化自身的市场地位。

对于采用增长型战略的企业来说，它们所强调的重要内容是创新、风险承担以及新市场的开发等，因此与之相联系的薪酬管理战略往往是：企业通过与员工共同分担风险、共同分享企业未来的成功来实现自身目标，同时使员工有机会在将来获得较高的收入。由此，企业需要采用的薪酬管理策略就应当是：在短期内提供水平相对较低的固定薪酬，但是同时实行奖金或股票期权等计划，从而使员工在长期内能够得到比较丰厚的回报，IT 行业中有许多企业都采用了这种薪酬策略。此外，采用增长型战略的企业对于灵活性的要求是很高的，因此它们在薪酬管理方面往往会比较注意分权，会赋予直线管理人员较大的薪酬决定权。同时，企业的扩张会导致员工所从事的工作岗位不断发生变化，因此相比员工的技能，薪酬系统对员工所从事的具体职位更为关注。

采用内增长型战略与外增长型战略的企业在薪酬管理方面也存在一定的不同。采用内增长型战略的企业可以将薪酬管理的重心放在目标激励上，而采用外增长型战略的企业必须注意企业内部薪酬管理的规范化和标准化。

（2）稳定型战略或集中型战略。稳定型战略是一种强调市场份额或者运营成本的战略。这种战略要求企业在自己已经占领的市场中选择自己做得最好的部分，然后把它做得更好。采取稳定型战略的企业往往处于较为稳定的环境中，企业的增长率较低，企业维持竞争力的关键在于维持自身已经拥有的资源，从人力资源管理的角度来说，主要是稳定已经掌握相关工作技能的劳动力队伍，因而这种企业对于薪酬的内部一致性、薪酬管理的连续性以及标准化有比较高的要求。因此，在薪酬管理方面，薪酬的确定基础主要是员工所从事的工作本身。从薪酬的结果来看，采取稳定型战略的企业往往不强调企业与员工之间的风险分担，因而较为稳定的基本薪酬和福利在薪酬中所占的比例较大。就薪酬水平来说，这种企业一般采用与市场持平或者略高于市场水平的薪酬策略，但是从长期来看，由于增长速度不快，这种企业的薪酬水平不会有大幅度的提高。

（3）紧缩型战略或精简型战略。紧缩型战略通常会被那些由于面临严重的经济问题而想要缩小经营业务范围的企业所采用，这种战略往往是与裁员、剥离以及清算等联系在一起的。通过分析采用紧缩型战略的企业的特征，不难发现，这种企业对于使员工的收入与企业的经营业绩挂钩的愿望是非常强烈的。除调整稳定薪酬部分在薪酬中所占的比重之外，许多企业往往还力图实现员工股份所有权计划，以鼓励员工与企业共担风险。

2. 适用于不同竞争战略的薪酬管理策略

（1）创新战略。创新战略是以产品的创新以及产品生命周期的缩短为导向的一种竞争战略。采取这种战略的企业往往强调风险承担和新产品的不断推出并把缩短产品由设计到投放市场的时间看成自身的一个重要目标。这种企业的重要经营目标之一在于充当产品市场上的领袖，它们在管理过程中常常会特别强调客户的满意度和客户的个性化需要，而对企业内部的职位等级结构以及相对稳定的工作评价等不是很重视。因此，这种企业的薪酬管理策略往往特别注重对产品创新、新的生产方法以及技术的创新给予足够的报酬或奖励，其基本薪酬通常会以劳动力市场上的通行水平为基准并且会高于市场水平，以帮助企业获得勇于创新、敢于承担风险的人才。同时，这种企业会在工作描述方面保持一定的灵活性，从而要求员工能够适应不同环境的工作需要。

（2）成本领先战略。所谓成本领先战略，实际上就是低成本战略，即企业在产品本身的质量大体相同的情况下以低于竞争对手的价格向客户提供产品的一种竞争战略。采取成本领先战略的企业是非常重视效率的，对操作水平的要求尤其高，其目标是用较低的成本去做较多的事情。因此，对于任何事情，这类企业首先要思考的是"这种做法的成本有效性如何"。为了提高生产效率、降低成本，这种企业通常会比较详细地对员工所从事的工作进行描述，强调员工工作岗位的稳定性。在薪酬水平方面，这种企业会密切关注竞争对手所支付薪酬的状况，从而保证本企业的薪酬水平既不能低于竞争对手，最好也不要高于竞争对手，宗旨是尽可能地控制薪酬成本支出。在薪酬构成方面，这种企业通常会采取一定的措施来提高浮动薪酬或奖金在薪酬构成中的比重。这一方面是为了控制总体的成本支出，不至于由于薪酬成本失控而导致产品成本上升；另一方面也是为了鼓励员工降低成本、提高生产效率。

（3）客户中心战略。客户中心战略是一种通过提高客户服务质量、服务效率、服务速度等赢得竞争优势的战略。采取这种战略的企业所关注的是如何取悦客户，它们希望员工不仅能够很好地满足客户所提出的需求，而且能够帮助客户发现他们自己尚未明晰的潜在需求并且设法帮助客户满足这些潜在需求。客户满意度是这种企业最关心的一个绩效指标，为了鼓励员工持续寻找服务客户的不同途径以及提高对客户需求做出反应的速度，这类企业的薪酬系统往往会根据员工向客户提供服务的数量和质量来支付薪酬或者根据客户对员工或员工群体所提供服务的评价来支付奖金。例如，服务行业中，企业通常是根据员工所服务的客户数量，按照一定的单价来实行计件工资制，而当客户主动寻求某一位员工的服务时，企业就会将计件单价上浮一定的百分比，这样实际上就起到了鼓励员工积极满足客户需求、吸引客户的作用。

3. 企业战略、人力资源战略、薪酬策略与薪酬管理之间的关系

企业战略、人力资源战略、薪酬策略与薪酬管理之间相互依赖、相互支撑，具有非常密切的关系。下面从战略层面、制度层面和技术层面对这三者与薪酬管理之间的关系进行分析，如图2-1所示。

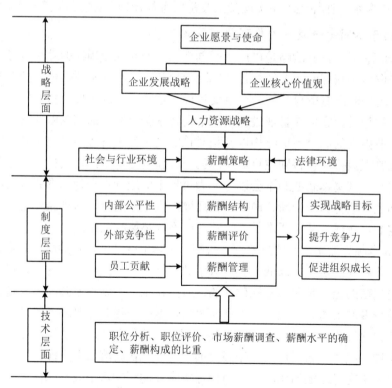

图2-1 企业战略、人力资源战略、薪酬策略与薪酬管理的关系

战略层面是薪酬管理体系设计的整体指导思想，企业战略驱动人力资源战略，进而影响薪酬策略。

制度层面是薪酬管理体系设计的具体内容，包括薪酬结构、薪酬评价、薪酬管理等，确保薪酬的内部公平性、外部竞争性、激励性和管理的可行性，体现员工的贡献和价值。

技术层面主要是薪酬管理体系设计所涉及的一些具体技术方法，如职位分析、职位评价、市场薪酬调查、薪酬水平的确定、薪酬构成的比重等。

传统的薪酬管理普遍关注的是薪酬制度的设计和薪酬技术方法的运用。在知识经济时代，随着信息技术的广泛运用和企业竞争的日益加剧，企业和员工的工作性质和工作动机日益复杂化，作为具有重要激励和约束功能的薪酬已不再仅仅停留在简单的流程操作、技术和制度的层面了，它作为一种有效推动企业战略实施的重要人力资源管理手段，逐步被纳入企业战略的框架，成为确保企业战略有效实施的重要工具。

通常来说，从战略的视角看，企业战略对薪酬管理的影响体现在以下几个方面。

（1）企业战略决定了组织内员工的结构类型、数量和素质，从而决定了薪酬的支付对象和支付规模。

企业的战略规划决定了企业的人力资源规划，也就决定了员工的结构类型、数量和素质。例如，当某个企业处于发展期，此时强调以营销为战略重点，故营销人员所占的比重相对较高，也将成为企业的重点激励对象。又如，当某企业实施纵向一体化战略时，那么新业务的扩张必然要求企业配备一定数量的、高素质的专业人员，从而影响薪酬的支付对象和支付规模。

（2）企业战略决定企业薪酬水平与外部市场薪酬水平的关系，企业要根据战略需要对薪酬支付水平进行定位。

企业薪酬水平的定位策略分为三种：一是领先策略，就是企业支付的薪酬高于市场平均薪酬水平；二是匹配策略，是指企业支付的薪酬与市场平均薪酬水平相当；三是滞后策略，是指企业支付的薪酬低于市场平均薪酬水平。

一般来说，企业的支付能力、企业所处的发展阶段和企业所属行业的性质会在一定程度上影响企业的薪酬水平定位策略。具体来说，企业的支付能力较强，通常会支付员工较高的薪酬；企业处于初创期、发展期、成熟期和衰退期等不同的发展阶段时，通常会采取不同的薪酬策略；企业根据所属行业的性质不同，也会采取不同的薪酬定位策略。例如，一般来说，汽车、化工等资金密集型企业的员工的平均薪酬水平相对较高，而传统行业中如鞋帽、纺织、造纸等企业，其员工的平均薪酬水平会相对较低。这里需要特别注意的是：企业采取何种战略也会影响企业的薪酬水平定位策略。例如，当企业采取增长型战略时，其势必采取领先策略，以吸引更多的优秀人才，不断扩大企业的业务和规模，增强企业的核心竞争优势。

（3）不同层级的员工承担的战略责任不同，因此薪酬也存在差异。战略责任是一个重要的付酬因素。一般来说，组织中层级越高的员工，承担的战略责任越大，其薪酬中与战略因素相关联部分的比重就越高。例如，在高层管理人员的薪酬中，与战略责任挂钩部分的比重相对较高，甚至高达70%；而中层管理人员的薪酬中，则有50%的收入与企业的战略目标实现与否挂钩。

（4）企业战略影响组织薪酬结构的设计。确保薪酬结构与企业战略保持一致，可实现薪酬结构的内部公平性，推动企业战略的有效实施。

薪酬结构可分为注重等级的薪酬结构和注重平等的薪酬结构，前者往往等级较多、级差较小；后者等级较少，相邻等级的最高薪酬和最低薪酬之间的差距较大。

注重等级的薪酬结构强调职位的晋升，能够对员工起到良好的激励作用，这种薪酬结构承认员工之间在技能、责任和对组织的贡献等方面的差别，适用于以成本控制为重点、以顾客为中心、强调标准化流程作业和资历的传统企业；注重平等的薪酬结构中，每个等级界定的工作任务和职责范围更为宽泛，从而使员工拥有更大的决策自主权。注重平等的薪酬结构强调的是所有的员工都应被平等对待，越平等则越能提高员工的满意度，从而形成企业内的工作团队，提高企业绩效。

在强调创新和快速应对市场的今天，宽带薪酬作为一种与组织扁平化、流程再造、团队工作、能力导向等战略相匹配的新型薪酬结构应运而生。宽带薪酬最大的特点就是压缩等级，强调用较少的薪酬等级、较大的薪酬级差来代替传统的薪酬等级，将传统的十几个等级甚至二三十个等级压缩成几个等级并将每个等级的薪酬范围扩大，从而形成一个新的、宽带化的薪酬结构，以适应当前激烈的市场竞争和业务发展的需要。宽带型薪酬结构多用于重视创新和实施差异化战略的高新技术企业与大型集团化公司。

（5）战略确定企业的核心能力和核心人力资源，而核心人力资源是企业的重点激励对象。根据企业的战略和发展需要，可对企业内部各层各类的人才进行价值排序，从而确定企业的核心人力资源。根据管理学的"二八定律"（企业中20%的人才创造了80%的价值），关注企业中20%的核心人才，通过对他们进行重点激励，最大程度地发挥他们的工作积极性和创造性，这是企业薪酬体系设计关注的重点。

（6）战略确定企业薪酬激励的方向和重点。不同的战略目标和重点工作会导致不同的激励方向，从而决定企业薪酬战略激励的重点。例如，某企业决定当前的战略目标和重点工作是提升产品品质，则企业会鼓励员工优化研发设计工作、加强品质管理人员对产品的检验工作、提高生产人员的操作技能，则相关工作人员都是激励的重点对象。又如，某企业决定当前的战略目标和重点工作是提高其某种产品的市场份额，则企业会鼓励销售人员积极开拓市场，而此时对销售人员的激励是其薪酬管理的重点。

从薪酬管理体系的视角来看，优秀的薪酬战略和薪酬管理体系设计应能够从以下几个方面推动企业战略的有效实施。

（1）通过设计高效的薪酬管理体系帮助企业有效地控制人力成本，从而保持企业的成本竞争优势。

（2）通过设计具有外部竞争力的薪酬管理体系帮助企业吸引、保留和激励核心人力资源，从而使企业能够长期维持其核心优势。

（3）通过设计确保内部公平性的分层分类的薪酬管理体系有效激励员工，改变员工的态度和行为，促使员工的行为与组织目标保持一致，从而推动企业战略的有效实施，帮助企业赢得竞争优势。

（4）薪酬管理体系向员工传达了在组织中什么是有价值的行为，一个设计良好的薪酬管理体系直接与企业战略规划相联系，从而促使员工做出能够帮助企业赢得市场竞争的行为。

第三节 战略性薪酬体系的设计

一、战略性薪酬体系设计的要点

实践证明，战略性薪酬体系在吸纳、保留和激励企业人才，优化人力资源方面具有突出的作用，能够很好地为实现企业的发展战略服务，但它也是一把双刃剑，如果管理者运用不当，会给企业造成极大的负面影响。在设计、实施战略性薪酬体系的时候，企业应注意以下事项。

1. 必须保持战略性薪酬体系设计的动态性

企业战略管理在本质上是一种动态管理，因而为企业战略服务的战略性薪酬体系必然也具有动态性，因此要结合企业的生命周期来设计战略性薪酬体系。企业就像生命一样，也要经过出生、成长、成熟、衰退等不同阶段。处于不同生命周期的企业具有不同的发展战略，因此需要不同的薪酬体系与之匹配。

2. 审慎地处理由战略性薪酬体系带来的薪酬差距较大的问题

实行战略性薪酬体系的必然结果之一就是薪酬差距较大，这一问题有可能破坏企业内部薪酬的公平性。众所周知，公平原则是设计薪酬体系必须遵循的原则之一。如果一个企业的内部薪酬差距过大，尽管可以激励到领取高薪酬的群体，但也很容易在企业内形成对立局面，强烈地打击其他群体的工作积极性，进而影响企业的整体团结，最终造成企业生产率下降和管理混乱的后果。

为规避上述问题，可取的对策之一是：对战略性薪酬体系中的薪酬倾斜进行"隐性"处理，以补偿原则作为薪酬倾斜的理论依据——战略瓶颈部门员工的工作时间更长，工作强度更高，工作压力更大，因此他们应该享有较高的薪酬。"隐性"处理薪酬倾斜和内部公平之间的矛盾的做法更为理性，而且实施过程中面临的阻力也更小。

3. 合理选择战略性薪酬体系的调整时机

企业发展战略的特性之一是对企业发展的把握具有前瞻性，这在客观上要求战略性薪酬体系的调整亦要具有前瞻性，即薪酬体系不仅要向当前对企业发展具有决定性作用的部门和人力资源倾斜，也必须前瞻性地向即将成为企业发展瓶颈的部门和核心人力资源倾斜。这样做一方面可以使战略性薪酬体系的调整具有缓冲性，不至于打破企业内部的薪酬平衡，另一方面可以向员工和应聘人员透露未来的瓶颈部门和关键岗位的重要信息，从而提高相关部门和岗位的吸引力。

二、战略性薪酬体系的设计步骤

一般而言,设计战略性薪酬体系需要遵循以下步骤。

1. 寻找企业发展的瓶颈

对于不同的行业、不同的企业、不同的发展阶段、不同的市场环境,企业发展的瓶颈是不同的。设计战略性薪酬体系的第一步就是要找到企业发展的瓶颈所在。寻找企业发展瓶颈的方法有很多,下面介绍两种十分有效的分析方法:成功关键因素分析法和标杆分析法。

成功关键因素分析法是指分析企业在特定市场持续获利所必须拥有的资源和能力。每一个行业都有不同的成功关键因素,对于高科技行业而言,研发能力、营销能力等是其成功关键因素;对于制造业而言,成本控制技术、供应链管理能力等是其成功关键因素。如果某企业在成功关键因素上有缺陷,则该缺陷往往会构成该企业的发展瓶颈。

标杆分析法是目前应用得较多的一种衡量企业运营状况的方法,即通过与行业中运营得最好、效率最高的企业进行比较,获悉企业需要改进的内容。

2. 分析相应的人力资源瓶颈

当找到企业发展战略瓶颈后,就要分析该战略瓶颈下存在的人力资源瓶颈。人力资源瓶颈通常表现出人员数量不足、工作质量不高、资源配置不当、缺乏激励等各种现象,实践中通常是一种或多种现象组合出现。

3. 制定相应的战略性薪酬体系

企业的发展瓶颈可能表现在部门层面,也可能表现在岗位层面。例如,某公司营销部门虽然不是公司的发展瓶颈部门,但由于营销部门中的渠道管理人员十分稀缺,属瓶颈之一,因此可以称这些岗位所需要的人力资源为核心人力资源。

战略性薪酬体系的设计要点在于:要向企业的瓶颈部门和核心人力资源倾斜,企业可以为其核心人力资源建立"薪酬特区",以便吸纳、保留与激励人才,进而为突破企业发展瓶颈提供核心人力资源方面的保障。

4. 动态分析企业发展瓶颈及其带来的人力资源瓶颈并前瞻性地制定战略性薪酬策略

应该说,上面三个步骤已经构成了一个相对完整的战略性薪酬体系的设计过程,但以一种动态的眼光来看,企业面临的市场环境复杂多变,企业内部也在不断地调整之中,因此企业的发展瓶颈也是不断变化的,意图获得持续竞争优势的企业必须前瞻性地分析企业的发展瓶颈及其人力资源瓶颈并制定具有前瞻性的战略性薪酬策略。

第二篇
薪酬体系设计

第三章 薪酬体系的设计原则与薪酬策略

导入案例

F 公司的高薪困境

F 公司是一家生产电信产品的公司。在创业初期,老总黄明依靠一批志同道合的朋友,不怕苦不怕累,从早到晚拼命干,公司发展迅速。几年之后,员工由原来的十几人发展到几百人,业务收入由原来的每月十几万元发展到每月上千万元。公司大了,人也多了,但公司领导明显感觉到,大家的工作积极性越来越低,也越来越计较得失。

老总黄明一贯注重思考和学习,为此特别到书店买了一些有关企业成功经营管理方面的书籍来研究。他在松下幸之助的《用人之道》中看到这样一段话:"经营的原则自然是希望能做到'高效率、高薪资'。效率提高了,公司才可能支付高薪资。"黄明想,公司发展了,确实应该考虑提高员工的待遇,一方面可以作为对老员工为公司辛勤工作的回报,另一方面可以吸引高素质人才加入公司。为此,F 公司重新制定了报酬制度,大幅度提高了员工的工资并对办公环境进行了重新装修。

高薪的效果立竿见影,F 公司很快就聚集了一大批有才华、有能力的员工,所有员工都很满意,大家的热情高涨,工作十分卖力,公司面貌也焕然一新。但这种好势头持续了不到两个月,员工又慢慢恢复到懒洋洋、慢吞吞的状态。F 公司的高工资没有换来员工工作的高效率,公司领导陷入两难的困境,既苦恼又不知所措。症结在哪里呢?

资料来源:宋源. 人类资源原理[M]. 上海:上海社会科学院出版社,2017.

第一节 薪酬体系的设计原则

一、战略导向原则

企业的薪酬管理不仅仅是一种制度,更是一种机制,应该将薪酬体系构建与企业发展战略有机结合起来,使薪酬管理在实现企业发展战略方面发挥重要作用。在薪酬体系设计中,应驱动和鞭策那些有利于企业发展战略实现的因素的成长和提高,使不利于企业发展战略实现的因素得到有效的遏制。薪酬管理的上述作用需要制定恰当的薪酬策略才能得以发挥,薪酬策略包括薪酬水平策略、薪酬结构策略、薪酬总额策略、薪酬支付策略以及薪酬调整策略等。

二、公平原则

公平原则包括三个层次：机会公平、过程公平和结果公平。

1. 机会公平

机会公平是最高层次的公平，其能否实现受到企业管理水平以及整个社会发展水平的影响。员工能够获得同样的机会是一种理想状态，因此在薪酬决策过程中要适度考虑机会公平；组织在决策前应该与员工进行沟通，对于涉及员工切身利益问题的决策应该考虑员工的意见，建立员工申诉机制等。

2. 过程公平

薪酬制度本身的设计就是为了实现过程公平，应该保证制度得到切实、有效的执行，保证制度的权威性和严肃性，因此在薪酬设计和薪酬分配过程中要体现过程公平。

3. 结果公平

结果公平包括三个方面的内容：自我公平、内部公平和外部公平。自我公平是员工对比自身付出和所获报酬的满意感。人的本性决定人往往是不知足的，因此对于自我公平来说，企业应该追求的是相对公平。内部公平和外部公平是薪酬体系设计应该注意的问题，因为只有实现内部公平和外部公平，才不会导致员工不满意。

结果公平是所有企业最应关注的问题，同时，企业不能忽视过程公平问题，因为过程不公平会对结果公平造成影响，而如果只关注过程公平而忽视结果公平，那过程公平则是没有意义的。事实上，虽然很多企业实行的薪酬保密制度是与过程公平原则相违背的，但其也有一定的合理性，因为只有在保证结果公平的前提下，过程公平才有意义；如果结果不公平，追求过程公平是没有意义的。

三、激励有效原则

在绩效管理模型中，激励效应、员工技能、外部环境、内部条件是影响绩效的四个因素。在这四个因素中，只有激励效应是最具主动性、积极性的因素，因此只有实现激励效应，个人绩效和组织绩效才能得以提升。

激励有效原则主要体现在激励内容和激励方式要符合个体实际情况，因此企业管理者应该对以下几方面内容予以重视。

（1）就我国目前的实际情况而言，绩效工资、奖金等报酬具有比较强的激励作用，因此在激励内容上，应该详细研究固定收入与浮动收入的比例关系，在固定收入满足员工基本生活需要的前提下，提高绩效工资、奖金等激励薪酬的比重。另外，在重视物质激励作用的同时，不能忽视精神激励的重要作用。

（2）在激励方式上，首先应该重视激励的及时性。很多企业都采用年终发放奖金的形式，但延迟发放时间太久往往会使绩效考核数据信息存在偏差，如果奖金分配过程的透明度较低，则将导致员工不会将工作业绩与奖金建立起直接联系，这将大大降低奖金的激励作用；其次，要平衡使用正向激励和负向激励。

（3）企业在进行薪酬设计时要充分考虑薪酬激励的投入产出关系，因为薪酬激励是有成本的，成本就是对人力资源的额外投入，产出就是公司效益的增加。企业应该对能创造更高价值的环节给予更多激励，对不能给企业创造更高价值的环节则给予较少激励。

（4）要让激励发挥作用，首先需要解决内部公平问题，要真正解决内部公平问题，需要根据不同员工的能力和贡献差异适当拉开薪酬差距，让贡献大的员工获得较高的薪酬，以充分调动他们的积极性。不同岗位的价值不一样，同一岗位、不同任职者的能力有差别，因此所有员工的贡献不可能一样大。如果贡献大者与贡献小者获得同等薪酬，表面上看似乎是公平的，实际上却是不公平的。

（5）企业在进行薪酬体系设计时，要根据员工的不同职位等级，适当拉开薪酬差距，调动员工的积极性和工作热情，让员工看到奋斗的目标和方向。但是，薪酬差距不能过于悬殊，否则容易导致薪酬内部不公平，影响员工的积极性和上下级之间的工作关系，从而不利于团队的合作。

四、外部竞争原则

高收入对优秀人才具有不可替代的吸引力，因此若要保留和吸引优秀人才，企业在设计薪酬体系时应保证薪酬具有一定的外部竞争力，具体应考虑以下两个方面的内容。

1. 劳动力市场供求状况

劳动力市场供求状况是企业进行薪酬体系设计时必须考虑的因素。目前，我国劳动力市场的主要特征是：刚毕业的大学生、基层管理人员、普通专业技术人员供给充足，人力资源总量供大于求；中高层管理人员、中高级专业技术人员比较缺乏，某些行业中的高级管理人员、高水平专业技术人员可谓供不应求；技术工人尤其是高水平技术工人也比较缺乏；普通操作工人存在供求结构严重失衡现象，大部分地区存在严重的供过于求现象。

对于市场供应比较充足、工作经验要求不高的岗位，企业提供的薪酬不宜太高，而应具有适度竞争力或者不低于市场平均水平，同时要根据业绩表现淘汰不合格者，给业绩优秀者留出足够的晋升空间。对于中高层管理人员、中高级专业技术人员，企业应根据劳动力市场价格，提供具有竞争力的薪酬。对于企业发展所需的战略性、关键性人才，企业提供的薪酬应在市场上具有一定的竞争力，以保留和吸引这些人才。

2. 行业地位

如果企业在行业内占有重要地位，其员工以在该企业工作为荣，那么在一般情况下，企业不必采取市场领先型薪酬策略，因为员工在工作中不仅能够获得经济性薪酬，还能获得非经济性薪酬，如社会地位、培训发展机会等；如果企业在行业内并非处于领先地位，那么其薪酬就不能低于行业平均水平，否则就存在难以招聘到优秀人才以及优秀人才流失的风险。

3. 人力资源储备

人力资源储备比较充足，说明企业的整体薪酬（包括经济性薪酬和非经济性薪酬）水平是比较令员工满意的，因此企业在进行薪酬体系设计时，不应大幅度地提高薪酬水平；如果企业正处于快速发展阶段，人力资源储备严重不足，则应及时调整薪酬策略，使员工的薪酬水平保持一定的外部竞争力。

4. 财务状况

如果企业的盈利情况较好，为股东创造了颇为可观的收益，则可以适度提高员工的薪酬水平，以实现股东、管理者和员工多赢的局面；如果企业的盈利情况比较差甚至有亏损，则员工尤其是中高层管理者的薪酬水平必定会受到一定的影响。

五、经济性原则

薪酬体系的设计必须充分考虑企业自身的发展特点以及支付能力，从而平衡股东和员工的利益关系，平衡企业的短期和长期发展，由此，管理者需要重视以下几个方面的内容。

（1）吸引人才不能完全依靠高薪策略。很多企业为了吸引和保留优秀人才，不惜一切代价地提高薪酬标准，这种做法其实是不可取的。吸引人才的方法有很多种，除优厚的待遇外，良好的工作条件、和谐的人际关系、广阔的职业发展空间等也是非常有效的方法。如果只是一味地提高薪酬标准而在其他方面存在较大的漏洞，那么高薪不仅不会带来预期的效果，可能还会带来严重的负面影响——首先是大大增加了企业的人工成本，其次是可能会引起薪酬内部不公平，严重打击其他员工的积极性。

（2）要进行人工成本测算，详细分析人力资源投入与产出的关系。高薪虽然能够吸引优秀人才，但若人才发挥不了作用，创造不出预期的效益，则高薪也就失去了意义。

（3）要根据行业特点以及公司产品竞争策略制定适合的薪酬策略。

对于资本密集型企业，人工成本在总成本中占的比重较小，企业应该将注意力集中在提高员工的士气和绩效上，不必过分计较薪酬水平的高低。

对于劳动密集型企业，人工成本在总成本中占的比重较大，因此需要详细进行外部市场薪酬调查分析，保证企业薪酬水平与行业薪酬水平基本一致，给予员工合适的薪酬。

对于知识密集型企业，一般情况下，其人工成本在总成本中占的比重较大。对这类企业而言，高素质人才是其不可或缺的发展因素，因此其薪酬水平应该在行业内具有一定的竞争力。同时，企业应仔细研究产品或服务的价值创造过程，分析各环节所创造的价值，给予员工合适的薪酬，平衡股东、管理者和员工的利益关系。

六、合法原则

薪酬体系的设计要遵守国家法律、法规和相关政策的规定，如最低工资标准等，这是薪酬体系设计最基本的原则。

第二节　薪酬策略体系的构成

薪酬策略不仅仅是对企业薪酬水平的总体定位或对薪酬体系的主要方面所做的相互独立的界定，而且是根据薪酬体系设计与薪酬管理的内在规律，对相互联系的因素按照统一的理念和目标进行的系统规划。多个相互联系的指导原则构成企业薪酬策略体系，又称为薪酬策略框架。

从薪酬设计与管理的系统性出发，以对薪酬管理与设计提供全过程指导为目的，本书认为，薪酬策略体系应该包括一个核心与七项基本策略。其中，一个核心是指企业的薪酬哲学或薪酬理念，七项基本策略分别是薪酬总额策略、薪酬水平策略、薪酬结构策略、薪酬差距策略、薪酬增长策略、薪酬支付策略以及人员策略，如图3-1所示。

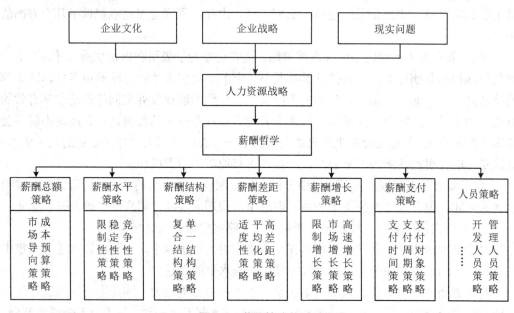

图 3-1　薪酬策略体系的构成

一、薪酬哲学

薪酬哲学或薪酬理念是指企业对薪酬的根本性认识，包括对薪酬性质、薪酬管理在企业经营管理、战略实施与人力资源管理中的地位，薪酬管理目标等根本性问题的认识。从不同角度来说，企业对薪酬的认识可以是经营的成本、获取人力资源的投资、员工劳动的报酬、激励员工的工具、企业利润的再分配等，具体是哪种认识在企业中占主导地位直接影响着企业薪酬管理的目标与管理模式。

二、薪酬总额策略

薪酬总额策略在总体上可以分为两种类型：一是成本预算策略，即将薪酬总额看作一种经营成本，与其他成本项目一起进行总体预算与控制。总额预算方法包括宏观预算法和微观预算法。二是市场导向策略，即企业不对薪酬总额进行严格的预算与控制，而是根据企业经营管理与战略实施对人力资源的要求，以获取必要的人力资源为目标，根据需要支出相应的薪酬总额。前者通常与成本领先战略相结合，而后者通常与产品领先战略相结合。

三、薪酬水平策略

根据企业薪酬水平与市场薪酬水平的对比结果，薪酬水平策略通常有三种：① 竞争性策略。实施竞争性策略的企业强调自身薪酬水平的外部竞争性，实行高于市场薪酬水平的薪酬标准，确保留住企业现有人才并对外部人才具有较强的吸引力。② 稳定性策略。企业以稳定员工队伍为目标，薪酬水平与市场薪酬水平基本保持一致，在保持一定流动率的基础上实现员工队伍的相对稳定。③ 限制性策略。企业采取低于市场平均水平的薪酬标准，当企业处于衰退期或支付能力不足时，会通过这种策略降低企业经营成本。

四、薪酬结构策略

薪酬结构是指企业薪酬总额中各种薪酬项目的设置及比例关系，不同的薪酬模块，如基本工资、津贴、奖金、福利具有不同的功能。单一薪酬结构是指企业对支付给员工的薪酬不划分具体支付项目，只支付单一的工资，不设津贴、奖金与福利项目，通常适用于流动性较强的人员、签订短期劳动合同的人员、兼职人员等。复合薪酬结构是指企业根据薪酬管理的需要，把员工的薪酬总额划分为不同的支付项目，分别依据各自的标准进行发放，从而实现多种薪酬功能的综合与统一。例如，基础工资以保障功能为主导，津贴与补贴用以平衡不同岗位或员工的内在薪酬差别，而奖金则以激励功能为主导。

五、薪酬差距策略

薪酬差距策略是实现企业内部薪酬公平的重要途径。实行薪酬差距策略首先要确定形成薪酬差距的主要依据，如岗位、技能、资历、业绩等。按照薪酬差距的大小，该策略可以分为三种基本类型：① 高差距策略。通过拉大不同岗位与人员之间的薪酬差距加强对员工的激励，促进员工之间的相互竞争，从而提高企业的总体效益。② 平均化策略。实施平均化策略的企业更加强调员工之间的公平性与团队协作，内部人员配置更具有灵活性，但这不利于高能力员工发挥工作积极性。③ 适度性策略。企业试图在公平与效率、保障性与激励性之间取得一种平衡时常常采用该策略。

六、薪酬增长策略

建立有效的薪酬增长机制是确保薪酬体系长期具有激励性的重要手段。在薪酬增长方面，企业可以实施三种策略：① 高速增长策略。基于企业利润的高速增长或企业战略对人力资源的需求，企业可以在一定时期内采取高于市场水平的薪酬增长幅度，以更好地激励员工和吸引所需要的人才。② 市场增长策略。企业根据劳动力市场平均水平确定自身薪酬增长幅度。③ 限制增长策略。当企业经营状况恶劣或支付能力较弱时，必须对薪酬增长保持审慎的态度。

七、薪酬支付策略

薪酬支付策略涉及支付对象、支付周期、支付时间三个因素。支付对象是指企业薪酬的计算与支付是以个人为单位还是以团队为单位。支付周期是指企业计算与支付薪酬的周期，可以采用年、月、周，也可以是日、小时等。支付时间包括上发工资制与下发工资制的选择、现期支付与延期支付的选择等。

八、人员策略

企业内，不同类型的员工具有不同的工作性质、工作价值，同时，不同类型的员工对薪酬具有不同的心理需要，因此企业需要根据不同类型的工作与员工的特点分别设计相应的薪酬体系，采取不同的管理方式。

第三节　影响企业薪酬策略的主要因素

企业薪酬策略也称薪酬组合方案，是指管理者对薪酬管理运行的目标、任务、途径和手段的选择，是企业对员工劳动报酬所采取的方针或策略。企业薪酬策略的制定必须考虑到企业外部与内部的各种影响因素。

一、外部影响因素

影响薪酬策略的外部因素主要有以下六个。

1. 劳动力市场的供求状况

劳动力市场供求状况的变化决定企业对人工成本的投入,从而影响企业员工薪酬水平的变化。如果社会上可供企业使用的劳动力大于企业需求,则企业的薪酬水平相应会降低;反之,企业的薪酬水平相应会提高。

2. 政府的政策调节

在市场经济条件下,政府对企业薪酬水平的干预包括直接调节与间接调节,主要表现为以培育、发展和完善劳动力市场为中心,用宏观经济政策调节劳动力供求关系,引导市场。

3. 经济发展状况与劳动生产率

一般来说,企业当地的经济发展处于较高水平,其劳动生产率高时,企业员工的薪酬就较高。我国的劳动力价格在不同地区各不相同,这是由于各地的消费水平、劳动力结构、劳动生产率等因素存在差别。

4. 物价变动

在货币薪酬水平不变或变动幅度小于价格上涨的情况下,员工实际薪酬水平会下降。一般来说,在生活必需品价格普遍上涨的情况下,企业必须加薪,以保障员工的基本生活需要与企业的生产经营不受影响。

5. 所在地区的生活水平

所在地区的生活水平从两个层面影响企业的薪酬策略。一是生活水平高,员工对个人生活的期望就高,对企业薪酬水平的要求就高;二是生活水平高可能意味着物价指数持续上涨,为了保障员工生活水平不降低,企业会给员工增加薪酬。

6. 行业薪酬水平的变化

行业薪酬水平的变化主要取决于行业产品的市场需求和行业生产率两大因素。当产品需求上升时,薪酬水平可有所提高;当行业劳动生产率上升时,薪酬水平也可以在企业效益提高的范围之内按比例提高。

二、内部影响因素

影响薪酬策略的内部因素主要有以下几种。

1. 企业的支付能力

企业经济效益的高低直接决定了员工个人收入水平。薪酬是劳动力的价格和价值的表现形式,它和其他劳动要素成本的价格一样,随着企业效益的变动而变动。企业薪酬中的非货币薪酬部分与企业效益的联系更为密切。

2. 企业的发展阶段

在对薪酬体系进行具体设计之前,企业从战略层面对其进行分析和思考是十分必要的，这样才能保证在薪酬战略指导下设计出来的薪酬系统是适合本企业的。企业所处的生命周期就是一个在设计薪酬体系之前必须考虑的战略条件。企业就像人一样，也要经历从出生、成长、成熟直至死亡等不同阶段。处于不同生命周期的企业具有不同的特点，因此需要设计不同的薪酬体系来适应其战略条件。

处于创业期或成长期的企业通常正急于为其有限的产品打开市场，这一阶段常会出现现金流问题，收入和利润都较低，因此薪酬管理的目标就是吸引和留住关键人才、鼓励创新。例如，近几年出现的一些网络公司为了节省现金和控制成本，通常采用较低水平的基本薪酬和福利，其薪酬体系更强调部门或个人的绩效，常设立较高的绩效奖金。有些企业还采用期权等长期激励方式将企业收益与员工成长、短期激励和长期激励有机地联系起来，既降低了企业风险，又具有较强的激励作用。而处于成熟阶段的企业则与此不同，它们生产不同的产品，销售收入和利润都较高，薪酬管理的重心在于控制成本、提高管理和运作效率，这些企业常能提供较有竞争力的基本薪酬、短期激励和福利。

3. 工作的"劳动价值"

工作需要的"劳动价值"不同，其薪酬水平也不同。一般来说，工作需要员工的学历较高时，薪酬也较高，因为学历越高，员工对自身的投资就越大；员工的工龄越长，薪酬越高，福利也越好，因为工龄长意味着员工对企业的贡献多；员工的能力越强，绩效越高，其薪酬也应该越高。

4. 经营层领导的态度

薪酬管理策略的选择与制定在很大程度上是由企业领导的态度决定的。高层领导对于薪酬问题的理解和重视程度，对于保持和提高士气、吸引高质量的员工、降低离职率、改善员工的生产水平的种种愿望以及对员工本身的认识态度等，都会对企业的薪酬水平和薪酬策略产生影响。

第四章 工作分析与工作评价

---导入案例---

从"分猎物"的故事反思工作分析与评价

有一次,老虎、狼和狐狸一起打猎,它们打到了牛、羊和兔子。狮子听说它们打了许多猎物,就派野猪来传话:"你们是在我的地盘上获得这些猎物的,必须要给我交税和保护费。"老虎、狼和狐狸一听,心想:狮子大王发话了,我们能不交吗?如果我们不交,今后就别想在这个地方混了。没有办法,它们只好给了狮子半头牛。给了狮子半头牛后,剩下的猎物该怎么分配呢?老虎征询狼的意见,狼说:"这件事好办,你出的力最多,就得剩下的半头牛吧;我的食量比较小,有只羊就满足了;狐狸嘛,兔子就足够它吃了,不需要额外分派了,再说我们也没有多余的猎物了,这么分配符合公平原则。"老虎一听,大怒道:"我出的力那么多,就得到这么一点!"说完一掌就将狼打死了。

工作分析是确定薪酬的基础。企业的领导应结合企业经营目标,在业务分析和人员分析的基础上,明确各部门职能和职位的关系,人力资源部门人员要和各部门主管通力合作编写职位说明书,这样才能为薪酬设计打下一个坚实的基础,使薪酬设计具有科学的依据。

工作评价明确了企业内各职位的重要性,它虽不能直接决定薪酬水平,但它明确了公司内所有工作岗位之间的逻辑性排列关系并由此构成了薪酬结构的基础。

资料来源:葛玉辉. 薪酬管理[M]. 北京:清华大学出版社,2011.

第一节 工作分析

一、工作分析概述

1. 工作分析的含义

工作分析,简单来说,就是人力资源管理部门在短时间内用以了解有关工作信息与情况的一种科学手段;具体来说,就是分析者采用科学的技术与手段,直接收集、比较、综合与工作相关的信息,就工作岗位的状况、基本职责、资格要求等做出规范的描述与说明,为组织的发展战略和组织规划、人力资源管理及其他管理行为提供基本依据的管理活动。

这种分析活动包括分解、比较与综合。其中,分解是基础,比较是关键,综合是结果。所谓分解,是对一定事物的分割,把它的组成部分拆开,研究它们是如何组合成这个事物的。当待分解的事物是较大的系统时,不仅要研究该系统内部的组成关系,还要弄清每个组成部分是如何为整体服务的。这种分析、研究能帮助人们找到系统与组成部分之间不断变化的关系。这种解析思想在工作分析中的运用是典型的,即把工作看作组织的组成部分,进而研究工作内部的组成要素之间的关系。

任何复杂的工作系统都是从产出、投入、过程及其关联因素四个层面进行分析的。

(1) 产出。对一项工作而言,分析什么是其规范化、标准化的物化产品与服务;它们在哪些方面不同于组织内其他工作的产品或服务。

(2) 投入。分析完成某项工作需要具备哪些知识、品性、技能和能力;这项工作的运作需要哪些材料、资本和其他非人工成本的参与。

(3) 过程。分析资源是怎样变成令人满意的产品和服务的;在这种转变过程中,需要使用哪些生产程序、技术和工艺方法;哪些靠机器完成,哪些单纯靠人工完成。

(4) 关联因素。分析某项工作能在组织结构中的哪一部分找到;它的责任与权力分别是什么;对这项工作的工作环境与工作人员的心理承受力有何要求;员工是在什么样的时限与环境下完成这项工作的;这项工作在工作环境方面有哪些法律、法规限制或其他法定要求。

工作分析作为一种活动,其主体是工作分析者,客体是整个组织体系,对象是工作。工作具体包括战略目标,组织结构,部门职能,岗(职)位的工作内容、工作责任、工作技能、工作强度、工作环境、工作心理、工作方法、工作标准、工作时间及其在组织中的运作关系。

工作分析对一个特定的组织在特定时期内解决特定的工作问题具有至关重要的作用。例如,一个企业为了弄清一系列特定的职位的具体职责与任务,往往需要召开一系列会议进行讨论。对工作分析来说,则是通过对具体的工作环节乃至行业状况的全面分析来制定职务说明书。因此,工作分析被认为是现代组织中的一种重要的管理手段。

2. 工作分析的发展趋势

组织作为社会结构的基本构成部分,始终经受着变革潮流的冲击,它面临的内、外部环境不断改变,从而引起组织的最小构成单位——岗(职)位的不断变化。作为以岗(职)位为分析对象的工作分析,面对变革浪潮,其中隐藏的一些问题也越来越突出。许多人抱怨传统的工作分析过于墨守成规,不能适应快速变化的内、外部环境,而且人为地创造了许多工作边界,而这些边界会成为实施创新管理的巨大障碍,这就对工作分析的进一步发展提出了新的要求,即拓宽视野、更新观念。

(1) 工作分析方法的发展趋势。随着工作分析的发展,其分析方法也从独立的工作分析转变为系统的工作分析,从描述性工作分析转变为预测性工作分析。

① 从独立的工作分析到系统的工作分析。传统的工作分析一般仅着眼于对分析对象进行独立的分析,并不考虑同一部门内或部门外分析对象之间的相互联系。即使考虑到了,也只是简单描述一下与本岗位工作密切相关的其他岗位的名称而已。但是,在现代

组织中，由于员工对于工作成就感和工作挑战性的要求，工作扩大化和工作丰富化的实施，各工作岗位之间的分工界限变得不那么清晰，从而要求工作分析不能只分析一个单独的工作岗位，而应该分析一个岗位族类，分析该岗位与其他岗位之间的联系，包括信息联系、产品联系、人员联系等内容。

② 从描述性工作分析到预测性工作分析。传统工作分析的目的是对工作现状进行描述。例如，职位说明书和工作规范等都是对研究对象的实际情况，如工作内容、职责范围和任职资格等进行描述。然而，现代社会经济处于快速变化之中，工作内容、职责范围和任职资格等也发生着相应的变化，因此现代的工作分析改变了传统工作分析的描述性方法，逐渐朝预测性工作分析的方向发展。

（2）工作分析技术的发展趋势。随着社会生产技术的迅速发展，新技术被应用于人类社会的各个领域，相应地，工作分析领域也逐渐引入了许多新技术和新方法，尤其是计算机和网络技术等在工作分析领域已成为必不可少的一部分。计算机和网络技术可以应用于工作分析的各个阶段。在工作分析的准备阶段，工作分析小组可以利用计算机查阅资料、制订进度计划和进行人员安排。在工作分析的实施阶段，工作分析小组可以利用计算机和网络及其数据库查找同行业其他组织的工作设置、工作内容、职责任务及任职资格等并将所获取的本组织的相关工作信息输入数据库，以便进行进一步分析。在工作分析结果的检验阶段，计算机更是一种必不可少的工具，它使多元回归统计技术的应用更加可行，从而有助于消除工作分析中的潜在歧视与偏见，使分析的结果更加客观、准确。在工作分析成果的修改、维护阶段，计算机和网络技术也发挥着巨大的作用。通过基于计算机和网络技术建立的工作评价系统，组织可以运用计算机数据库收集、储存和分析与人力资源相关的信息。计算机的使用可以缩短工作分析的周期，提供更加准确的工作分析、工作描述、工作评价等。另外，目前的结构化工作分析问卷的开发渠道仅包含本行业工作专家以及组织内的工作描述，而计算机的应用则为其发展增加了一条更为便捷的渠道，即与本行业工作任务的数据库联网。

总体来说，现代工作分析中计算机和网络技术等高科技手段的应用逐渐成为工作分析技术发展的新趋势。计算机的应用可使工作分析更加快捷、客观、完善和准确。

（3）工作分析研究的发展趋势。

① 从准确性的工作分析研究转向战略性的工作分析研究。所谓准确性的工作分析研究，就是致力于提高工作分析结果的准确性的研究，包括工作分析信息正确性保证措施研究、信息分析与综合准确性保证技术研究等。所谓战略性的工作分析研究，则是将现在的工作分析与未来的工作导向相结合的一种研究，要求现在的工作分析应当体现工作的未来发展趋势和组织的战略需求。

② 从具体的任职要求分析研究到与胜任特征分析相结合的研究。目前工作分析中的人员分析技术研究与胜任特征建模之间的结合正在变得越来越紧密，一方面，人员分析能够为胜任特征模型提供大量的实证数据，而另一方面，胜任特征可以体现组织的特性和工作的未来需要，能够弥补人员分析在组织层面信息和工作未来需求方面的不足，两者的结合将成为未来工作分析研究的发展趋势。

③ 从工具性工作分析研究到工作分析影响因素的研究。所谓工具性工作分析研究，就是把工作分析作为人力资源开发与管理过程中的一种方法与技术进行研究，主要研究如何改进现有的工作方法与技术，提升工作分析的效率与效果。但是近年来，对工作分析影响因素的研究日益成为该领域的重要发展趋势，这方面的研究主要在两个层面上展开，包括个体影响因素的探讨和组织影响因素的探讨。

二、工作分析的操作流程

工作分析是一项技术性很强的工作，需要进行周密的准备，同时还需要一套与人力资源管理活动相匹配的、科学的、合理的操作流程。

工作分析的过程就是对工作进行全方位评价的过程，一般分为七个阶段，即准备阶段、计划阶段、调查阶段、分析与总结阶段、描述阶段、运行阶段和控制阶段。前六个阶段依照工作分析的流程按部就班地依次进行，控制阶段贯穿于工作分析的整个过程，工作分析的每个步骤、每个阶段都需要控制，只有有效地控制才能保证工作分析的顺利进行。

1. 准备阶段

这一阶段的主要任务是了解情况，成立工作分析小组，明确工作分析的目的和意义，确定工作分析的对象并与相关部门和人员建立良好的工作关系。由于工作分析人员在进行分析时要与各工作现场或员工接触，因此工作分析人员首先应该研究有关各工作的书面资料和现有文件，同时要协调好与企业各级管理人员之间的关系，以免产生摩擦或误解。工作分析人员在这一阶段主要应完成以下几项任务。

（1）明确工作分析的目的、任务和意义。任何工作只有明确了目的和意义，才能正确、有效地进行下去，工作分析亦是如此。只有明确了工作分析的目的和意义，才能准确制定分析的范围、对象和内容，才能选择合适的信息收集方法。同时，还可以根据工作分析的目的、任务对企业现状和企业内各类职位进行初步了解，掌握各种基础数据和资料。

由于企业进行工作分析的目的不同，工作分析的内容和对象也是不一样的。有的工作分析是为人员招聘服务的，则其内容应侧重于对能力、素质等岗位任职资格要求的说明；有的工作分析是为企业的绩效考评服务的，则其内容应侧重于对各个岗位的工作内容、工作职责等与工作相关内容的说明；有的企业是要全面了解各个岗位之间的关系，各岗位的工作职责、任职条件等内容，这时应全方位、多角度地进行工作分析。正因为如此，企业在进行工作分析时首先应该明确工作分析的目的，再确定工作分析的内容、对象和任务。

工作分析是整个企业发展的基础，它不只是企业人力资源管理部门的事情，因此在进行工作分析之前，首先要获得企业高层领导的信任和支持，没有企业高层领导的支持，这项关系到整个企业的工作将很难顺利进行下去。

（2）成立工作分析小组。工作分析小组有时也称专家组，通常是由工作分析专家组成的。工作分析小组的任务是制定工作分析方案，进行工作信息的收集、整理、分析，最后形成相应的工作分析文件，此外还要负责对各个岗位任职者进行相应的培训等。

恰当地选择工作分析小组成员是工作分析取得成功的关键。工作分析小组的成员应是具有工作分析专长并对企业的组织结构及企业内各项工作有明确概念的人员。工作分析小组成员应具有一定的职责和权限，可以从企业内部选拔，也可以从企业外部聘请，成员的数量可以根据企业的实际情况而定。

（3）确定工作分析的对象。由于受时间、资金和人力的限制，工作分析不可能兼顾所有岗位的任职者，因此工作分析对象选择得合理与否与工作分析结果的准确度息息相关，在选择工作分析对象时，一定要选择有代表性的岗位和任职者。

（4）与有关部门和人员建立良好的工作关系。工作分析的基础是分析人员要尽可能熟悉企业的组织结构和所要分析的工作，即便是分析人员在企业人力资源管理部门工作或已经在本企业工作了好几年。分析人员可采用实地观察和对相关人员进行访谈等方法尽可能多地掌握所要分析的工作的信息。在这个过程中，工作分析人员要与企业有关部门和人员建立良好的工作关系，获得有关人员的支持和信赖，使随后的工作分析能够顺利进行。

2. 计划阶段

为了使工作分析能够顺利、有效地进行，工作分析小组应制定一个工作分析方案，根据工作分析的任务、程序，将待分析工作分解成若干工作单元和环节，以便逐项完成。对每个工作单元和环节，都应明确规定开始和结束的时间以及相应的负责人，做到事事有人负责、人人都有事做，同时还要确定工作信息的来源和收集信息的方法等。

此外，在这个阶段，工作分析人员还要解决工作分析各方面的细节问题，如要收集哪些信息、如何获得这些信息、怎样将这些信息表现出来、使用哪种信息收集方法、从哪里获得这些信息（直接上级、工作任职者等）等。

在这一阶段，分析人员应主要完成以下几项任务。

（1）制定工作分析方案和职位调查方案。工作分析方案是工作分析小组开展工作的依据。因为实施一次完整的工作分析活动往往需要调动大量的资源，需要花费相当长的时间，需要来自各个方面的人员的配合，所以在实施这样一个比较复杂的活动之前需要制定一个方案，以便有计划、有条理地开展工作分析。工作分析方案就是工作分析的蓝图。在工作分析方案中要规定好工作分析各个阶段的起止时间、主要任务和主要负责人等，将责任落实到每一个人。在制定方案时，还应对工作分析中的用语进行规范，以提高不同工作分析人员所收集信息的一致性，减少用语不同所造成的误差。

此外，为使工作分析迅速、有效，还应制定一个职位调查方案。职位调查方案是工作分析人员进行工作信息收集的依据，所有工作分析人员都应该遵照职位调查方案所规定的调查方法，在规定的时间内完成相关工作信息的收集任务。

在工作分析小组制定职位调查方案时，企业各有关部门应提供详细、准确的信息，全力配合工作分析小组的工作，以保证职位调查方案的科学、合理、有效。同时，企业的各个部门还应该明确一点，即工作分析并不只是工作分析小组的事情，也是各个部门、各个工作岗位的事情，工作分析做好了，各个岗位、各个部门都是最直接的受益者。一个完整的职位调查方案应包括调查目的、调查范围和对象、调查内容和项目、调查方式和方法、调查的时间和地点、调查问卷及其填写说明等。

（2）选择信息的收集来源。在工作分析中，有些信息需要分析人员深入各个工作岗位进行实地收集，而有些信息来自企业外部，它们对于工作分析都是非常重要的、不能忽视的。

在选择信息的收集来源时，分析人员应注意：不同层次的信息提供者提供的信息存在差别；工作分析人员应秉持公正的态度听取不同的意见，不要存有偏见；使用各种工作文件时，要结合本企业实际情况，不可照搬照抄；对企业原工作文件，要在研究、分析的基础上有选择地"继承"。

（3）选择收集信息的方法。收集工作信息的方法多种多样，具体包括以下几种。

① 观察法。工作分析人员直接观察员工工作过程是获得工作信息最普遍的方法之一。观察法成功的关键是对观察对象的选择和沟通，需要充裕的时间和充分的准备，适用于要求标准化、工作内容简单明了的工作，尤其适合于重复性工作。另外，有些文化水平较低的员工不善于口头描述他们的工作职责，这时直接观察的方法相当适用。但是，观察法不适用于有许多脑力活动和不规律活动的工作。

在观察法中，如果配以录像或录音能帮助工作分析人员获得更充分的信息，但是，在使用相关设备时要加倍小心，不应侵犯被观察员工的个人隐私。

观察法需要了解的主要内容包括：工作的对象是什么；需要完成什么样的工作；为什么要完成这一工作；用什么工具和材料完成工作；和哪些职位存在工作上的联系等。

由于观察法是对工作分析对象的实际工作进行现场观察，如果处理不好，不仅不能收集到需要的信息，还会引起观察对象的不满，因此在进行观察时要注意以下几点：取得观察对象的信任；不要影响到观察对象的正常工作；详细记录有关资料，如需要努力的程度、体力的消耗、噪声、高温等；观察完成后应向观察对象表示感谢；和观察对象的主管讨论观察的结果；汇总、整理观察的结果。

② 访谈法。访谈法是指工作分析人员通过与任职者面对面交谈来收集工作信息，可以较深入地了解任职者做什么工作、为什么要做这些工作以及如何来做这些工作。这种访谈可以是一对一访谈，也可以是集体访谈。访谈可以在工作场所进行，但如果有噪声、天气、隐私等方面的不良影响，就应该转换至其他场所访谈。

采用访谈法应注意以下问题：明确所要访谈的目标和内容，不可漫无边际地闲谈或让访谈对象完全控制话题；访谈者的言辞应能够正确地表达访谈提纲的内容，以免在分析信息时产生误解；鼓励访谈对象真实地表达自己的想法，避免诱导对方根据访谈者的推想回答问题；不能涉及与工作无关的隐私问题；提问要使访谈对象易于回答，问题应尽量清楚且不应超过访谈对象的知识范围。

采用访谈法进行面对面交流，工作分析人员可以与访谈对象双向交流，可以发现新的、未预料到的重要工作信息。但是，访谈对象对问题的回答具有一定的随意性、即时性，准确度不高，同时工作分析人员的思维定式或偏见会影响判断和提问，对访谈对象的影响较大。另外，访谈法对工作分析人员的素质要求较高，工作分析人员素质的高低将对访谈结果产生重大的影响。因此，访谈法不宜单独使用，必须与其他方法结合使用。

③ 问卷调查法。问卷调查法是最省钱、最省力的收集工作信息的方法。在使用问卷调查法收集工作信息时，工作分析人员要注意以下几个问题：调查问卷的问题是可以明确回答的问题；明确指示调查对象要进行具体的回答，而不是空泛的回答；在初期要开展对重要样本的分析工作，及时对调查问卷进行调整、修改；在设计调查问卷时要使用计算机可以识别的信息，这样可以使用计算机进行统计，缩短信息整理的时间并在将来为企业人力资源管理部门的工作提供信息资源。

由于问卷调查法是利用提前设计好的问卷对工作分析对象进行调查，因此可以尽可能多地收集工作信息，而且可以收集到准确、规范、含义清晰的工作信息，还可以随时安排调查。但是，由于问卷中的问题是事先已经设定好的，调查难以深入。同时，工作信息的收集受问卷设计水平的影响较大，对调查对象知识水平的要求较高，因此一般是以问卷调查法为主，以访谈法和观察法为辅。

④ 日志法。日志法是指任职者按要求详细记录自己每天的工作任务与活动。与调查问卷相比，日志的结构性更差一些，但工作分析人员不仅可以从中了解所调查工作的内容，还能知道任职者在每项工作上所花费的时间。不过，这要求任职者必须积极、主动地完成日志。另外，许多任职者因未经培训，所记录的日志内容混乱、语言烦琐，导致后续分析工作的困难。

⑤ 综合法。综合法就是将上述几种方法任意组合的方法，所获得的分析结果会比仅用一种方法更详细、准确。观察、访谈结合法是最常采用的组合。事实上，观察法可与其他任何一种方法结合使用，在工作现场观察几分钟所获得的信息可能比从好几页问卷里所获得的信息丰富得多。

在实际的工作分析中，信息收集的方法和分析信息适用的系统由工作分析人员根据企业的实际需要灵活运用。在选择收集工作信息的方法时应注意以下问题。

① 根据工作分析所要达成的目标来选择合适的收集工作信息的方法。工作分析的目的不同，使用的方法自然有很大的区别。例如，当工作分析用于招聘时，应该选择关注任职者特征的方法；当工作分析用于企业的绩效考评时，应该选择侧重于工作职责和工作内容描述的方法；当工作分析是为企业的一切人力资源管理活动提供平台和支撑时，工作分析则应做到全面、彻底。

② 根据所分析职位的不同特点来选择收集工作信息的方法。由于企业中有的职位以操作为主，有的职位以管理为主，因此对于不同的职位要采用不同的信息收集方法。例如，有的职位的活动比较外显，以操作为主，这样的职位就可以采用现场观察法来收集工作信息；有的职位的工作具有隐蔽性，以脑力活动为主，这样的职位就可以采用问卷调查的方法来收集工作信息。在选择收集工作信息的方法时，还应考虑企业实际情况的限制。有些方法虽然可以收集到较多的信息，但企业可能由于花费的时间或财力较多而

无法采用。在选择收集工作信息的方法时,要注重多种方法的结合。由于每一种收集工作信息的方法都有其独特之处和适用场合,并不存在一种普遍适用的或最佳的方法,因此在进行工作分析时,企业应该根据具体的目的和实际情况,有针对性地选择一种或几种方法,这样才能取得较好的效果。

3. 调查阶段

这个阶段的主要任务是根据调查方案对各个职位进行认真、细致的调查研究,收集相关工作信息。调查中可灵活运用访谈法、问卷法、观察法等方法,广泛、深入地收集有关职位工作信息和各种数据资料。无论使用何种方法,所获得的信息都必须能回答以下基本问题:工作的职责、内容是什么;要求任职者具备什么样的学历、工作经验、技能、心理、情绪和身体健康状况;工作环境怎么样等。这些内容都将填入工作说明书。

(1) 调查阶段的工作内容。工作分析调查阶段的工作内容主要包括准备工作调查提纲和各种调查问卷;编制工作调查提纲;安排工作调查日程;设计调查问卷;在多种调查方法中选择适合本次调查的调查方法;收集有关工作的特征以及所需的各种信息;指导任职者就调查项目如实填写问卷或回答问题;收集必需的有关任职者的特征信息;对各种工作特征和任职者特征的重要性和发生频率进行排序或等级评估。

具体来说,分析人员在这个阶段主要需要做好以下几个方面的工作。

① 与有关人员进一步沟通。由于工作分析需要深入具体的工作岗位,必然要同大量的任职者和管理者产生联系,因此获得他们的理解和支持是非常必要和重要的。可以通过召集员工会议的形式进行沟通,在会上可以由工作分析小组的有关人员对广大员工进行宣传和动员。通过这样的沟通可以让参与工作分析的有关人员了解工作分析的目的和意义,消除其内心的顾虑和压力,争取他们在实际收集信息时的支持与合作。同时,由于工作分析的过程中有很多需要员工配合的事情,通过与员工的有效沟通,可以让员工了解工作分析的时间安排和进度安排,这样他们就会了解自己大概需要在什么阶段、花费多少时间进行配合,便于他们事先安排好自己的工作,留出足够的时间来配合工作分析。

② 制订每个阶段的具体实施计划。在工作分析的准备阶段已经有了工作分析的调查方案,但这样的方案通常只是提供了大致的计划和工作分析的步骤及时间安排,而没有细化到每个阶段的实施。工作分析的每个步骤都要制订切实可行的计划,以保证各个阶段任务的及时完成。同时,在计划的执行过程中,由于外部客观环境是不断变化的,工作分析人员要进行计划的修订并将修订好的计划及时通知相关部门和有关人员,使他们有充分的时间安排自己的活动。

③ 确保信度和效度。在进行工作信息收集时,工作分析人员还应注意分辨所收集到的信息是否准确、翔实,以保证工作分析结果的信度和效度。

(2) 具体调查信息。在确定要调查的工作岗位之后,应开始研究每一工作岗位的情况并将其本质内容记录下来。为了保证对工作岗位情况的系统收集,需要准备规范的工作岗位分析表格,其中包括一些精心选择的有关问题。这种表格不一定必须重新设计,可根据确定的工作岗位测评计划,对有关企业各种情况的规范表格进行修改后使用。

任何岗位都是由工作任务、工作环境、责任和个人条件四大要素组成的。工作任务的内容包括工作的目标、内容、技术要求、操作方法（包括使用的原材料、机器、工具等）、体力或脑力劳动的程度等。具体来说，工作分析人员在调查中通常要了解以下基本工作信息。

① 工作岗位。工作岗位的内容包括谁做这一项工作；工作名称是什么；工作的基本任务是什么；怎样完成任务；使用什么设备；为什么执行这些任务；工作中各项任务同其他工作任务之间的关系如何；任职者对同事、设备负有什么责任；工作条件（工作时间、噪声、气温、光线等）如何。

② 圆满完成工作所要求的资格条件。具体的资格条件包括知识、技能（包括经验）、受教育水平、身体条件、智力水平、能力（创造能力和应变能力）。

4. 分析与总结阶段

工作分析是收集、分析、综合组织中某项工作的有关信息的过程。工作分析的分析与总结阶段是整个工作分析过程的一个重要阶段，这个阶段的主要任务是对调查阶段所收集到的信息进行分析、分类、整理、转化和组织，形成书面文件，为下一阶段的工作描述做好准备。分析与总结阶段的任务主要包括以下几项。

（1）工作名称分析。工作名称应准确，不应存在歧义并能准确表达出工作的主要内容，还应有美感，切忌粗俗。对工作名称进行分析时，应注意使工作名称标准化并符合人们的一般理解，使人们通过工作名称就可以了解该工作的性质和内容。

（2）工作内容分析。工作内容分析是工作分析的核心部分。工作内容分析的具体内容包括以下几点。

① 工作职责与权限分析。明确某个岗位的具体工作内容是什么，该岗位承担什么样的责任、能够行使哪些权利等。

② 工作关系分析。了解和明确工作中的关联与协作关系，包括下级关系、横向联系和监督、指导关系等。

③ 工作量分析。确定工作的体力消耗程度、脑力消耗程度和工时利用率等。

④ 工作时间分析。明确工作班次、出差频率等。

（3）工作环境分析。工作环境分析是指对岗位任职者所处的工作环境进行分析，工作环境主要包括噪声、灰尘、危险性、温度、湿度等方面的内容。对这些指标进行分析要借助一定的测量方法，然后根据国家有关标准确定相关等级系数。

（4）任职者的任职资格分析。在对任职者的任职资格进行分析时，要严格根据岗位工作的需要来确定岗位需要由什么经验、什么学历、什么能力的人来担任，不能大材小用，也不能小材大用。

完成上述分析后，工作分析小组还要根据需要对工作分析的各项资料加以整理。通常，工作分析所获得的信息以下列方式加以整理。

① 文字说明。以文字说明的方式将工作分析所获得的资料描述出来，列明工作名称、工作内容、工作设备与材料、工作环境以及工作条件等。

② 工作列表和问卷。工作列表是以工作的内容及活动分项排列各工作，由实际从事工作的人员加以评判或填写分析所需时间及发生次数、已了解的工作内容。列表和问卷只是处理形式不同而已。

③ 活动分析。活动分析实际上就是作业分析。通常是把工作的活动按工作系统与作业顺序一一列举，然后根据每项作业进一步加以详细分析。活动分析多以观察和面谈的方法进行，所获得的资料可作为教育及培训的参考信息。

④ 决定因素法。决定因素法是将完成某项工作本身特别需要的因素和亟待排除的因素罗列出来。通过分析，对各个职位的有关信息的内容进行归纳，制定出等级标准，为企业的工作分析体系和薪酬的发放等工作做好准备。

5. 描述阶段

仅仅研究、分析一组工作并未完成工作分析，工作分析人员必须对获得的信息予以加工并编写出工作报告、职位说明书、工作描述书以及任职说明书等。因此，描述阶段的主要任务是对收集到的各种资料进行加工、整理、归纳并编制相关的工作报告和文件。此阶段的具体工作包括：① 仔细审核已收集到的各种信息。② 创造性地分析、发现有关工作和工作人员取得成功的关键原因。以销售经理为例，有些企业认为销售经理的主要工作是销售，有些企业认为销售经理还负责市场的策划、定位、细分与售后服务，还有些企业认为销售经理应注重企业文化的对外传递、品牌附加值的创造和挖掘客户的潜在需求等，对销售经理的"定位"不同，其应具备的关键因素可能大相径庭。③ 归纳、总结出工作分析的必需材料和要素。④ 编制工作描述书、职位说明书和任职说明书。

分析报告作为对工作分析工作的总结，主要对在工作分析过程中存在的问题进行探讨并提出相应的改进意见，最好能够有针对性地提出组织与岗位的改进方案，以使企业的各个组织和岗位运行得更加顺畅。

编制工作描述书、职位说明书和任职说明书时，要注意以下几点。

（1）内容界定要明确、详细。工作描述书要对任职者的工作环境、工作关系等内容进行清晰地描述；职位说明书要对任职者的工作内容、工作职责和权限及相应的工作标准有严格的界定；任职说明书要对任职者的知识、技能、学历、经验和相应素质的要求进行详细的规定。工作描述书、职位说明书和任职说明书的编制要尽量详细，不能有任何遗漏、夸张的地方，并且一切都要从实际情况出发。

（2）用词要通俗易懂，不会使人产生任何异议。工作描述书、职位说明书和任职说明书并不是学术报告，其用词一定要通俗易懂，不能使用模棱两可的词语，要保证企业中的普通员工能明确知道文件上各项内容的含义。

（3）与岗位工作息息相关。不同职位的说明书应该有所区别，切忌千篇一律的形式主义。说明书不是装饰品，而是企业员工在实际工作中的准则，因此在编制说明书时，一定要"量体裁衣"，针对每个岗位的特色，具体编制各个岗位的说明书。

6. 运行阶段

运行阶段是对工作分析的验证阶段，只有通过实际的检验，工作分析才具有可行性和有效性，才能不断适应外部环境的变化，工作分析人员才能不断地完善工作分析的运行程序。尤其是一些大型企业在进行工作分析时，往往并不是一次对企业所有的岗位都进行工作分析，而是先选定一个或几个有代表性的岗位进行试点，然后对试点岗位的工作分析结果进行试运行，找出试点岗位工作分析中存在的缺点和不足，为下一步全面展开工作分析做准备，这样可以避免在开展全面工作分析时产生不必要的损失或出现一些本可以避免的问题。另外，在全面展开工作分析之后，还要对当次工作分析的结果及运行状况进行检验，为将来再进行工作分析做好准备。

运行阶段主要有以下两部分工作。

（1）培训工作分析人员。工作分析人员在很大程度上影响着工作分析的准确性、运行速度及费用。培训工作分析人员既可以使企业员工了解工作分析的过程及结果的运用，也可以为企业工作分析打下坚实的基础。

（2）制定各种具体的应用文件。工作分析是企业人力资源管理的一项基础工作，可以为企业的人员招聘、员工培训、绩效考评、薪酬等提供依据和指导。但是，工作分析所形成的工作描述书、职位说明书和任职说明书等都是一些基础性文件，要保证企业人力资源管理活动的正常进行，还必须制定一系列的具体应用文件，如招聘制度、绩效考评制度、薪酬管理制度等。

7. 控制阶段

控制活动贯穿于工作分析的始终，工作分析是一个不断调整的过程。随着时间的推移，任何事物都在变化，工作分析也不例外。组织的生产经营活动是不断变化的，这些变化会直接或间接地引起组织分工协作体制发生相应的调整，从而也相应地引起工作的变化。因此，一项工作要有成效，就必须适时地做出改变。另外，工作分析文件的适用性只有通过反馈才能得到确认，工作分析人员应根据反馈及时修改文件中不适用的内容。控制活动是工作分析中的一项长期的重要活动，主要任务是保证企业的工作分析能够按照计划进行，不偏离企业的目标并及时、有效地完成。同时，通过工作分析控制还能使企业的各个岗位的工作职责和岗位设置与企业外部环境保持协调。

控制活动贯穿于整个工作分析过程，存在于企业工作分析的各个阶段。以下为控制活动在企业工作分析的各个阶段的主要表现。

（1）准备阶段。在准备阶段，控制活动主要表现为工作分析与企业文化、组织大环境相和谐、一致，明确工作分析的目的和意义，制定工作分析的目标和任务。根据企业的人力、财力、物力来选择合适的工作分析专家（即外聘或选择本企业的人员）、工作分析方式和方法，确定工作分析的期限等。

（2）计划阶段。在计划阶段，控制活动主要表现为按照企业的实际情况设计合适的工作分析方案并对工作分析的整体任务进行分析，同时要根据企业的实际情况和工作分析需要来选定合适的工作信息收集方法等。

（3）调查阶段。在调查阶段，控制活动主要表现为企业的工作分析领导小组及工作分析小组首先要选定信息的来源，确定信息收集对象的数量和人员名单并实际进行信息的收集。

（4）分析总结阶段。在分析总结阶段，控制主要表现为对所收集的信息进行分类、汇总，由于未必所有的信息都是准确可靠的，因此还要对其进行筛选，去伪存真，保证工作分析信息的准确性和有效性。

（5）描述阶段。在描述阶段，控制活动主要表现为对所要形成的职位说明书、工作描述书和任职说明书等一系列工作分析文件的形式进行规范，对工作分析文件中的用语进行规范，使所形成的工作分析文件具有实际指导作用。

（6）运行阶段。在运行阶段，控制活动主要表现为规范企业的各种应用文件和规章制度，保证工作分析文件在企业人力资源管理活动中的基础地位和工作分析文件的实际用途，使最终形成的工作分析文件能够起到应有的作用，而不是工作分析结束了，一切还是按照老样子进行，这样的工作分析对企业来说是没有任何意义的。

三、工作分析的方法

工作分析的系统方法是指在完成组织战略的制定和修整并明确了各个职能部门和职位的功能和目标之后，以工作分析的基本方法为基础，从实施过程、问卷与量表使用、结果表达运用方面体现出高度结构化的特征，通过量化的方式刻画出工作特征的工作分析方法。工作分析的系统方法的结果是形成工作说明书和工作规范的基础。本章主要介绍三种方法，即职位分析问卷法、管理人员职务描述问卷法、职能工作分析法。这三种方法不但具有很高的信度和效度，而且覆盖了管理活动的各个方面。其中，职能工作分析法应用的范围最为广泛，适用于各种职位；职位分析问卷法适用于操作工人与基层管理职位；管理人员职务描述问卷法适用于中高层管理职位。

（一）职位分析问卷法

1. 职位分析问卷法的内涵

职位分析问卷法（position analysis questionnaire，PAQ）是一种通过标准化、结构化的问卷形式来收集信息，以人为中心的定量化的工作分析方法。

职位分析问卷法是1972年由美国普渡大学教授麦考密克等人用了10年时间开发出来的。它的出现在当时具有两种突破性意义：首先，它开发出了一种用以准确确定工作的任职资格的、一般性量化方法；其次，这种量化的方法可以用来为每个工作估计价值，进而为制定薪酬提供依据。在职位分析问卷法的运用过程中，研究者发现职位分析问卷提供的数据同样可以作为其他人力资源功能板块的信息基础，如工作分类、人岗匹配、工作设计、职业生涯规划、培训、绩效测评及职业咨询等。这种数据运用范围的扩展表明，职位分析问卷法可以运用于建设企业职位信息库，以整合基于战略的人力资源信息系统。

2. 职位分析问卷的结构

一般的职位分析问卷包括六个部分，其中有187项工作要素用来分析工作过程中任职者的活动特征，另外还有 7 项工作要素涉及薪资问题，共 194 项。职位分析问卷收集的六大类信息分别为信息输入、脑力处理、体力活动、人际关系、工作情境和其他特征。

职位分析问卷的工作要素描述的是包含在工作活动中的"人的行为"，如工作中人的感觉、知觉、智力发挥、体力消耗和人际活动等。但是工作中的行为是相当丰富的，职位分析问卷旨在将工作中所有的要素概括出来，这也就带来了它在应用过程中的复杂性。

现行的职位分析问卷经过主要成分分析，可以将工作要素聚集为 30 多个维度。通过对这些工作要素的评价，可以反映目标职位在各维度上的特征。在职位分析问卷法中工作分析人员要依据以下 6 个计分标准对每项工作要素进行衡量。

① 使用的范围——个人使用该项目的程度。
② 时间总量——做事所需要的时间比例。
③ 对工作的重要性——问题所细分出来的活动对执行工作的重要性。
④ 出现的可能性——工作中身体遭受伤害的可能性。
⑤ 可应用性——某个项目是否可应用于该职位。
⑥ 专用——用于职位分析问卷中特别项目的专用等级量表。

每项工作要素包括以下 6 个级别："N"为不使用；"1"为少量或几乎不；"2"为偶尔或低；"3"为一般或平均；"4"为经常或高；"5"为频繁或非常高。

3. 职位分析问卷法的操作流程

职位分析问卷法的操作流程可划分为七个步骤：明确目的、获得支持、确定收集信息的方式、培训工作分析人员、沟通项目、收集信息和分析结果，如图 4-1 所示。

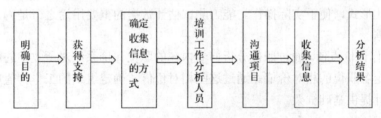

图 4-1 职位分析问卷法的操作流程

（1）明确目的。职位分析问卷法的目的不是完成问卷本身，而是实现某些人力资源职能，如划分工作组、建立甄选指标、确定培训需求、选择绩效评价的要素、开发人事评估系统、预测多样化的工作所带来的压力以及为职业生涯服务等。

（2）获得支持。无论采取何种工作分析方法获得任职者的支持甚至是管理层的支持都很重要。首先，要明确组织的文化和环境，不同的组织文化适用的工作分析方法不同。其次，要确定工作分析是从高层开始还是从基层开始。最后，将具体方案交给组织的管理人员，获得他们的支持。

（3）确定收集信息的方式。信息收集的方式一般有两种：一种是由专业的工作分析人员填写职位分析问卷，由任职者或其直接主管提供工作信息；另一种是任职者直接填写职位分析问卷。

（4）培训工作分析人员。培训的内容包括职位分析问卷的内容与操作、收集信息的技巧（如何倾听任职者的描述等）、模拟训练、对实际工作过程中遇到的问题进行讨论等。

（5）沟通项目。要获得任职者的支持首先要与任职者沟通，让任职者了解工作分析的目的和意义等。需要沟通的信息包括工作分析的目的、时间规划以及数据收集过程中的注意事项等。

（6）收集信息。采用职位分析问卷收集信息。

（7）分析结果。通过收集、分析得到的问卷，分析人员不但可以明确各项工作对人员的任职要求，而且可以根据需要进行其他内容的分析。当然，这些分析工作可以利用计算机程序自动完成，也可以交给专门的工作分析服务机构去完成。

4. 职位分析问卷的应用

由于职位分析问卷的专业性和复杂性，其分析结果可以应用到人力资源管理的各个领域中，如工作描述、工作分类、工作评价、工作设计和重组、人员录用、绩效评估、人员培训等。其中，运用得较多的工作分析报告或结果有以下三种。

（1）工作维度得分统计报告。工作维度得分统计报告是目标工作在职位分析问卷各评价维度上得分的标准化和综合性的比较分析报告。所有的评价维度得分均采用标准分的形式，标准得分直接反映目标职位与职位分析问卷提供的样本之间在该维度上的差异，标准得分的另一种表现形式——百分比能直观地说明目标职位在评价维度上的相对位置，便于不同职位之间的相互比较。

（2）能力测试估计数据。职位分析问卷通过对某职位信息的分析，确定该职位对于任职者各项能力的要求，并且通过与能力水平之间的比较，将能力测试预测分数转化为相应的百分比形式，便于实际操作。能力测试估计数据的重要用途之一是为人员甄选、录用提供依据。

（3）工作评价点值。通过职位分析问卷内在的职位评价系统对所收集的职位信息进行评价，确定各职位的相对价值。通过这些相对价值，确定组织的工作价值序列，为组织的薪酬设计提供基础框架。

5. 职位分析问卷法的优点和缺点

（1）职位分析问卷法的优点。

① 职位分析问卷法可以直接用于不同的组织、不同的工作，便于对各组织间的工作进行比较，也使工作分析更加准确与合理。

② 职位分析问卷法可以得出每一种（或每一类）工作的技能数值与等级，因此它可以用来进行工作评估和人员甄选。

③ 职位分析问卷法能够同时考虑任职者和工作两个变量因素并以标准化的方式将各种工作所需要的基础技能与基础行为罗列出来，从而为人事调查、薪酬标准制定等提供依据。

（2）职位分析问卷法的缺点。

① 通用化或者标准化的格式导致了工作特征的抽象化，所以职位分析问卷法不能描述实际工作中特定的、具体的任务活动。

② 为满足数据收集的有效性、准确性和通用性要求，在通常情况下需要很高的时间成本。同时，问卷的填写人应是受过专业训练的工作分析人员，由他们对任职者和直接主管进行有关工作内容的访谈，再填写职位分析问卷。

职位分析问卷样本如表4-1所示。

表4-1　职位分析问卷样本

具体说明

首先请判定项目是否适合目标工作。

问卷中有些项目前的代码被鱼尾括号括住，它们被认为是通用性的，可以应用到所有工作中。对于没有用鱼尾括号标出的项目，工作分析人员首要判定此项目是否适合被分析的工作，如果不适用，用"—"标出。

当某项目适合于目标工作时，请根据对应的评价尺度做出等级判断。

评价尺度说明：每一个项目的前面标有的代码表示相应的评价尺度。整份问卷包括如下五种代码。

1. 代码 I：表示项目对工作的重要程度，分为以下六个等级。

（1）"—"表示不适用。

（2）"1"表示非常微小（是工作偶然性的、微小的因素）。

（3）"2"表示低（处于一般重要以下）。

（4）"3"表示一般（是对整个工作一般重要的因素）。

（5）"4"表示高（对工作足够重要的因素）。

（6）"5"表示极高（对工作最重要的因素）。

2. 代码 T：表示行为或者工作情景出现的时间。

3. 代码 U：表示工作中具体信息源使用的范围。

4. 代码 S：表示该项目适用的评价尺度是个性化的，不适用于其他的项目，当出现此代码时，会有对应的等级说明。

5. 代码 X：表示检查项目，当一项目前的代码是 X 时，如果要对该项目做出评价，需要采用其他手段进行检查、确定。

正文

工作名称：_____　　日　期：_____

组　　织：_____　　分析者：_____

部　　门：_____　　雇员姓名（选择项）：_____

1. 信息输入

1.1 工作信息源

根据任职者在执行工作任务时把该项目用作信息源的范围，给下面的项目分级。

使用范围（U）	等　级
不适用	—
表面上/非常偶然	1
偶尔	2
一般	3
大	4
非常大	5

续表

1.1.1 工作信息的视觉源

（1）U 书写材料（公告、报告、备忘录、文章、工作说明书、计算机打印件、批注等）。

（2）U 图片资料（出现在报纸、电影等上面的非口头信息源，如绘画、蓝图、示意图、表格、地图等）。

（3）U 数量资料（报表、记账、细目、数据表格等）。

（4）U 测量仪器（标尺、圆规、刻度尺等，这些是数量或者数量信息源）。

（5）U 工作辅助设施（模板、模型等）。

（6）U 机械设备（工具、装备、机器等）。

（7）U 加工材料（零件、材料、加工物等，这些为加工、操作或其他处理时的信息源）。

（8）U 不在加工过程中的材料（零件、材料、加工物等，如处理、检查、打包等，但是这些没有处于加工过程中）。

（9）U 视觉显示（拨号、量规、信号灯、雷达监测等）。

（10）U 自然环境（风景、场地、地理条件、植物、天气情况和其他室内或室外环境，它们是可以通过观察或检测来获得的工作相关信息）。

其他不再说明。

1.2 鉴别

1.2.1 鉴别活动

（11）【S】近处视觉鉴别的精确程度要求。

等 级	精确度（S）
1	大概（对工人在近处视觉鉴别精度方面的要求很低，如产品装箱、农艺等）
2	一般（对工人在近处视觉鉴别精度方面的要求一般，如读刻度和量规、邮件分类等）
3	高（对工人在近处视觉鉴别精度方面的要求很高，如使用显微镜、修理手表等）

请根据项目对工作的重要程度对下面的项目进行判断分级。

重要程度（I）	等 级
不适用	—
非常微小	1
低	2
一般	3
高	4
极高	5

（12）I 远距离视觉辨别（辨别物体、事件或者伸手能及之物的细节特征，例如操作汽车、美化环境、主持运动会等）。

（13）I 深度辨别（判断深度或者物体的相对距离）。

（14）I 颜色辨别（通过物体颜色、材料或者其他细节来进行区分和识别）。

（15）I 声音模式辨别（不同的模式或者一系列声音，例如莫斯代码包含的内容、心跳、发动机失灵等）。

（16）I 声音辨别（根据它们的强度、音调或者音调质量、变化进行辨别）。

（17）I 身体移动辨别（主要通过使用半圆管来辨别身体在速度方面的变化，如正在飞行的飞机等）。

（18）I 姿势辨别（辨别身体位置或者垂直定位的变化，如在非正常环境下身体的平衡等）。

续表

2. 思考过程

2.1 决策和推理

（19）【S】决策（通过选择等级说明包含在工作中的典型决策水平，考虑以下几个方面：需要考虑的因素数量和复杂程度；变化的多样性；决策的后果和重要性；对背景、经历、教育和培训的要求；老员工指导的可行性；其他相关的考虑因素。下面每个等级所给出的例子只是建议性的）。

根据任职者在执行工作任务时把该项目用作信息源的范围，给下面的项目分级。

等级	决策水平（S）
1	低（在仓库中进行正常安装、归架等挑选物体所进行的决策，在货架上面贴标签、指挥自动化机器等）
2	一般以下（在操作木刨、分拆一辆出租车、给汽车加润滑油等方面所做的决策）
3	一般（安装机械工具使其运转、判断飞机的机械故障、提前几个月预订办公室供应品等方面所做的决策）
4	一般以上（决定生产额度，进行诸如提升和解雇人员的人事决定等方面所做的决策）
5	高（批准公司每年预算，推荐外科医生，为新公司挑选地址等方面所做的决策）

（20）【S】解决问题中的推理水平（说明要求任职者应用知识、经验对问题进行判断的推理水平）。

等级	推理水平（S）
1	运用常识来执行简单的或者容易执行的命令，如房屋管理员、运货员等
2	工作当中要求运用一些训练或者经验来从有限的方法中挑选出恰当的信息，如销售员、图书管理员等
3	运用有关原理来解决实际问题，并且当只有几个有限标准存在的情况下处理各种具体变量，如绘图员等
4	运用逻辑或者科学思维来明确问题，收集信息，确定事实，并且做出可行性结论，如调查员等
5	运用逻辑或者科学思维来解决广泛的智力和实际问题，如化学研究专家、原子工程师等

3. 工作输出

3.1 物理设备的使用

这个部分包括人们在工作中使用或操作的各种各样的设备。根据每种设备的使用对完成工作的重要程度来给下面的项目定级。

重要程度（I）	等级
不适用	—
非常微小	1
低	2
一般	3
高	4
极高	5

3.1.1 手工工具

手动：

(21) I 精确工具（做精细工作所用的手动工具，如雕刻工具等）。

(22) I 粗糙工具（手动手工工具，如铁锤、钳子等）。

(23) I 长柄工具（如镐、耙子、铲子、扫帚、拖把等）。

(24) I 柄把工具（如钳子、长柄勺等，用于移动物体或者材料）。

动力：

(25) I 精确工具（动力精确工具，如牙医的锥子、蚀镂玻璃工具等）。

(26) I 粗糙工具（动力工具和设备，如手拿锥子、锯、磨光的轮子等）。

4. 人际活动

这部分包括在各种工作中人际关系的不同方面。

4.1 交流

根据活动对完成工作的重要程度给出以下项目分级。

口头（通过说话交流）：

(27) I 建议（为了协商而涉及个人，或者对于可能通过法律的、科学的、临床的、精神的，或者其他专业原理来解决的问题进行指导）。

(28) I 谈判（为了达成一项协议或解决方案而涉及其他人，如劳动争议、外交关系等）。

(29) I 说服（为了影响一些人朝向一些行为或观点而涉及其他人，如销售、政治运动等）。

(30) I 指导（正式或非正式的培训或者教育其他人）。

(31) I 面试（为了达到一些具体的目的而进行面试，如面试工作申请者、执行检查等）。

(32) I 交流信息（提供信息是为了从其他人那里获得信息，如派遣出租车、整理材料、预约等）。

(33) I 公众讲话（在相当大的场合进行演讲或正式的致辞，如政治演说、收音视/电视广播、发布会演讲等）。

(34) I 写作（如写信、写报告、写广告摹本、写文章等）。

其他交流：

(35) I 发送信号（通过一些类型的信号进行交流，如手信号、信号灯、口哨、喇叭、铃声、光等）。

(36) I 代码交流（电传打字机、电报、暗号等）。

5. 工作情景和工作联系

5.1 心理和社会因素

这部分包括工作的各种心理和社会因素，用代码来说明作为工作一部分的这些因素的重要程度。如果这个项目不适用，就保留空白。

(37) I 文明规范（设定某些文明的规范或责任）。

(38) I 挫折情况（面对具有潜在挫折的情况）。

(39) I 紧张的个人接触（在令人不愉快或紧张的情况下接触个人或公众，如公安工作的某些方面、某些类型的谈判、处理某些精神有问题的患者等）。

(40) I 个人牺牲（当要服务于其他组织或目标时，愿意付出某些个人牺牲，如军人、社会工作等）。

(41) I 社会价值冲突（活动可能和公众的社会价值标准相冲突）。

(42) S 和工作不相关的社会接触（在工作中需要不断和其他人接触，如理发师、出租车司机等）。

续表

和工作不相关的社会接触	等级
非常偶然（几乎没有机会）	1
偶然（有限的机会）	2
偶尔（一般的机会）	3
经常（相当大的机会）	4
非常频繁（几乎一直有机会）	5

6. 多方面因素

6.1 工作要求

这部分列出了工作情景施加于任职者的各种类型的工作要求，通常要求达到这些要求是为了他们能够出色地完成工作。根据项目对工作的重要程度来给它们分级。

（43）I 具体的工作步骤（在连续的安装线上等）。

（44）I 情景时间压力（在饭店的高峰期，最后期限的紧迫时间、紧迫工作等）。

（45）I 重复性活动（相同的体力或脑力活动动作，重复地在一定期限内没有间断）。

（46）I 精确（要求比正常情况下更精确和准确）。

（47）I 注意细节（需要给予工作的各个细节特别关注，确保没有什么没有完成）。

（48）I 辨别速度（需要比正常情况下更快地辨别）。

（49）I 灵活性，偶然事件（需要连续检查在工作情景中偶然发生但相当重要的事件，如护林人，观察仪器仪表表盘从正常情况区分出偶然的变化等）。

（50）I 灵活性，连续变化的时间（需要在连续的或者经常变化的环境中连续注意变化，如交通行驶、控制航空交通工具等）。

（51）I 在注意力分散情况下工作（电话、其他人干扰等）。

（52）I 现期的工作知识（需要和职务相关的新发展保持同步）。

（53）X 特殊的才能（用 X 核对项目，来说明如果一项工作要求具有一些特殊的、独一无二的才能或技能而并没有被其他项目所涵盖的项目；特别地，这个项目适合于任职者的这种独一无二的技能或特征而突出明显的工作，像在某些娱乐活动中一样，这个项目也可能被使用，在某些其他情况中，也包括了一些明显与众不同的特殊的才能或技能）。

（54）T 旅行（用 T 代码来说明任职者因为工作而被要求远离其家庭而外出的时间比例）。

（二）管理人员职务描述问卷法

1. 管理人员职务描述问卷法的含义

管理人员职务描述问卷法（management position description questionnaire，MPDQ）是一种结构化的，以管理型职位为分析对象，以问卷为收集信息基本方法的工作分析方法，这种分析方法以工作为中心来设计问卷。

由于管理人员工作的复杂性、多变性，研究者认为传统的工作分析方法难以抓住管理工作的实质，为满足管理人员工作分析的需要，需要一种与管理工作特点相适应的方法来完成该项工作。美国著名的工作分析专家亨普希尔、托纳和平托等人研究出了"管理人员职务描述问卷法"。它的设计原则包括：能明确量化不同管理职位的工作内容的差别；能评价不同管理职位的价值和等级；能有效地分析和评价各种环境下的管理职位，包括不同的地理和文化环境；能提供准确、全面的工作信息，为企业人力资源管理的其他职能服务。

管理人员职务描述问卷能提供关于管理职位的多种信息,如工作行为、工作联系、工作范围、决策过程、素质要求及上下级之间的汇报关系等。这些信息将为达到某些人力资源管理的目标服务,因此管理工作方面的信息能通过计算机分析形成以应用为导向的决策支持型分析报告,供工作管理者和人力资源管理人员使用。管理人员职务描述问卷的分析结果可以形成多种报告,从而可以应用到工作评价、绩效评价、人员甄选和晋升等其他人力资源管理职能中。它与职位分析问卷的区别主要有两点:其一,管理人员职务描述问卷的针对性比较强,而职位分析问卷则旨在为所有类型的职位服务,尤其对于基础操作人员和管理人员的工作分析的效果比较好。管理人员职务描述问卷对组织内部不同职能的管理工作和不同层次的管理工作有所区别,可以为不同的职能和层级之间的管理职位的分析和比较提供依据。其二,管理人员职务描述问卷是以工作为导向的,分析对象是管理职位和督导职位,由任职者自己完成。而职位分析问卷的设计侧重于一般职位承担者的工作行为,是以人员为导向的工作分析问卷,一般由专业人员来完成。

2. 管理人员职务描述问卷的结构

管理人员职务描述问卷方法主要由三大模块组成:信息收集、信息分析和信息输出。

(1)信息收集。管理人员职务描述问卷从因素分析的角度将题目分为15个部分、274项工作行为,由担任管理职位的任职者填写,主要用来收集与职位相关的信息,如表4-2、表4-3所示。

表4-2 管理人员职务描述问卷的结构

管理人员职务描述问卷内容	题 目 数 量	
	描述工作行为的题目数	其他内容的题目数
1. 一般信息	0	16
2. 决策	22	5
3. 计划与组织	27	0
4. 行政	21	0
5. 控制	17	0
6. 督导	24	0
7. 咨询与创新	20	0
8. 联系	16	0
9. 协作	18	0
10. 表现力	21	0
11. 监控商业指标	19	0
12. 综合评定	10	0
13. 知识、经验和技能	0	31
14. 组织层级结构图	0	0
15. 评论	0	7
总计	215	59

表4-3 管理人员职务描述问卷部分示例

第五部分 控制

指导语：
第一步：评定重要性。
请指出以下每项活动对您职位的重要程度，然后按0~4分计分（标准如下），将分数写在每个题目后面的横线处。请记住，在评定时需要考虑和其他职位活动相比该活动的重要程度和发生频率是怎样的。
"0"——该活动与本工作完全无关。
"1"——该活动只占本工作的一小部分并且重要程度不高。
"2"——该活动属于本工作的一般重要部分。
"3"——该活动是本工作的重要组成部分。
"4"——该活动是本工作的关键部分或者说是至关重要的部分。
（1）审阅需要提交的计划，使之和组织的目标与策略保持一致_____。
（2）追踪并调整工作活动的进度，以保证按时完成目标或合同_____。
（3）为项目、计划和工作活动制定阶段目标、最后期限，并将职责分派给个人_____。
（4）监督产品的质量或者服务效率_____。
（5）对部门的发展和效率制定评估标准_____。
（6）在工作计划或项目结束后，评估其效果并记录在案_____。
（7）每个月至少进行一次工作成效的分析_____。
（8）分析工作报告_____。
（9）控制产品生产或服务质量_____。
（10）监督下属完成部门目标的工作进程_____。
（11）监督在不同地区的部门的工作进程，并调整它们的活动以达到完成组织目标的要求_____。
（12）解释并执行组织的安全条例_____。
第二步：评论。
请在下面的横线处写下您认为您的职位还应该包括的其他工作：_____
_____
_____

（2）信息分析。在这个模块中，主要根据人力资源管理的多种职能的需要对问卷收集来的工作描述信息进行转化，以满足不同的人力资源管理需要，如绩效评估、工作评价等。管理人员职务描述问卷主要从三个角度对工作进行分析：管理工作要素、管理绩效要素、管理评价要素。

① 管理工作要素。管理工作要素主要是用于描述工作内容的要素组合，根据不同职位的工作内容的异同性对管理职位进行描述，包含8个要素。管理工作要素通常被薪酬管理人员和招聘人员所使用，管理工作要素的具体内容如表4-4所示。

表4-4 管理工作要素的内容及其解释

要素名称	解释
决策	评定各种信息和各种候选方案

续表

要素名称	解释
计划与组织	制订长期与短期计划，包括制定长期目标、长期战略规划、短期目标以及短期日程安排，如对产品服务的设计、发展、生产和销售进行安排等
行政	负责整理和保管文件和档案、监督规章制度的执行、获取和传递信息
控制	控制和调整人力、财力和物力的分配，调拨材料、机器和服务资源，建立成本控制体系
咨询与创新	应用高级技术解决疑难问题，为决策者提供关键信息和咨询，开发新产品和开拓新市场，密切关注技术前沿动态
协作	与其他团体合作实现组织目标，在不能实施直接控制的情况下，能团结他人、整合力量，协助组织资源的使用，必要时能有效处理矛盾与分歧
表现力	与个人或团体（如客户、供应商、政府和社区代表、股东和求职者）沟通交流，推广组织的产品和服务，谈判并签订合同
监控商业指标	监控关键的商业指标，如净收入、销售额、国际商业和经济趋势、竞争者的产品和服务

② 管理绩效要素。管理绩效要素是指那些对管理人员工作绩效有显著影响的工作要素，具体包含 9 项要素。这些要素必须能够很好地显示管理绩效优劣之间的差异，主要用于帮助上级主管对管理人员的工作进行指导和绩效考核，帮助上级主管和培训专家明确对管理人员的培训需求。管理绩效要素的具体内容如表 4-5 所示。

表 4-5 管理绩效要素的内容及其解释

要素名称	解释
工作管理	管理、监督工作执行情况和资源使用情况，处理各种信息，确保产品和服务按时完成
商业计划	为达到目标，制订并实施商业计划与商业战略
沟通	高效、全面、准确地进行沟通，正确地分享和交换信息
客户公共关系	组织与客户、预期客户及其他公共群体打交道
人力资源开发	通过有效的工作分配、指导、培训和绩效评价等措施开发员工的潜能
人力资源管理	监督和管理员工，提供指导和帮助
组织支持	有归属感，能得到其他管理人员的支持，以共同实现个人、团队和组织的目标
专业知识	具备实现既定绩效目标所需要的技术、知识
解决问题	分析技术上或商业上的问题与需求，制定决策，选择适当的方案或进行创新

③ 管理评价要素。管理评价要素是用来评价管理类工作相对价值的模块，也就是区分不同的管理职位之间的相对价值的大小或者说对组织贡献的大小。管理评价要素包含 6 项内容，如表 4-6 所示。

表 4-6 管理评价要素的内容及其解释

要素名称	解释
决策	决策权的等级，决策的重要性、复杂性和自主性
解决问题	分析性或创造性思维水平、对问题的洞察力，以及解决方法的创造性

续表

要素名称	解 释
组织影响	对组织影响的显著性程度,包括该职位对实现组织目标、开发产品和服务、制定战略或商业规划、获取收益利润及其他绩效目标的贡献
人力资源职责	人员督导职责,包括监督指导的下属人数、级别及复杂性
知识、经验和技能	职位所需要的用来解决关键性组织问题的知识、经验和技能以及在多大程度上需要将这些知识、经验和技能应用于解决实际问题
联系	组织内部、外部联系的深度、广度、等级及频率

（3）信息输出。管理人员职务描述问卷作为一种成熟的管理人员的工作分析工具,主要通过8份工作分析报告为人力资源管理决策提供支持信息,这8份报告均有固定的格式,如表4-7所示。

表4-7 工作分析报告汇总表

工作分析报告名称	说 明	信息来源	主 要 用 途
管理人员职务描述问卷报告	对管理职位的细节性、描述性的总结归纳,具体包括财务人事职责权限,工作活动重要性排序,工作联系,决策情景特征,知识、技能和能力要求	管理人员职务描述问卷的"一般信息"部分	服务求职者的工作描述; 上岗指引; 面试基础信息; 工作设计; 薪酬结构
管理工作描述	类似于管理人员职务描述问卷报告,主要针对一组管理职位工作内容的综合性、平均水平进行描述,用于构建管理人员职务描述问卷常模		
群体比较报告	6组对照群体工作内容的主要异同点的对比分析表,区分共有活动和特有活动,按照出现频率进行排序,然后针对各种活动进行重要性评价	管理人员职务描述问卷中涉及的工作活动	工作分类; 工作评价,同工同酬; 工作设计; 培训开发设计
个体职位剖析	在8项管理工作要素的内容基础上将目标职位与所选同等级的职位进行比较、分析;该职位在管理评价要素上的得分及加权得分	管理工作要素;管理评价要素	确定工作价值; 确定职位等级; 设计薪酬; 制订培训开发计划
群体职位剖析	类似于个体职位剖析,主要对相同的一组管理职位在管理工作要素和管理评价要素上的平均水平进行相关比较分析		
多维度群体绩效剖析	管理绩效要素各项内容对所选的一组管理人员的平均重要性程度的综合报告,由此确定各项评价要素的权重;管理人员职务描述问卷中的KSAs（knowledge、skills、abilities）平均要求水平	管理绩效要素;管理人员职务描述问卷中的KSAs部分	确定绩效评价要素权重; KSAs用于人员的甄选录用; 通过与个体绩效进行对比,确定培训开发计划

续表

工作分析报告名称	说 明	信 息 来 源	主 要 用 途
多维度个体绩效剖析	类似于多维度群体绩效剖析，主要对个人对管理绩效要素的重要性评价进行分析，以及对个体的 KSAs 水平进行分析，通过与群体水平的对比，为绩效改进和培训开发提供指导		
职位绩效评价表	适用于特定管理职位的绩效评价体系和人员开发计划，对 9 项管理绩效要素进行深度定义剖析，加以操作化并附加若干代表性绩效活动示例	管理绩效要素；多维度群体绩效剖析	绩效评价；人员开发

（三）职能工作分析法

1. 职能工作分析法的含义

职能工作分析法（functional job analysis，FJA）又称功能性职位分析方法，它主要集中于目标职位的功能性要素的分析，是一种以工作为导向的工作分析方法。职能工作分析法以工作者应该发挥的职能为核心，详细分析每项工作的任务与要求，全面、具体地描述工作内容。

2. 职能工作分析法的框架结构

图 4-2 所示为一个简略的职能工作分析法的框架结构，从图中可以看出各个板块和部分之间的关系以及职能工作分析法的基本流程和各个阶段的成果。

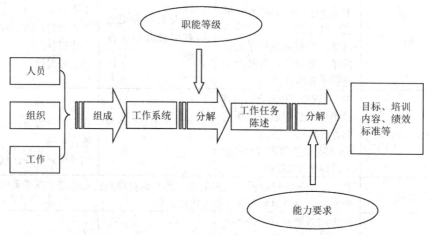

图 4-2　职能工作分析法的框架结构

职能工作分析法是建立在对特定组织系统中的三要素——人员、组织、工作之间的相互关系的假设的基础上的一种方法，工作系统中的三要素之间相互影响，又同时作用于组织生产力和人员的发展。职位分析作为工作系统分析的一部分，受到组织和人员的共同影响，组织战略目标决定职位分析的方向、定位，而人员的任职资格与职位的匹配是工作系统正常运行的前提。因此，职位分析应包括职位对于组织战略目标的阐释和支持，职位在工作系统运转过程中具有的具体功能以及以人岗匹配为目的确定任职者的绩效标准和获取绩效能力的途径——培训内容。

以工作为基础的职能工作分析法主要形成以下成果：工作任务陈述、职能等级、目标、培训内容和绩效标准。

（1）工作任务陈述。在职能工作分析法中，分析的基本单位是工作任务而不是工作。每项工作由若干具有一定逻辑关系的工作任务组成，工作本身在不同时期具有不同的任务组合，相对工作来说，工作任务则处于相对稳定的状态。随着组织的发展转型，工作本身处于不断变化之中，而工作任务则相对稳定地存在于组织的日常运行之中。因此，职能工作分析法将工作任务作为分析的基本单位，针对各项工作任务的特征进行剖析。

和其他职位分析方法一样，职能工作分析法对于工作任务的描述有标准化的语言和结构。对于某项具体任务，在职能工作分析法初期（收集信息阶段）主要按照任务收集清单进行任务信息的收集，然后根据任务收集清单编写工作任务陈述。以某公司打字员职位为例，其信件编辑录入工作的任务说明书如表4-8所示。

表4-8　某公司打字员职位信件编辑录入工作的任务说明书

任 务 陈 述									
职 能 等 级			时 间 比 重			一般性教育开发			编号
人员	信息	事物	人员	数据	事物	推理	数学	语言	
1A	3B	2B	5%	70%	25%	3	1	4	
目标（由使用者填写）：									
任务陈述：按照标准操作程序要求编辑标准信件格式，包括用于记录特殊信息的表格并确保其整洁、清晰，以备邮寄。									

说明：表中一般性教育开发被划分为5个等级（1～5级），职能等级相关专业符号将在接下来的内容中进行详细介绍

（2）职能等级。在职能工作分析法中，人的工作行为总是体现为和一定的人员、信息、事物的关系，而且在不同的工作活动与这三者之间的相互作用的形式、复杂程度及结果有很大的差异，对这些差异的准确描述正好构成某项任务区别于其他任务的相对稳定的特征。因此，职能工作分析法在对任务进行标准化描述的基础上，通过界定任职者对于人、信息、事物作用的职能等级，更加准确地对目标任务进行描述。

在大量分析研究的基础上，职能工作分析法选取部分具有代表意义的"动词"，形成了职能等级表，如表4-9所示。如何有效地将实际工作信息同职能工作分析法的职能等级表联系起来是职能工作分析方法中的关键一环。

表 4-9 职能等级表

等级	人员职能	信息职能	事物职能
高级	7——顾问 6——谈判 5——管理	6——综合 5B——协调 5A——创新	4B——装配 4A——精确工作
中级	4C——处理 4B——指导 4A——咨询 3C——引导 3B——劝导 3A——教导	4——分析 3B——编辑 3A——计划	3B——运转-控制 3A——操作-控制
低级	2——信息转换 1B——服务 1A——指令协助	2——复制 1——比较	2B——操纵 2A——照管 1B——位移 1A——处理

各等级人员职能的含义如表 4-10 所示。

表 4-10 各等级人员职能的含义

代码	职能	含义
1A	指令协助	注意管理者对工作的分配、指令或命令;除非需要指令明确化,一般不必与被管理人员进行直接的交谈
1B	服务	注意人的要求和需要或注意人们明显表示或暗示的希望,有时需要直接做出反应
2	信息转换	通过讲述、谈论和示意使人们得到信息;在既定的程序范围内明确做出任务分配
3A	教导	在只有两人或小组的情况下,以同行或家庭式关系关心、帮助和鼓励个人;关心个人的日常生活,在教育、鼓励和关心他人时要善于利用其他机构、团体与私人的建议和帮助
3B	劝导	用交谈和示范的方法引导别人,使别人喜欢某种产品和服务或赞成某种观点
3C	引导	通过逗趣等方法使听众分心,使其精神放松,缓和某种气氛
4A	咨询	作为技术信息来源为别人提供服务,提供相关的信息来界定、扩展或完善现有的方法、能力或产品说明
4B	指导	通过解释、示范和试验的方法给其他人讲解或对他们进行培训
4C	处理	对需要帮助的人进行特定的指导或调节;由于某些人对规定的反应可能会超出预想范围,所以要系统地观察在整个工作框架内个人行为的处理结果;必要时要激励、支持和命令个人,使他们对指导和调节程序采取接受或合作的态度
5	管理	决定和解释每组员工的工作程序;要求他们承担相应的责任,赋予他们权限;保证他们之间保持和谐的关系;评价他们的绩效并促使他们提高效率,在程序和技术的水平上做出决策

续表

代码	职能	含 义
6	谈判	作为谈判某一方的正式代表与对手就相关事宜进行协商、讨论，以便充分利用资源和谈判权力，在上级给定的权限内或在具有完整程序的主要工作中"放弃和接受"某些条件
7	顾问	与产生问题的人员进行交谈，劝导或指导他们按照法律、科学、卫生、精神等专业原则来调节他们的生活；通过问题的分析、论断和公开处理来劝导他们

各等级信息职能的含义如表 4-11 所示。

表 4-11 各等级信息职能的含义

代码	职能	含 义
1	比较	选择、分类或排列相关数据，判断这些数据已具备的功能、结构或特性与已有的标准是类似还是不同
2	复制	按纲要和计划召集会议或处理事情，使用各种操作工具来抄写、编录和邮寄资料
3A	计划	进行算术运算；编写报告，进行有关的预订和筹划工作
3B	编辑	遵照某种方案或系统收集、比较和划分数据；在该过程中有一定的决定权
4	分析	按照准则、标准和特定原则，在把握艺术和技术技巧的基础上，检查和评价相关数据，以决定相关的影响或后果并选择替代方案
5A	创新	在整体运行理论原则的范围内，在保证一定条件下，修改、选择、调整现有的设计、程序或方法，以满足特殊要求、特殊条件或特殊标准
5B	协调	在适当的目标和要求下，在资料分析的基础上决定时间、场所和一个过程的操作顺序、系统或组织并修改目标、政策（限制条件）或程序，包括监督决策和事件报告
6	综合	基于人的直觉、感觉和意见（考虑或不考虑传统、经验和现存的情况），从新的角度出发，改变原有部分，以产生解决问题的新方法，开发操作系统或脱离现存的理论模式，从美学角度提出解决问题的办法或方案

各等级事物职能的含义如表 4-12 所示。

表 4-12 各等级事物职能的含义

代码	职能	含 义
1A	处理	工作对象、材料和工具在数量上很少，而工人又经常使用；精确度要求一般比较低
1B	位移	为自动的或需要工人控制和操作的机器设备安插、扔掉、倒掉或移走物料；具有精确的要求，大部分要求来自工作本身所需要的控制
2A	照管	帮助其他个人开、关和照看启动的机器和设备，保证机器精确地运转，这需要工人在几个控制台按照说明去调节机器并对自动机信号做出反应，包括所有不带有明显结构及结构变化的机器状态；在这里几乎不存在运转周期短、非标准化的工作且调节是预先指定好的

续表

代码	职能	含义
2B	操纵	当有一定数量的加工对象、工具及控制点需要处理时,加工、运送、安排或置放物体或材料,具有比较精确的要求;包括工作台前的等待、用于调换部件的便携动力工具的使用以及如厨房和花园工作中普通工具的使用等
3A	操作—控制	开动、控制和调节被用来设计产品结构和处理有关资料、人员和事物的机器设备;这样的工作包括打字、转动木材等使用机器运转的工作或负责半自动机器的启动、熄火的工作;控制机器和设备包括在工作过程中对机器和设备进行准备和调整;需要控制的机器和设备包括计量仪、表盘、阀门开关及其他如温度、压力、液体流动、泵抽速度和材料反作用等方面的仪器,以及打印机、扫描仪及其他的在准备和调节过程中需要证明和检查的办公机器(这一等级只用于一个单元里设备和机器的操作)
3B	运转—控制	(控制机器的操作)为了便于制造、加工和移动物体,操作过程必须被监视和引导;规范的控制行动需要持续地观察并迅速地给予反应(在使用工具时,即使工作只涉及人或物,也应遵循这个原则)
4A	精确工作	按标准工作程序加工、移动、引导和放置工作对象或材料,在这里对工作对象、材料和工具处理的精确度应符合最终完成工作时的工艺要求(这个原则主要适用于依靠手工操作和使用手动工具的工作)
4B	装配	(安装机器设备)插入工具、选择工装、固定件和附件;修理机器或技工进行设计和蓝本说明使机器恢复功能;精度要求很高;可以涉及其他工人操作或自己负责操作的一台或数台机器

(3)目标。组织目标是由组织战略、计划推导出的对于目标任务的工作要求,一般由具体任职者填写。

(4)培训内容和绩效标准。培训内容和绩效标准体现了任务本身对任职者全面能力的要求。在职能工作分析系统中,职位对任职者能力的要求主要体现在三个方面,如表 4-13 所示。

表 4-13 职能工作分析系统中任职者的能力要求体系表

能力项目	项目释义	成果体现
功能性能力	个人处理与人、信息、事物之间关系的能力,如推理、数学、语言、体力和人际能力等	培训内容
专业性能力	根据制度标准要求从事特定专业工作的能力	培训内容;绩效标准
适应性能力	个人与工作环境及组织安排等保持一致或随之变化的能力	培训内容;绩效标准

"培训内容"板块主要根据工作任务所需要的功能性能力和专业性能力确定完成该项任务所需的功能性、专业性和适应性培训。

"绩效标准"板块包括定性绩效标准和定量绩效标准,主要界定该工作任务所需要达到的效果、质量、数量、时间等方面的要求,同时在绩效标准的确定中往往会体现对任职者专业性能力和适应性能力的评价。

3. 职能工作分析法的操作步骤

为了建立职能工作分析的任务库,需要按照一些基本的操作步骤覆盖任职者必须完成的75%以上的工作内容。

(1) 回顾现有的工作信息。现有的工作信息包括工作描述、培训材料、组织目标陈述等,这些信息可使工作分析人员深入了解工作语言、工作层次、固定的操作程序及组织的产出。工作分析者应该尽可能将职能工作分析所需的信息准备齐全,即使不能准备所有信息,也应明确说明在哪些方面需要补充信息。这个步骤常会花费1~3天,主要取决于可得的信息量及时间的压力。

(2) 安排同中小型企业专家组的小组会谈。小组会谈通常会持续1~2天。选择的专家组成员要尽可能代表工作任职者。会议室要配备必要的设备,如投影仪、活动挂图、涂改带。会议室的选址要远离工作地点,把对工作的影响降到最低。

(3) 分发欢迎信。自我介绍之后,工作分析人员应当向与会者分发欢迎信,以解释小组会谈的目的,尤其要点明参与者是会议的主体,要完成大部分工作,而工作分析人员只是获取信息的向导或促进者。

(4) 确定职能工作分析任务描述的方向。工作分析人员应该事先至少准备好3张演示图。准备演示图的目的实际上是给中小型企业提供任务陈述的格式和标准,这个过程大概需要花费20~30分钟。

(5) 列出工作产出(产品或服务)表。工作分析人员可通过向专家们提出一些问题,如"您认为被雇用的工作任职者应该提供什么产品或服务?工作的主要结果是什么?"等列出工作产出(产品或服务)表。一般来说,大概需要15分钟。工作产出可能是物(各种类型的实物)、数据(报告、建议书、信件、统计报表、决议等)、服务(对人或者动物)。在通常情况下,工作产出很少超过10个,一般为5~6个,工作分析人员可将这些工作结果整理好列在活动挂图上并将挂图挂在墙上展示。

(6) 列出任务。专家组可以从任何一个工作结果着手,描述通过完成哪些任务才能得到相应的工作结果。所列出的任务应能覆盖工作所包括的95%以上的工作任务并确信没有遗漏重要的任务。

(7) 推敲任务。列出每一个工作产出对应的任务之后,可能会发现一些任务会在几个工作产出中反复出现,如"沟通"。在某些情形下,同样的任务会在信息来源或是最终结果中有细微的差别。专家组应该说明有多少任务会以相同的行为开始。这部分工作可以使以专家组为代表的企业员工认识到不同工作之间的相似之处,还可以使他们看到哪些任务是琐碎的,应该作为其中一部分而存在,而哪些却可以拆为多个部分。

(8) 产生绩效标准。确定任务库内容之后,下一个任务就是列出任职者为了圆满地完成任务所需要具备的素质。工作分析人员一般使用下面的问题来引导专家组进行分析:"大家可能注意到我们只是整理和分析了工作行为、最终结果、信息来源、指导以及工作设备,而没有谈及需要具备什么素质才能做好工作。我们可以设想自己是某项工作的管理人员,现在需要为这项工作安排一个合适的人员,我们将以什么标准来进行甄选?请大家考虑素质和特点的时候,尽量同任务尤其是任务对应的行为联系起来考虑。"

在通常情况下,很多任务的完成都需要相同的素质和特点。对此,专家组应进一步说明其中哪些素质和特点是比较重要的,而哪些是最为关键。完成这些工作后,小组会谈就可以结束了。

(9)编辑任务库。工作分析人员将活动挂图上的信息收集起来,在此基础上用前文所述的格式进行任务库的编辑。工作分析人员要对这些信息进行整理,疏通语句,斟酌用词,特别是动词的使用。任务库编辑完成之后,应该抄录一份给企业专家组进行最后的修改。

4. 职能工作分析法的应用

职能工作分析法的分析结果可以应用到其他人力资源管理职能中,如培训和绩效评估等。下面以某公司打印员的打印任务为例说明职能工作分析在培训和绩效评估方面的应用,如表4-14所示。

表4-14 某公司打印员的打印任务陈述

项 目	内 容
行为/动作	打印/誊写
动作的目的	形成信件
信息来源	通过记录提供
指导的性质	标准的信件形式; 特定的信息; 按照现有的操作规范操作,但为了文字清楚和通顺可以调整标准格式
机器设备	计算机、打印机等
工作结果	待寄的信件

通过表4-14,可以将打印员的打印任务表述为:打印/誊写标准格式的信件,信息来源于记录所提供的特定信息,依据形成信件的标准程序操作,但为了文字清楚和通顺可以调整标准格式,目的是准备待寄的信件。对打印任务进行清晰陈述后,应进一步确定工作者完成该任务应当承担的职能和对应的等级,这些职能包括信息职能、人员职能和事物职能等,其对应的等级如表4-15所示。

表4-15 某公司打印员打印任务分析

信息	人员	事物	信息	人员	事物	指导	理解能力	数学能力	语言能力
工作职能水平			工作职能取向(%)				能力水平		
3B	1A	2B	70	5	25	2	3	1	4

任务:打印/誊写标准格式的信件,信息来源于记录所提供的特定信息,依据形成信件的标准程序操作,但为了文字清楚和通顺可以调整标准格式,目的是准备待寄的信件

5. 职能工作分析法的优点和缺点

（1）职能工作分析法的优点。职能工作分析法的优点是其对工作内容提供了一种非常彻底的描述，对培训的效果评估非常有用。

（2）职能工作分析法的缺点。职能工作分析法的应用需要耗费大量的时间和精力并要求对每项任务都进行详细分析；职能工作分析不记录有关工作背景的信息。

第二节 工作评价

一、工作评价概述

1. 工作评价的定义

工作评价又称岗位评价或职位评价。关于工作评价的定义有很多，其中较有代表性的如表4-16所示。

表4-16 工作评价的定义

提出专家	定 义
戴斯勒	工作评价的目的在于判定一个工作的相对价值。它包括为确定一个工作相对于其他工作的价值所做的正式、系统的比较并最终确定该工作的工资或薪水等级
米尔科维奇和纽曼	工作评价是一个为组织制定工作结构而系统地确定各工作相对价值的过程。这个评价是以工作内容、所需技能、对组织的价值、组织文化及外部市场为基础的
诺伊等	工作评价是衡量某种岗位的价值的管理程序
克雷曼	工作评价是决定一项工作的价值的系统化过程
萧鸣政	工作评价是依据工作分析的结果，按照一定的标准，对工作的性质、强度、责任、复杂性及所需的资格等关键因素的程度差异进行综合评价的活动，是将组织各类工作抽象化、定量化与价值化的过程

综合以上定义，工作评价是指系统地对各项工作的价值进行评价，从而确定各项工作相对价值及相互关系的过程。

在这里要特别注意三点：第一，工作评价要以工作为对象，就工作本身及工作的要求展开，与员工的心理、情绪等主观因素无关，同时与该工作岗位上的员工的业绩无关；第二，工作评价衡量的是相对价值而非绝对价值；第三，工作评价得出的是工作的得分或等级，而不是以金钱来直接衡量的。

2. 工作评价的原则

（1）系统性原则。工作评价作为一个整体是一个系统，同时它也与工作分析和薪酬设计一起构成另一个系统。在进行工作评价时要注意兼顾系统中其他要素的作用。

（2）适宜性原则。工作评价必须从组织的实际出发，选择符合组织实际的评价模型、评价方法、评价技术和评价程序，既要考虑其科学性、系统性、合理性和先进性，又要综合考虑组织的实际工作环境、文化氛围和承受能力，要选择最适宜、有效的方法来满足组织的现实需要。

(3) 标准化原则。工作评价的标准化是指对同一组织内不同岗位间的评价标准、评价方法和评价程序等进行统一规定。为了保证工作评价的规范化和评价结果的可比性，提高评价工作的科学性和工作效率，工作评价必须遵循标准化原则。工作评价的标准化具体表现在评价要素选择的统一性、各评价要素分级及定义的统一性、评价方法和技术的统一性、操作程序的统一性等方面。

(4) 员工参与原则。在岗位分析的各个环节中，一定要让员工适当地参与其中，可以利用其工作经验为工作分析提供信息，也可以提高工作评价的易接纳性和评价结果的合理性。

(5) 结果公开原则。在利用工作评价进行薪酬调整时，要先对工作评价的结果进行公开，透明化的工作评价标准、评价程序、评价结果有利于员工理解和认同组织的价值取向。

(6) 战略性原则。工作评价必须与组织战略保持一致，应当在组织战略的基础上，得出组织未来的价值取向，从而对员工的行为起到战略性引导作用，使其适应组织发展的需要。

在这一部分要注意以下三个要点：一是工作评价的评价因素必须是一致的；二是各项因素应相互独立，有各自的评价范围且这些范围并不重叠；三是在实际打分之前，必须对专家小组的成员进行培训，以使其对各项因素的理解一致，避免出现理解的偏差。

二、工作评价的方法

工作评价被明确提出是在 19 世纪末，是泰勒科学管理理念的一个分支。虽然工作评价理论出现得比较晚，但其评价方法发展得较快。工作评价的方法主要有五种，分别是排序法（ranking method）、分类法（classification method）、因素比较法（factor comparison method）、要素计点法（point method）以及在要素计点法的基础上发展而来的海氏评价法。

1. 排序法

排序法是最简单易用的方法。它是指评价人员凭借自己的经验，对工作所承担的责任大小、困难程度等进行估计，然后对组织中的工作进行相对比较，从而对工作的重要性和相对价值做出判断，据此进行工作的排序。

排序法的实施步骤如图 4-3 所示。

一般来说，在采用排序法进行工作评价时，评价委员会的相关人员要注意全面考虑相关的影响因素，这样才能尽可

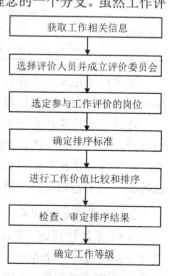

图 4-3 排序法的实施步骤

能降低主观性对排序的影响。具体需要考虑的因素如表 4-17 所示。

表 4-17 采用排序法进行工作评价需要考虑的因素

因素类型	具体内容
责任因素	领导和管理责任
	质量责任
	产量责任
	安全责任
	成本控制责任
	看管责任
知识、技能因素	知识的多样性
	工作的复杂性
	工作的灵活性
	专业知识与技能
	管理知识与技能
	沟通能力
劳动强度因素	工作压力
	脑力消耗程度
	工作负荷
工作性质因素	危险性
	环境的舒适性

排序法通常有以下 3 种类型。

（1）简单排序法。简单排序法的操作要点在于不断地对工作进行两两比较，在每一轮比较中，都把价值较高的工作选出来与其他的工作进行比较，直至把价值最高的工作选出来，然后在剩下的工作中重复此操作。在每一轮中，价值最高的工作就像水中的气泡一样冒出来，所以简单排序法也被称作冒泡排序法。

以下为简单排序法的操作步骤。

① 在每张卡片上写一个工作，然后把所有卡片放在 A 盒子里。

② 从 A 盒子中随意抽出两张卡片，对两张卡片上的工作的价值进行比较，把工作价值较低的卡片放到 B 盒子中，将工作价值较高的卡片拿在手中。

③ 再从 A 盒子中随意抽出一张卡片，与手中的卡片进行比较，然后将工作价值较低的那一张卡片放到 B 盒子中，将工作价值较高的卡片拿在手中。

④ 重复第③步，直至 A 盒子中没有卡片，从而将价值最高的岗位挑选出来，完成第一轮的筛选工作。

（2）交替排序法。交替排序法又称轮流排序法，是对简单排序法的进一步延伸。以下为交替排序法的操作步骤。

① 准备两张纸，第一张纸列出将要进行评价的工作，对纸上列出的工作进行评价，选出价值最高的工作，将其写到第二张纸上的第一行，然后在第一张纸上将其划掉。

② 在第一张纸中选出价值最低的工作，将其写到第二张纸的最后一行，同时在第一

张纸上将其划掉。

③ 对第一张纸上剩下的工作重复进行第①、②步，选出价值最高和最低的工作，然后将其分别写在第二张纸上，每选出一个就将其从第一张纸上划掉，以此类推，直至第一张纸上的工作全被划掉。

（3）配对比较排序法。配对比较排序法相对于简单排序法，执行效率比较高；相对于交替排序法，则容易清楚地判断工作之间的价值次序。

配对比较排序法主要通过将工作列示在表格中，进行逐一比较并根据其工作相对价值进行评分。如果行内工作与列内工作相比价值高，则给 2 分；如果价值相当，则给 1 分；如果价值较低，则给 0 分。需要注意的是选择工作进行比较时，要选择同层次的工作进行比较，如科长层、专员层等。表 4-18 所示为配对比较排序法示例。

表 4-18 配对比较排序法示例

岗　　位	销售专员	财务专员	人力专员	助理工程师	品　管　员	总　　分
销售专员	—	2	2	1	2	7
财务专员	0	—	2	1	1	4
人力专员	0	0	—	0	0	0
助理工程师	1	1	2	—	2	6
品管员	0	1	2	0	—	3

经配对比较后，根据总分进行排序，结果如表 4-19 所示。

表 4-19 工作相对价值排序

总　　分	工作名称	工作相对价值次序
7	销售专员	1
6	助理工程师	2
4	财务专员	3
3	品管员	4
0	人力专员	5

为了避免单一评价人对工作认知的局限性，必须加入多组评价人员，使其对工作进行独立评价，再进行评分的汇总，具体做法如表 4-20 所示。

表 4-20 配对比较评定汇总表

岗位名称	销售专员	财务专员	人力专员	助理工程师	品　管　员
A 评价小组	7	6	0	3	2
B 评价小组	8	4	1	5	6
C 评价小组	6	4	0	8	4
总分	21	14	1	16	12
参评人数	5	5	5	5	5
平均分	4.2	2.8	0.2	3.2	2.4
岗位价值次序	1	3	5	2	4

2. 分类法

分类法是对排列法的进一步扩展，它通过制定出一套工作级别标准，将工作与标准进行比较，再将工作归类到相应的各个级别中。分类法与排序法的不同之处在于：分类法需预先制定一套供参照用的等级标准，再将各待评工作与之对照，从而确定不同工作的相应级别。工作分析好比往一个多层的书架上放书，每一层代表一个等级，而每个工作则是一本书。工作分析人员的目标是将这些"书"按不同的价值分配到"书架"的各层上，这样就可以看到不同价值的工作的分布情况。为此，需要建立一套合理的工作级别标准。如果这个标准建立得不合理，就可能会出现"书架"中有的层挤满了"书"，而有的层则没有"书"的情况，这样挤在一起的"书"就很难被区分出来。

（1）分类法的操作步骤。以下为分类法的操作步骤。

① 确定工作的个数和不同工作的工作内容，充分收集有关组织结构的资料，鉴别现行结构中的不合理现象。

② 划分工作类别。划分工作类别即根据工作的不同性质对工作进行横向分类。一般来说，组织可以将其全部工作分为生产类和管理类两个大类，然后在此基础上将工作划分为若干中类和小类，如表 4-21 所示。

表 4-21 划分岗位类别示例

大 类	中 类	小 类	工 作 名 称
生产类	操作工作	水泥及水泥制品工	水泥制品工、建筑预制件制作工、水泥配料工、水泥看磨工等
		石棉及石棉制品工	石棉制造工、抗高温石棉制造工、抗酸石棉制造工等
		砖瓦制品工	采土机操作工、搅拌机器操作工、挤压操作工、制坯操作工等
		其他非金属矿物制品工	炭粉制作工、炭棒制作工、石墨制造工、石膏制作工、滑石粉制造工等
	辅助工作	运输工	原料运输工、半成品运输工、成品运输工等
		仓库管理员	原料保管员、半成品保管员、成品保管员等
		装卸搬运工	汽车装卸搬运工、火车车皮装卸工、手推车装卸搬运工
		维修工	机械维修工、电器维修工、工具维修工、仪表维修工等
		其他辅助岗	工具保管员、专用车辆司机
管理类	后勤服务工作	医疗卫生	外科医生、内科医生、眼科医生、化验员、护士、门诊挂号员、病理档案员等
		物业管理	略
		福利设施	食堂管理员、炊事员、采购员等
	工程技术工作	设计	产品研究、产品设计、标准化等技术工作
		工艺	工装设计、机加工工艺、热加工工艺等技术工作
		检测	计量、材料检测、产品质量检验等技术工作
		试制	新产品试制、实验检验等技术工作

续表

大类	中类	小类	工作名称
管理类	管理工作	综合	计划、统计、信息中心、政策研究、企业管理、经济活动分析等管理工作
		工业工程	安全技术、工厂规划、劳动定额等管理工作
		人力资源	工资、调配、福利、保险、组织等管理工作
		销售	经营、市场推销、售后服务等管理工作
		行政	文书档案、安全保卫、消防涉外管理等管理工作
		财务	会计、审计、经济核算等管理工作
	其他工作	教育培训	技工学校老师、培训中心老师、教务主管等
		图书资料	图书管理员、资料等

③ 划分与描述工作等级。在工作类别的横向划分之后，根据工作的难易程度、责任大小及任职资格等因素对每个小类进行等级划分与描述。表 4-22 所示为某组织的工作级别体系。

表 4-22 某组织的工作等级描述

等级	工作描述
1	例行事务；按照既定的程序和规章工作；处在主管人员的直接监控之下；不带有技术色彩
2	需要一定的独立判断能力；具有初级技术水平；需要一定的经验；需要主管人员的监督
3	中等复杂程度的工作；根据既定的政策、程序和技术；能独立思考；需要接受专业训练并具备一定的经验；无须他人监督
4	复杂工作；独立做出决策；监督他人工作；需要接受高级的专业训练并具有较丰富的经验

④ 评价岗位的相对价值。依据岗位等级的定义、岗位的相对难度、岗位的职责及必备的知识和经验，决定每个岗位应归入哪一类工作中的哪个等级。

（2）分类法的优点和缺点。从分类法的实施可以看出，分类法主要适用于大型组织的工作评价且适用于对大量的工作进行评估的情形。分类法的优点和缺点如表 4-23 所示。

表 4-23 分类法的优点和缺点

项目	具体内容
分类法的优点	简单易行且容易理解，不需要太多技术支持；灵活性强，在组织工作发生变化时，可以迅速将组织中新出现的工作归到合适的类别中
分类法的缺点	等级的定义困难，有一定的主观性；只是对工作的等级进行归类，但工作之间的价值量化不清晰，难以与薪酬设计相对接

3. 因素比较法

因素比较法是指评价人员不用考虑任职者的工作职责和任职资格，而是将所有工作的内容抽象为若干因素，根据每个工作对这些因素的不同要求，从而得出工作价值，再进行比较的一种工作评价方法。因素比较法是基于排序法改进的一种量化的工作评价方法，两者的主要区别在于排序法是从整体的角度对工作进行比较和排序，而因素比较法则是选择多种报酬因素，再按照这些因素分别进行排序。

以下为因素比较法的操作步骤。

① 成立评价小组。选择对工作比较熟悉、工作经验较丰富的人组成评价小组。

② 收集工作信息，确定评价因素。收集与被评价工作相关的工作说明书、工作日志、相关制度规定，同时还可以利用访谈和现场观察等方法，掌握工作的实际情况。在此基础上提炼能够涵盖所有工作的评价因素，一般来说包括脑力劳动、技能、体力、责任和工作条件等。

③ 确定标杆工作。选择能代表企业各类工作且现行薪酬比较合理的工作作为标杆工作，以此作为评判其他工作价值的标杆（对于这些工作的价值基本上不做评定）。

④ 对标杆工作进行排序。在每一个确定的评价因素上，对标杆工作进行排序。例如，对标杆工作 A、B、C、D，在脑力劳动这个因素上，A 所需的脑力劳动最多，C 所需的脑力劳动最少，D 所需的脑力劳动多于 B，则按脑力劳动由多到少的排序为 A—D—B—C。

⑤ 对标杆工作进行薪酬分解并排序。根据确定的评价因素，对每个工作的薪酬（一般用时薪或月薪水平）进行分解，即确定每个工作在每个评价因素上对应的薪酬水平。

⑥ 确定非标杆工作的价值。将非标杆工作与建立起来的标杆工作因素薪酬分配表进行比较，依次对各个因素进行判定，找到最类似的相应标杆工作，查出相应的薪酬水平，然后将该工作的各项因素薪酬水平相加，便得到该工作的价值。

4. 要素计点法

要素计点法又称点因素评估法。要素计点法要求先确定几项报酬要素，然后为每项报酬要素制定结构化量表，将待评价的工作与报酬要素结构化量表中等级的定义进行对比，确定工作在各项报酬要素上的得分，再将工作在各项报酬要素上的得分加总得到工作的点数。

（1）要素计点法的操作步骤。以下为要素计点法的操作步骤。

① 确定要评价的职位族。不同部门的工作差别很大，通常不会使用一种点值评定方案来评价组织中的所有工作。

② 收集工作信息。通过工作分析，制定工作说明书。

③ 选择报酬要素。常用的报酬要素有智能、责任、体能、工作环境。不同的职位族通常有不同的报酬要素。

④ 界定报酬要素。仔细界定每个报酬要素，以确保评价人员在应用这些要素时能保持一致。

⑤ 确定要素等级。划分要素等级时，要对每个等级进行详细的定义并提供标准工作。不是每个要素等级都需要有相同的等级数，等级数应限制在可以清楚地区分工作的水平上。

⑥ 确定要素的相对价值。每个职位族要素的权重都可能是不同的。评价人员要仔细研究要素及其等级定义，然后决定每个职位族中各要素的权重，得到各要素的百分比权重。

⑦ 确定各要素及各要素等级的点值。在确定了各要素的百分比权重后，用总点数乘

以百分比权重就得到要素的点值，然后根据要素的等级数平均分配点值。

⑧ 编写工作评价指导手册。把各要素及其等级定义、点值汇编成一本便于使用的工作评价指导手册。

⑨ 将工作列等。评价人员使用工作评价指导手册将工作列等。每个工作都要根据工作说明书，按各报酬要素分别进行评价以确定其点值，把所有要素的点值加总得到该工作的总点值。评价人员通常先评价关键工作，达成一致意见后再评价职位族中的其余工作。

（2）确定报酬要素。报酬要素的选择非常关键，它是要素计点法的核心。因为这些因素是评价工作的标准，是要素计点法的基础。这些要素能反映工作如何为组织创造价值，而这又源于岗位本身和组织的战略方向，所以在确定报酬要素时，要注意以组织的战略和价值观为基础。

美国管理技术协会曾将工作报酬要素分为四大类，分别为智能、体能、责任和工作环境，然后又将大类分为各个小类，如表4-24所示。

表4-24 工作评价方案的报酬要素

要素	子要素	子要素的定义	等级	各等级的定义
智能	1. 知识	为了令人满意地完成该项工作，所需要的知识水平及相应的训练	1	能进行整数的读、写，加减运算；会使用固定的公式、仪表；能阅读说明书。这一级工作不需要讲解能力
			2	能进行整数、小数和分数的加减乘除运算；会运用简单的公式、图表；会使用可调度的度量衡器具；会写检查报告、进行记录，使用可比性资料。这一级工作需要讲解能力
			3	会进行数学运算并能使用复杂的图表、说明；能使用各种类型的精密度量衡器具，受过相当于1~3年的专业训练
			4	能运用高等数学的知识进行数量运算及分析；能使用各类精密的测量仪表，受过某种行业或社会公认的技巧训练或受过相当于两年制的技术学科学校的专业教育
			5	会运用高等数学、应用数学的知识；具有机械、电力、化工、土木工程等有关应用工程理论及实践的综合知识，相当于受过四年制技术学科学校或本科的教育训练

续表

要素	子要素	子要素的定义	等级	各等级的定义
智能	2. 经验	在正常条件下，要达到工作规定的工作质量和数量标准所需具备的最短的实际工作时间，既包括在本工作已做过的时间，又包括以往从事与本工作有关的工作时间，两方面的经验要结合在一起考虑	1	3个月以内（含3个月）
			2	4~12个月（含12个月）
			3	1~3年（含3年）
			4	3~5年（含5年）
			5	5年以上
	3. 才智和创造力	为完成工作所需具备的判断、决定、计划和活动能力以及所需要的智能程度	1	按说明进行工作，几乎不需要进行判断与决定；按程序使用简单的设备，几乎不需要调整或选择程序
			2	按说明和程序进行工作，需要对程序和方法做一些小的调整
			3	需要在规定的工作程序与方法范围内，对设备、装置、程序和操作方法进行判断、分析和计划
			4	要求有一定程度的判断能力和计划能力，要相当主动而机智地进行决策，以完成非常规的困难工作
			5	能对涉及面很广、很复杂的计划项目和目标进行主动而机智的工作，具有广泛的概括判断力
体能	4. 体力	从事工作所需使用的体力程度	1	微不足道（如不断地举起或移动很轻的物体，很少需要搬动普通重量的物体）
			2	很轻
			3	轻
			4	一般
			5	重
	5. 注意力集中程度	反映运用脑力和视力的紧张程度。注意力集中及其持续程度越高，级别越高	1	由于生产自动化等原因，只需要间或地加以注意，精神和视力长时间地保持在松弛状态
			2	经常要保持对工作的注意力
			3	持续地保持对工作的注意力
			4	需要精力与视力高度集中
			5	需要精力与视力高度集中，进行高度紧张而准确的活动

续表

要　素	子　要　素	子要素的定义	等　级	各等级的定义
责任	6. 对各种仪器、设备所负责任的大小	对防止因错误或粗心而造成的仪器、设备损坏所负的责任	略	略
	7. 对材料或产品所负责任的大小	对防止材料和产品损失所负的责任	略	略
	8. 对他人安全所负责任的大小	在使用安全装置、遵守安全规则的情况下，对防止对其他工作岗位上的工作人员的健康和安全产生危害所负的责任	略	略
	9. 对他人工作所负责任的大小	指导和维持他人工作的责任，分5级，所负责的人数越多，责任越大，级别越高	略	略
工作条件	10. 工作条件的好坏	工作环境中灰尘、污垢、烟雾、潮湿、高温、噪声、振动等的影响程度	略	略
	11. 危险性	在考虑了劳动保护设施和规则的情况下，一旦发生事故，可能发生的工伤事故及其对健康的危害程度	略	略

（3）确定要素的权重及点值。首先，确定各影响要素的总点数。目前，英国、美国一般使用的总点数为500点。其次，确定各要素的配点，即工作评价要素的百分比与点数。表4-25中的美国国民工作评价方案中采用的百分比权重及点值为：智能50%，250点；体能20%，75点；责任15%，100点；工作环境15%，75点。

表4-25　要素权重及点值确定总表

要　素		等　级					总点值	权重
		1	2	3	4	5		
		点　值						
智能	1. 知识	14	28	42	56	70	250	50%
	2. 经验	22	44	66	88	110		
	3. 才智和创造力	14	28	42	56	70		

续表

要素		等级					总点值	权重
		1	2	3	4	5		
		点 值						
体能	4. 体力	10	20	30	40	50	75	15%
	5. 注意力集中程度	5	10	15	20	25		
责任	6. 对各种仪器、设备所负责任的大小	5	10	15	20	25	100	20%
	7. 对材料或产品所负责任的大小	5	10	15	20	25		
	8. 对他人安全所负责任的大小	5	10	15	20	25		
	9. 对他人工作所负责任的大小	5	10	15	20	25		
工作条件	10. 工作条件的好坏	5	10	15	20	25	75	15%
	11. 危险性	10	20	30	40	50		

（4）将工作列等。根据各个工作的点值，对工作进行归类列等。点值越高，工资等级越高；点值越低，工资等级越低。表 4-26 所示为工作列等表示例。

表 4-26 工作列等表示例

工 作 点 值	工 资 等 级	工 作 点 值	工 资 等 级
139 及 139 以下	12	250～271	6
140～161	11	272～293	5
162～183	10	294～315	4
184～205	9	316～337	3
206～227	8	338～359	2
228～249	7	359 以上	1

5. 海氏评价法

海氏评价法是目前比较流行的一种工作评价方法，其实质是一种要素计点法，只不过此法将报酬要素进一步抽象为具有普遍适用性的三大要素：技能水平、解决问题的能力和责任，相应地，它也设计了三套标尺性评价量表，将所得分值相加，算出各个工作的相对价值。

（1）三大要素的含义。三大要素的含义如表 4-27 所示。

（2）海氏评价法的操作步骤。以下为海氏评价法的操作步骤。

① 选择标杆工作。在应用海氏评价法进行评价前，应对所有的被测工作进行归类并从每类中选出标杆工作来参加测评。选择标杆工作的标准有三个：一是标杆工作够用即可；二是标杆工作要好用；三是选择工作价值较难比较的工作来作为标杆工作。

② 准备标杆工作的工作说明书。要准备详细的工作说明书，以便评价人员利用它来进行评价，以降低工作评价的主观臆测性。

表 4-27 三大要素的含义

序号	要素	要素的含义	子要素	子要素的含义	等级
1	技能水平	要使工作绩效达到可接受的水平所必需的专门及相应的实际动作、技能的总和	专业知识的深度与广度	一个岗位往往要求多样化的知识,对于每一岗位的专业知识要要在深度和广度之间进行结合和权衡	8
			管理诀窍	为达到要求的绩效水平而具备的计划、组织、执行、控制和评价能力与技巧,该子要素分为5个等级,从第1级"起码的"到第5级"全面的"	5
			人际关系技能	该工作所需要的沟通、协调、激励、培训、关系处理等方面主动而活跃的活动技巧;该子要素分为"基本的""重要的""关键的"3个等级	3
2	解决问题的能力	工作中发现问题,分析、诊断问题,提出、权衡与评价对策,做出决策等能力	思考的环境	环境对工作者思维的限制程度,该子要素分为8个等级,从几乎一切都按既定规则工作的第1级"高度常规的"到第8级"抽象规定的"	8
			思维挑战性	解决问题时对当事者创造性思维的要求,该子要素分为8个等级,从"几乎无须动脑只需按规矩办事"的第1级到第8级"抽象规定的"	8
3	责任	任职者的行动对工作最终结果可能造成的影响及承担责任的大小	行动的自由度	能在多大程度上对其工作进行个人指导与控制,该子要素分为9个等级,从自由度最小的第1级"有规定的"到自由度最大的第9级"一般性无指引的"	9

③ 成立工作评价小组。工作评价小组应由外部专家和组织内部的资深员工组成,外部专家较内部人员更为客观、公正。挑选内部的资深员工时要挑选那些对组织的整体情况比较熟悉的员工,不仅要考虑中高层员工,还要适当兼顾基层员工。

④ 对工作评价人员进行培训。要让每一个工作评价人员对海氏评价法的原理、逻辑关系、评价过程和评价方法有非常清晰的了解。

⑤ 对标杆工作进行评价。对标杆工作进行评价可以分两个步骤进行:首先,让最熟悉组织的人选择一个工作进行评价;其次,评价小组选择若干个具有代表性的工作进行试评价,评价结果如果比较令人满意,就可展开全面的评价。

⑥ 计算工作得分,建立工作等级。计算工作得分时首先要将评价差异过大的工作剔除,然后按照得分的高低对标杆工作进行排序,按照一定的分数差距对标杆工作进行分级和分层,最后将非标杆工作按其对应的标杆工作排列到相应的层级中。

三、工作评价的应用

1. 明确区分出工作等级

在没有进行工作评价的企业中,企业是用职务等级来代替工作等级的,但是简单的职务等级不能精确区分出同一职务等级的差别,而且对一些职务等级比较低但是贡献很大的工作来说是非常不合理的。例如,某企业的一个高级技工对企业的生产制造的贡献非常大,具有独特的技术能力,从对企业的贡献角度讲,他的贡献不亚于一个部门经理,从理论上来说他所享受的福利待遇或拥有的某些权力应该与部门经理不相上下,但是通常在用职务等级代替工作等级的企业中,高级技工是比部门经理低几个等级的,待遇自然相差甚远,而进行工作评价就可以很好地解决这个问题,而且有利于建立"以能力论英雄"的文化而不是等级制的官僚文化。

2. 确定工作的相对价值

人力资源管理的核心是价值链管理,人力资源价值链上有三个主要环节:第一个环节是"价值创造",它强调的是创造要素的吸纳与开发,即明确企业价值的创造者是谁以及他们是如何为客户创造价值的;第二个环节是"价值评价",它强调的是要建立科学的价值评价考核体系,即评价这些创造活动的价值的大小;第三个环节是"价值分配",它强调的是根据对企业价值创造贡献的大小来分配价值,如图4-4所示。这就是最本质、最朴素的人力资源管理的核心,即创造价值大的,分配的也多。只有解决好这个问题,才能不断牵引企业整体的价值持续增长。

图 4-4 人力资源价值链

第二个环节"价值评价"可以说是连接第一个环节"价值创造"和第三个环节"价值分配"的桥梁,是非常重要的一个环节。在这个环节中,人力资源管理目前采用两种主要的方式来进行评价:根据工作本身贡献的价值(即不考虑任职者的影响,仅仅是该工作正常产出情况下对企业贡献的价值)进行评价;而对于企业中同一个工作的不同任职者因为人员能力和创造的绩效的不同,所创造的价值不同,通过任职资格管理体系和绩效体系来进行评价。在这两种评价方法中,由于工作体系是人力资源管理的基础,因此对工作价值的评价是最基本的评价方法,企业通过工作评价使员工对各种不同工作在企业中的相对贡献价值有清晰的认识。可以说,只有做好了工作评价,才有价值分配的基础。

3. 作为薪酬公平的基础

薪酬公平分为内部薪酬公平和外部薪酬公平。内部薪酬公平是指企业内部工作价值和能力相当的员工的薪酬应该基本处于同一级别,不能差距过大,如果差距过大,就会产生明显的不公平,不利于激励员工。

外部薪酬公平是指以本企业某一工作的薪酬与本地区同行业的相同工作的薪酬进行比较,如果比本地区薪酬水平的中位值低很多,就容易让员工产生不公平感,难以留住人才。薪酬公平的前提是企业要清楚地知道哪些工作处于相同级别、哪些工作的级别不同,这样才谈得上比较,否则薪酬的比较是没有实际意义的。同样,有了工作评价以后,企业就能对本企业同等级别和外部同等级别的岗位薪酬进行比较、分析,为本企业的薪酬公平打下良好的基础。

4. 对任职者和工作进行比较

进行工作评价时,重点是工作,而不是工作的人或工作结果。当工作等级确定以后,通过对各任职者和工作等级要求的整体扫描,就可以对企业内部各个工作的任职者的现状有统一的认识并可以对不同情况进行不同的处理。任职者和工作要求可能存在以下三种情况。

(1)任职者的能力正好符合工作要求。此种情况为正常情况,不需要进行处理。

(2)任职者的能力超过工作要求。一种处理方法是将该任职者放到更合适的更高等级的工作上;另一种处理方法是丰富该工作的职责并重新评估其价值,以使企业的人才不被浪费,解决工作挑战不足引起的人才流失问题。

(3)任职者的能力达不到岗位要求。一种情况是差距过大而又找不到更合适的任职者,此时可以适当地撤销该工作的部分职责并做相应的工作等级调整。在该任职者的能力通过培训和辅导等方式得以提高以后,在合适的时机对任职者的职责进行补充并调整工作等级。另一种情况是差距不是非常大,这时需要通过引入绩效系统来对任职者进行引导并提供相应的培训和辅导手段促进任职者快速提升能力水平,以达到工作要求。从某种程度上来说,在快速成长的企业中,为员工提供有挑战性的工作是快速培养人才的有效方式之一。

5. 从宏观上了解工作间的相互关系

工作等级矩阵有两个维度的信息,一是等级维度,二是各个部门的名称维度。将企业的所有工作都放入一个矩阵表,这样对企业整体的工作关系及其横向比较和纵向分布都会有一个宏观的认识。例如,某个部门设有多少个工作;这些工作的等级是什么;某个工作的上级工作有哪些,其同级工作有哪些,其下级工作有哪些。

6. 作为工作发展和继任者计划的参照依据

一个好的工作体系设置应充分考虑员工职业发展通道的问题,结合员工职业发展体系和继任者计划进行合理规划。在某个职位族的发展通道上设置不同的工作路径,某些管理工作的可能继任工作有哪些,在工作等级矩阵中,根据工作所处的位置来判断不但方便而且更容易管理。例如,可以规定在工作等级矩阵中的第41级技术员要升到45级技术专家需要经过第42级工程师、第43级高级工程师、第44级主任工程师3个等级才可以实现。还有一种情况是员工可以选择专业能力和管理能力不同的发展路径。例如,第45级有技术专家和公司副总经理两个工作,这样第41级的员工要达到第45级就有两种通道甚至多种通道可以选择,这样就可以帮助员工很好地规划其提升路径,让员工充分了解自己所处的位置,让员工知道需要经过怎样的努力才能达到理想的位置。

四、工作分析、工作评价与薪酬标准

工作分析是指对工作的内容和有关的各个因素进行系统而全面的描述和研究的过程。它是各类管理工作的基础,为各类管理工作提供了一系列关于工作的信息,如工作内容、工作责任人、工作地点、工作时间、工作方式和工作理由等。

工作分析有助于实现工作评价的科学化、标准化。工作评价所依据的评价要素、评价指标以及评价标准都需要依据工作分析的结果来确定。选择哪些能反映工作特点、性质的要素,用什么样的指标来体现这些要素,从而使得能通过这些要素和指标,全面、客观地满足工作评价的目的和要求,这些都要求在工作分析的基础上,基于对工作分析过程中收集到的信息和资料进行分析和处理,否则很可能由于主观臆断和不科学,影响评价的可靠性、科学性。工作分析与工作评价紧密相连,没有工作分析,工作评价将成为无源之水。

从工作分析、工作评价和薪酬标准三者的关系来说,工作分析和工作评价是信息的收集、整理、分析和评价,是薪酬标准的基础。工作分析所确定的关于工作的特征信息可以为工作评价提供基础,可以衡量不同工作的相对价值,进而得到工作等级分层序列,从而确定薪酬标准和薪酬水平。工作分析、工作评价与薪酬标准的关系如图 4-5 所示。

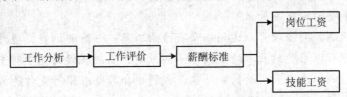

图 4-5 工作分析、工作评价与薪酬标准的关系

第五章 薪酬调查与薪酬水平设计

刘经理面临的薪酬改革难题

刘经理是一家国有商业银行地区分行的薪酬经理。这几年随着国家对商业银行控制政策的放松,各大商业银行得到了飞速的发展。随着企业的飞速发展,各大股份制商业银行的进入,乃至外资银行的加入,银行业对人才的竞争也更加激烈,主要的竞争工具就是"高薪"。刘经理所在的银行现在也面临着不少业务骨干跳槽的状况,还留在企业内的优秀员工也是其他银行惦记的对象。同时,企业发展所需要的人才很难招聘进来。为此,行长要求刘经理拿出一个具体的方案来解决目前留不住人和招不到人的问题。

国有商业银行在薪酬政策上对比某些股份制银行和外资银行可能竞争力不强,如果不进行薪酬水平的调整,那么骨干员工的流失率可能更高,优秀人才进入的可能性更小。现在摆在刘经理面前的问题是:如何对企业传统的强调内部团结的薪酬政策进行全面改革?改革的依据和参照物是什么?在政策范围内对现有薪酬水平进行调整的幅度有多大?薪酬结构调整的原则是什么?

基于上述问题,刘经理可以运用一个有力的工具——薪酬调查,通过全面的市场薪酬调查,刘经理可以了解行业和地区内部不同性质、不同规模的竞争对手所确定的薪酬政策、实施的薪酬水平、采用的薪酬结构,找到适合其所在银行支付能力和政策的全面薪酬体系。

资料来源:卿涛,郭志刚. 薪酬管理[M]. 大连:东北财经大学出版社,2014.

第一节 薪酬调查

薪酬调查是企业用来确定自身薪酬战略的一种有力的手段。它通过一系列标准、规范和专业的方法,对市场上的各个职位进行分类,收集企业主要竞争对手、企业所处行业内的重要企业以及企业所处地区的薪酬水平数据及相关信息,统计分析所获取的数据,形成能够客观反映市场薪酬现状的调查报告并根据企业自身的发展阶段和相应战略,最终确定企业的薪酬水平。

一、薪酬调查的类型与发展

1. 薪酬调查的类型

从调查的用途来分,薪酬调查可以分为薪酬水平调查和员工薪酬满意度调查。薪酬水平调查主要用来协助确定企业的薪酬战略,确保企业薪酬具有外部竞争性;员工薪酬满意度调查主要用来了解员工对企业薪酬体系、薪酬水平的看法,确保企业薪酬具有内部公平性。

从调查的方式来分,薪酬调查可以分为正式薪酬调查和非正式薪酬调查。正式薪酬调查分为商业性薪酬调查、专业性薪酬调查和政府薪酬调查,该类调查通常由专门的机构来完成。非正式薪酬调查通常是由企业自己组织,通过企业间薪酬信息的共享而完成的。

2. 薪酬调查的发展

薪酬调查起源于美国,现在已经发展得比较成熟。在发达国家,大多数企业常常进行或参与几种不同的薪酬调查,每年都会产生很多不同的薪酬调查报告,企业大多通过薪酬调查报告来了解其他企业在各种具体岗位的薪酬标准。据统计,美国93%的企业通过薪酬调查来确定本企业的薪酬水平,50%以上的企业主认为薪酬调查是一项非常重要的工作。

进入20世纪90年代,随着改革开放的不断深入和发展,我国政府相关部门和企业开始关注薪酬调查,对薪酬调查产生了需求,相应地,社会上也出现了一些专业咨询机构来从事薪酬水平的调查。有的企业开始自己开展一些调查,有的企业从专业的调查机构购买薪酬调查报告,还有一些企业聘请咨询机构帮助自己设计薪酬体系。总之,薪酬调查开始受到社会各方面的关注,特别是受到越来越多企业的重视,这为薪酬调查的发展打下了良好的基础。

随着经济的快速发展,市场经济体制的日益完善和规范,人力资本将成为企业更为关注的焦点,作为吸引人才、保留人才、激励人才最有效的因素之一的企业薪酬水平将会受到广大企业主的关注。如何及时获得竞争对手及行业内的薪酬水平信息,合理调整自身的薪酬体系,从而更有效地为企业的长远发展服务,将成为现代企业人力资源管理的重头戏。由此可见,正如薪酬管理专家所预测的那样,薪酬调查将会有更加良好的发展趋势,越来越多的企业将会以薪酬调查为主要手段来确定自己的薪酬标准。

二、薪酬调查的目的

对多数企业,特别是发达国家的企业来说,特定职位的薪酬水平都是在直接或间接进行薪酬调查的基础上确定的。虽然不能对企业内所有职位逐一进行薪酬调查,只能确定基准职位的薪酬水平,其他职位依据其相对价值和基准薪酬来确定,但不容置疑的是,薪酬调查不但能帮助企业根据市场环境的变化及时调整薪酬策略,而且有助于企业增加对竞争对手人力成本的了解。另外，薪酬调查的结果对企业实现其薪酬体系的公平、合理、及时、竞争性和有效性起着重要的作用。

通常，薪酬调查的目的包括调查薪酬水平、调查薪酬结构、控制人力成本、了解员工薪酬满意度、了解薪酬管理的发展趋势等。

1. 调查薪酬水平

对大多数新建企业或者企业新增职位来说，如何确定薪酬水平是令人非常头痛的一件事，同时也是非常重要的一件事。

一般来说，大多数正常运营的企业都会定期调整自己的薪酬水平，以适应不断变化的市场环境。市场环境通常包括经济发展水平、居民生活水平、市场人力资本的供给、企业绩效、企业支付能力、员工资历以及竞争对手的薪酬水平等。

一份完整的薪酬调查报告可以让企业相对容易地解决一些困难。新建企业可以以薪酬调查结果为基准，结合自身的实力确定薪酬水平，参与市场竞争。正常运营的企业则可以通过薪酬调查来调整自身的薪酬水平，以适应主要竞争对手的薪酬变化和市场环境的变化，以免在人力资本市场和产品市场的竞争中处于不利地位。

2. 调查薪酬结构

根据内部评价得到的职位结构、薪酬结构与从外部市场得到的职位结构、薪酬结构之间可能存在不一致的情况，如何在这两种薪酬结构之间进行比较和衡量是一个非常重要的问题。例如，企业在进行工作评价时有可能把"营销经理"职位与"销售经理"职位置于职位结构的同一层次上，将两者的薪酬水平设计得相差无几。但是，如果薪酬调查的结果显示两者与外部市场上形成的职位结构不一致，此时就需要在企业内部公平和劳动力市场价格之间进行适当的平衡。

另外，随着市场环境变化的加快及市场竞争的日趋激烈，许多企业逐渐从以岗位为基础的薪酬体系转向以人力资本为基础的薪酬体系，特别是在管理、咨询、营销这类以人力资本为主要竞争优势的行业和职业中。在这些行业和职业中，人员流动率大，因此许多职位的薪酬往往更依赖于依据市场薪酬调查的结果来确定，以保持其外部竞争性。

3. 控制人力成本

人力成本的控制通常包括了解竞争对手的人力成本和控制企业自身的人力成本。

"知己知彼，百战不殆"，薪酬调查的结果是企业进行薪酬决策的主要依据之一，薪酬调查的结果最终会通过薪酬体系的实施影响企业的薪酬目标——效率、公平、合法。

很多企业，特别是那些处于竞争激烈的行业（如汽车销售业、商业零售业、快速消费品业等）中的企业，通常会利用薪酬调查数据来对其竞争对手的人力成本总额进行评估，然后再确定本企业的薪酬预算，进而确定本企业的人力总成本。只有确定了薪酬预算并有效地控制人力成本，才能较为准确地预测企业的利润率，从而制定出更为合理的竞争战略。

人力成本从一定程度上反映了企业的获利能力和利润率，它可以作为企业制定竞争战略的依据。

4. 了解员工薪酬满意度

员工对企业薪酬的满意度在很多方面都有所体现，如员工流失率、工作效率等。如果企业自身政策变化不大，但优秀员工纷纷离职或者员工近期工作效率降低，企业就需要进行薪酬调查，重新审视自身薪酬水平。

合理的薪酬水平是员工满意的必要保证。如果企业不能满足员工在薪酬方面的愿望，就会使员工不满意，不利于培养员工的忠诚度，这对企业的长远发展是非常不利的。

此外，企业通过薪酬水平的调查可以了解行业中岗位的薪酬变化和竞争对手的薪酬水平状况。将目前市场上的薪酬水平告诉员工，让他们知道竞争对手和行业内的薪酬水平状况，会在一定程度上消除员工的不满足感，提高员工对企业的信任度和工作积极性，还有利于增强企业对人才的吸引力，让员工深切体会到在这里能得到公平的待遇，能充分施展自己的才华。

5. 了解薪酬管理的发展趋势

薪酬调查是企业了解当今社会薪酬管理实践和变化发展趋势的有效方法。因为薪酬调查不仅包括以现金方式支付的工资、奖金和福利的信息，还包括其他信息，如休假、加班时间、薪酬计划、员工流动率、加薪频率等，企业可以借此了解新的薪酬管理实践。同时，企业还可以通过不同国家、地区、行业等的薪酬调查报告，及时了解薪酬管理的发展趋势，使自身的薪酬策略和薪酬管理与市场保持同步，确保企业持续、稳定地发展。

三、薪酬调查的范围

薪酬调查的范围是根据薪酬调查的目的和用途来确定的，通常可分为区域范围、行业范围、目标市场范围和特定范围，如图 5-1 所示。

图 5-1　薪酬调查的范围

1. 区域范围

区域范围是指薪酬调查信息来源于同一国家、地区、省、市等。例如，甘肃省张掖市统计局在 2020 年 4 月份发布的《2020 年一季度张掖市劳动工资运行情况分析》就是对 2020 年第一季度张掖市所有劳动者的薪酬水平及增长率进行调查的结果。

2. 行业范围

行业范围是指薪酬调查信息来源于同一行业，如汽车行业、家居行业等。人才的竞争主要在同行业之间展开，因此了解同行业的薪酬水平是制定本企业薪酬标准的关键。

3. 目标市场范围

目标市场范围是指薪酬调查信息来源于某些竞争对手。企业要想在市场上获得竞争优势，吸引、保留和激励人才，了解相关目标市场上的薪酬信息对于确定企业内关键人员的薪酬具有非常重要的作用。

4. 特定范围

特定范围是指针对企业的特殊要求而设定的薪酬调查范围。例如，普通职位的竞争可能在本地区或本行业内展开；高级职位或关键性人才的竞争可能在全国或国际范围内展开。因此，对于不同的职位，在确定薪酬调查范围时要有所不同。

四、薪酬调查的流程

薪酬调查的流程和一般的调查、研究基本相同，是一个完整的、严密的过程，如图 5-2 所示。

图 5-2 薪酬调查的流程

1. 确定薪酬调查的目的

薪酬调查的目的有很多，明确薪酬调查的目的有助于确定薪酬调查的范围和方法。如果将薪酬调查的目的确定为调整薪酬水平或控制人力成本，那么企业需要对企业中的所有职位进行薪酬调查，以获取全面的资料；如果薪酬调查的目的只是制定某一职位的薪酬标准或调整某一职位的薪酬水平，那么企业只需对这一类职位的信息进行调查。只有在明确薪酬调查目的的前提下，才能更好地设计薪酬调查方案。

2. 确定薪酬调查的内容和对象

在明确薪酬调查的目的以后，调查者就要确定薪酬调查的内容和对象。这一步骤包括很多事项，如界定相关的劳动力市场、确定调查多少企业、调查哪些职位、调查的时间段等。一般情况下，考虑到调查的时间和费用，企业很难对自己想要的所有信息展开全面调查，因此确定薪酬调查的内容和对象是非常重要的。

关于薪酬调查应包括多少企业，没有统一的规定，一般而言，参与调查的企业数量越多，所获得的信息就越多，调查的结果就越准确。通常采取领先型薪酬策略的大企业仅会关注几个支付高薪酬的竞争对手，而采取匹配型薪酬策略的企业则更希望得到行业内处于中间位置的企业的薪酬标准或者行业的平均薪酬水平，因此其需要调查的企业就会比较多。

针对不同职位薪酬水平的确定，需要调查的企业数量也是不一样的。如果想确定普通职位的薪酬水平，只需要调查少数企业，因为普通职位大多有较为固定的工作内容和较为成熟的评价标准，有大量的范例可以参考，企业只需按规范化的程序确定即可。

企业往往希望通过薪酬调查了解当前的市场薪酬水平，因此确定薪酬调查的起止时间也是非常重要的，对于那些处在薪资变动比较频繁的行业内的企业尤为重要。

3. 进行职位描述

在确定所要调查的行业、企业和职位以后，调查者就要对所调查的职位进行明确而清楚的描述，以确保被调查企业的职位与调查者所提供的职位能够很好地匹配。通常，职位描述的内容应包括职位的名称、目的、职责、任职资格等，如表5-1所示。

表5-1 职位描述的内容

职位描述的内容	具体说明
职位的名称	职位定位和称呼
职位的目的	职位对企业的主要价值和贡献
职位的职责	该职位所从事的主要工作
职位的任职资格	对任职者知识、学历、经验和能力等方面的要求

目前，国内企业的职位体系还不太规范，没有统一的标准。例如，同为总经理办公室秘书一职，在有的企业它相当于总经理助理，可以帮助总经理处理企业管理中一个或几个方面的问题；而在有的企业，它相当于打字员，仅负责总经理分配的文件打印和接待工作。又如，同是行政部经理，在有的企业可能主要从事后勤、治安保卫等工作，而在有的企业可能从事日常行政办公、工作跟踪督办、人力资源管理等方面的工作。

因此，企业在使用、购买薪酬调查报告时，一定要注意该调查报告是否包括所调查职位的职位描述并且应将调查报告所提供的职位描述与本企业相应的职位进行比较，只有当两者的重叠度达到70%以上时，才能参考其结果来确定本企业相应职位的薪酬水平。

在进行职位描述时，企业还应考虑某些职位族可能包含不同的层级。例如，一般的销售职位族包括销售总监、销售经理、销售主管、销售员等职位，有些大型的企业还可能设置分管销售的副总经理一职。每个企业都有不同的职位族，即使是同样的职位族，也可能有不同的层级。例如，进行薪酬调查的企业职位层级可能有4层，但是被调查企业的职位层级可能有3层或5层；即使两者的职位层级数相同，其职位描述也可能有所差别。因此，明确界定职位层级、清楚描述职位信息是确定每一层级职位薪酬水平的前提。

某汽车4S销售公司销售经理的职位描述如表5-2所示。

表 5-2 销售经理职位描述

工作职能描述样本——销售经理
概述： 　　管理销售部门； 　　管理销售活动，保证库存清单及时更新； 　　领导执行售车之后的顾客满意标准，力求达到销售部门目标； 　　致力于销售部门的盈利； 　　向销售部门一把手或总经理定期汇报工作； 　　监督、指导销售部门的全体成员
职责和责任： 　　执行/传达/监督顾客满意标准； 　　通过各种部门活动来维护或支持品牌形象； 　　进行有效的广告和营销活动，以打开零售和批发渠道； 　　建立/维持/巩固销售部门与其他部门的关系； 　　有效地管理部门开支； 　　协助总经理预报新车部门可控制的开支； 　　雇用、训练、鼓励全体销售员工，监督、指导其工作； 　　开展每天一次和每周一次的销售培训会； 　　根据各种顾客分析和市场分析，建议总经理按颜色、型号和装备来决定新车库存； 　　在必要的情况下帮助销售人员完成交易
技能要求：杰出的表达、交流能力
受教育水平/证书要求：大专及大专以上学历；有效驾照
经验：五年及五年以上销售管理经验

如果有比较详细的职位描述，被调查者就可以比较清楚地对照本企业的相关职位，正确地填写薪酬调查问卷中的相关内容了。为了提高调查的精确性，调查者还可以在调查问卷中附上一张与调查职位相关的简要组织结构图，以明确各职位间的层级关系，这有助于被调查者做好相关职位与本企业职位之间的匹配。

4. 设计调查或面谈问卷

设计问卷是薪酬调查实施过程中非常重要的环节，问卷的内容直接关系到薪酬调查的有效性。问卷要在内容上做到全面而详尽，不仅要涵盖基本工资、岗位工资、奖金、福利、津贴等薪酬内容，还要对其进行细分。因为有的企业的薪酬结构不是很明确，员工不清楚哪些属于奖金，哪些属于津贴。例如，福利包括"三险一金"或"五险一金"、出差补助、带薪假期、通信补助、交通补助及午餐补助等。表 5-3 是以某公司销售部经理为例设计的一份简单的薪酬调查问卷。

表 5-3 某公司销售部经理薪酬调查问卷

薪 酬 构 成	金额/（元/年）	占总收入的比例	上年度额度	增　幅	备　注
基本工资					
岗位津贴					

续表

薪酬构成	金额/（元/年）	占总收入的比例	上年度额度	增幅	备注
销售提成奖金					
公司绩效奖金					
福利及补助					
其他收入					
合计					

表 5-3 所示的问卷是相对简单、常用的调查问卷。在设计调查问卷时，调查者还应考虑其他一些相关因素，如企业规模、所属行业、企业类型等与薪酬水平密切相关的涉及被调查企业基本情况的信息。例如，常州市人才薪酬调查问卷就加入了企业的一些相关信息（见表 5-4）。

表 5-4　常州市人才薪酬调查问卷

人才薪酬调查以年薪计算，请将相应的选项填写在横线处。

1. 贵公司企业性质是：_____
   a. 外商投资企业：外商独资/中外合资/中外合作　　b. 民营企业　　c. 股份制企业
   d. 国有企业　　e. 其他
2. 贵公司属于哪种类型的企业：_____
   a. 生产型　　b. 经营型　　c. 服务型　　d. 其他
3. 贵公司属于哪个行业：_____
   a. 机械制造　　b. 电子/电气　　c. 纺织/服装　　d. 化工建材
   e. 医药卫生　　f. 餐饮/宾馆/旅游　　g. 商贸流通
   h. 中介服务　　i. 建筑/装饰/房地产　　j. 其他（注明）
4. 贵公司主要部门员工薪酬情况（年薪）。
   a. 生产部门：部门负责人_____　部门主管_____　一般员工_____
   b. 技术开发部：部门负责人_____　部门主管_____　一般员工_____
   c. 经营销售部：部门负责人_____　部门主管_____　一般员工_____
   d. 行政人事部：部门负责人_____　部门主管_____　一般员工_____
   e. 财务管理部：部门负责人_____　部门主管_____　一般员工_____
   f. 后勤服务部：部门负责人_____　部门主管_____　一般员工_____
   g. 其他部门：_____　部门负责人_____　部门主管_____　一般员工_____
5. 您认为本公司员工薪酬在同行业中的水平如何：_____
   a. 较高　　b. 中等　　c. 较低
6. 在同一层次的职位中，学历和专业技术资格对员工薪酬是否具有较大影响：_____
   a. 没有较大影响　　b. 有较大影响
   研究生以上学历或副高以上职称员工比本科学历或中级以上职称员工月薪高_____元，比大专学历或助理级职称员工月薪高_____元，比大专以下学历或无专业技术资格员工月薪高_____元。
   非常感谢您的参与和协助。

另外，在设计调查问卷时，调查者应考虑被调查者使用问卷的方便性，问题不要太多且要简单明了，避免让被调查者感到厌烦，关键字要着重加以强调等。总之，问卷的设计要从方便被调查者填写,确保得到高质量调查问卷结果的角度出发。

问卷设计好后,在正式使用前最好先做一次企业内部测试,以发现问卷中的不足并加以改进。

5. 开展调查

薪酬对企业来讲是商业秘密,也是企业获取人力资源、保持竞争优势的主要手段之一,特别是那些掌握核心技术的或处于关键岗位上的员工的薪酬更是企业用心设计出来的。因此,在一般情况下,企业是不会轻易地向外界透露内部薪酬的。薪酬属于个人隐私方面的信息,很多企业实行薪酬保密制度,员工与企业之间也有相关的薪酬保密约定。人力资源部门或财务部门也不一定完全了解企业的薪酬,即使了解也不能向外界透露。因此,一般由外部机构介入,采用问卷调查的方式开展薪酬调查。

调查者在寄发调查问卷或到现场进行调查前,首先要与企业的负责人沟通好,得到企业高层领导的理解与支持,当然这种理解与支持是有代价的。通常,调查者可以通过三种方式与企业达成合作协议:一是与被调查企业互换薪酬数据,互利互惠;二是将对方纳入合作队伍,使之承担一定的责任,分担一定的费用,最后与被调查者分享调查结果;三是通过向被调查者提供优惠的调查报告来获得他们的支持。调查者无论采取哪种方式进行调查,都需要与被调查企业签订合作协议和保密条款,双方应严格遵守协议和条款。

为了及时、准确地获得所需要的信息,在被调查企业、个人填答问卷时,调查者应给予一定的解释和指导。

对于涉及员工人数较多而薪酬水平又存在较大差异的岗位,调查者在开展薪酬调查时需要了解不同薪酬水平员工的资料,对高、中、低不同层次薪酬水平的员工进行问卷调查,以便全面了解该岗位的薪酬水平,防止调查数据产生较大偏差。

另外,在调查问卷发送出去后,调查者要及时跟踪,保持与被调查企业的联系,以便在尽量短的时间内回收问卷,节约时间。

6. 整理问卷,统计结果

薪酬调查的时效性是一个很重要的指标,因此问卷回收以后,就要立即进行整理,逐个检查、核对。尽管是标准问卷格式且薪酬调查者做了许多工作以确保被调查者提供准确的信息,但由于双方在背景、经验、沟通方式等方面存在差异,被调查者仍有可能无法完全领会调查者的意图。对于有疑问的答卷,调查者一定要和对方沟通,请对方解释有疑问之处并记录在案,以便日后查阅。对于那些过高或过低的数据,在被调查者不能很好地解释理由时,应该将它们剔除,以免影响最后的调查结果。例如,在大多数人都认为销售部门经理的基本工资为2000元时,有的人提供的数据却是500元或5000元,那么这样的数据应被舍弃。

另外,在统计结果时,调查者还应遵守以下几项原则。

(1)统计口径要一致。调查者应严格按照工资、奖金、津贴、福利等的定义区分不同的问卷,保持统计口径的一致性。

(2) 统计要全面、准确。如果信息量较大,那么在统计结果时最好分多个组同时进行。调查者在统计结果时不仅要关注数字信息,还应该注意问卷上被调查者写入的文字信息。因为当被调查者对问题把握不准时,往往会用文字加以说明。因此,统计者在统计结果时,一定要认真分析这些文字的真正含义并同相关数字联系起来,以确定最后的信息。

(3) 确定合理权重。如果调查了多个企业某一职位的多个时期的薪酬情况,调查者就应对各个薪酬数据赋予不同的权重,从而使它们科学、合理地合并在一起。

(4) 采用专门的数据库软件进行统计。采用专门的数据库软件进行统计一方面可以减少误差,另一方面便于进行数据的处理和分析,特别是在后期撰写薪酬调查报告的过程中,这种统计方法会提供很大的便利。

7. 分析调查结果

完成问卷整理,形成统计结果以后,调查者就要对统计结果进行分析,最后确定自己所需要的信息。薪酬数据分析的方法有很多,目前比较流行的方法主要有频率分析法(频度分析法)、居中趋势分析法(中心趋势分析法)、离中趋势分析法(离散程度分析法)等。

在分析数据前,调查者还应先了解数据修正原则。如果本企业职位描述与被调查企业的职位相似但薪酬数据不同,那么调查者可以根据匹配程度重新衡量薪酬数据。如果所调查的职位应承担更大的责任,调查人员可以调整数据(如乘以 0.8)来使本企业职位的薪酬更具有可比性;如果本企业职位比所调查职位所承担的责任大一点,调查者可以将调查的薪酬数据乘以一个数字(如乘以 1.1)来修正数据。

(1) 频率分析法。频率分析法是一种简单而直观的方法。它是将调查所得到的与每一职位相对应的所有薪酬数据从低到高排列,然后计算落入每一薪酬区间内的企业数量。也就是说,不同企业为某一职位支付的薪酬水平集中在哪一个薪酬区间,则哪个薪酬区间就反映了目前的市场薪酬水平。表 5-5 所示为薪酬频率分布(示例)。

表 5-5 薪酬频率分布(示例)

薪酬区间/元	平均薪酬在此区间内的公司数量/家
75 001~80 000	1
80 001~85 000	1
85 001~90 000	5
90 001~95 000	6
95 001~100 000	5
100 001~105 000	4
105 001~110 000	3
110 001~115 000	3
115 001~120 000	1

(2) 居中趋势分析法。居中趋势分析法具体分为三种方法:算术平均数法、加权平

均数法和中位数法。

算术平均数法是应用得最为普遍的一种方法,它不考虑不同企业中某职位上员工数量的差异,对所有企业的薪酬数据赋予相同的权重,把一组数据全部相加再除以本组数据的个数,从而计算出平均值。算术平均数的计算给予调查中的每家公司的权重都是相同的。例如,有1名程序员的A公司与有297名程序员的B公司支付的薪酬所占的权重是相同的。这种方法虽然简单,但是如果有一个或几个特别大或特别小的极端值,就会降低结果的代表性,因此有些企业在计算之前,会先用频率分析法将极端数据剔除,以提高结果的精确度。

加权平均数法中每个员工所占的权重是相同的,是一种比较科学的计算方法。平均薪酬是根据企业中某职位员工的人数来赋予权数的。由于加权平均数能反映供求规模,因此它能更为准确地反映劳动力市场状况。

中位数法是把所有数据以上升或下降的顺序排列,取中间数值的分析方法。如果数据个数是奇数,则中间的那个数就是中位数;如果数据个数是偶数,则取中间两个数的平均数作为中位数。这种分析方法得出的数值比用算术平均数得出的数值更具有代表性,因为它的计算不受每个数据大小的影响且能排除极大或极小的薪酬数据的影响。但是这种计算比较粗略,只能显示当前市场平均薪酬水平的大概情况。

(3)离中趋势分析法。薪酬率在中间趋势的分布被称为离中趋势。标准差是指在频率分布中每个值偏离平均值的大小,即观察值比平均值大多少或小多少。它是常用的描述离中趋势的统计指标。有关离中趋势的信息能使分析人员更清楚地了解中间趋势与频率分布之间的关系,还可以用这个范围来判断企业的薪酬范围是否和市场的薪酬范围类似。

8. 撰写薪酬调查报告

薪酬调查报告不仅仅是一组数据,更是一种薪酬分析工具,其对企业制定薪酬战略具有重要的参考价值。薪酬调查报告通常分为综合性分析报告和专项性分析报告两种。综合性分析报告对调查地区内不同性质、规模、行业等企业的薪酬与福利数据进行综合性分析和处理,全面反映被调查地区企业的薪酬与福利现状;专项性分析报告是根据企业需要,从参加薪酬调查的公司中选择一定数量、有可比性的公司,经过数据分析处理,获取针对性和指导性更强的信息的专项薪酬报告。

第二节 薪酬水平策略

一、薪酬水平与薪酬外部竞争力

1. 薪酬水平与薪酬外部竞争力的概念

薪酬水平是企业薪酬体系的重要组成部分和薪酬战略要素之一。一个企业所支付薪酬水平的高低会直接影响企业在劳动力市场上的竞争能力，进而影响企业的竞争力。因此，一般用薪酬水平来反映企业薪酬的外部竞争力，即不同组织间的薪酬对比关系——与竞争对手相比，组织整体的薪酬支付实力。

薪酬水平有不同层次的划分，它可以指一定时期内，一个国家、地区、部门或企业任职人员的平均薪酬水平，也可以指某一特定职业群体的薪酬水平。其中，企业员工的薪酬水平主要指以企业为单位计算的员工总体薪酬的平均水平，包括时点的平均水平或时期的平均水平。测定企业薪酬水平的指标主要有两种：一是企业支付给不同职位员工的平均薪酬，是一种绝对数指标；二是企业薪酬水平在相关劳动力市场的位置，是一种相对数指标。

衡量企业薪酬外部竞争力的指标具有多维性，因此不能简单地用薪酬水平去判断企业的薪酬外部竞争力，特别是将一个企业所有员工的平均薪酬水平与另一个企业比较，还要考虑企业内部的薪酬结构和薪酬差距等因素（如关键职位的薪酬水平、重要职位与非重要职位之间的薪酬差距、企业的非物质性待遇、薪酬增长以及员工薪酬满意度等）。

2. 企业间薪酬竞争力的比较

在新的商业竞争环境下，企业间的薪酬比较呈现愈演愈烈的趋势并且由过去单纯的薪酬水平比较转变为全面的薪酬体系（包括薪酬结构、职（岗）位评价等）的整体比较。企业间薪酬竞争力的比较基于以下背景。

（1）人才竞争的需要。人力资源稀缺性是战略性薪酬管理提出的背景之一。随着企业间竞争的加剧，企业越来越重视竞争情报系统的建设，以便及时、充分地洞察市场情况，而薪酬信息日益成为企业竞争情报的重要组成部分。企业需要了解其他企业的薪酬信息，以便吸纳人才和避免人才朝竞争对手流动。

（2）薪酬调整的要求。企业往往会根据市场、竞争对手的薪酬变化、企业自身的发展等因素定期分析和调整薪酬体系。

（3）标杆管理的实施。为了应对不断加剧的竞争，特别是全球范围的竞争，一些企业总是希望与所在行业中的顶尖企业进行比较，即实施标杆管理，而薪酬系统逐渐成为标杆管理的重点对象。

（4）国际化战略的要求。在经济全球化的背景下，企业需要了解更多国家的企业、更多文化中的薪酬信息与管理趋势，以应对国际人才竞争。

二、薪酬水平的战略决策

1. 薪酬水平的战略目标

薪酬水平的战略目标包括吸引并留住有价值的员工、控制劳动力成本、提高劳动生产率、提高员工满意度等。不同的薪酬战略目标会有冲突，如控制劳动力成本与提高员工满意度很难并存，因此企业要根据自身的特征进行有针对性的目标选择。

薪酬水平与对员工的吸引力和劳动力成本成正比。在相同条件下，薪酬水平越高，对员工的吸引力越大,劳动力成本越高。薪酬水平是员工选择企业的一个重要因素,特别是新就业者往往将薪酬水平作为选择职业和企业的一个衡量标准。同时,劳动力在企业甚至国家间的流动在很大程度上是由于薪酬水平的差异所造成的。然而,从另一个角度讲,劳动力成本的控制需要抑制薪酬水平的上涨。因此,要在贯彻内部一致性的前提下实现人才之间的合理竞争,需要充分发挥薪酬水平的协调作用。薪酬水平与劳动生产率是相互促进的,劳动生产率的提高必然增强企业的薪酬支付能力,进而提高员工的收入和工作积极性。

2. 薪酬水平策略的选择

在战略目标的指引下,企业往往会根据企业战略和劳动力市场状况制定薪酬水平策略。薪酬水平策略主要有五种,分别为领先型薪酬水平策略、跟随型薪酬水平策略、滞后型薪酬水平策略、权变型薪酬水平策略和综合型薪酬水平策略。

(1) 领先型薪酬水平策略。领先型薪酬水平策略是指企业支付高于市场平均薪酬水平的薪酬的策略,采用这种薪酬水平策略的企业往往具备以下特征:企业大部分职位所需人才在劳动力市场上供给不足;企业产品的需求弹性较小;品牌的需求弹性较小;多为资本密集型产业;产品投资回报率较高,市场竞争对手较少等。因此,一些实力雄厚的跨国公司大都采用领先型薪酬水平策略。此外,由于领先型薪酬水平策略能够最大程度地吸纳和留住人才,同时将对薪酬的不满意度降至最低,因此一些缺乏人才的民营企业,包括中小型企业,有时也必须采取领先型薪酬水平策略,以应对激烈的人才竞争。

领先型薪酬水平策略在使企业具有高吸引力的薪酬水平的同时,也给企业带来了风险。例如,如果企业不能将人力资源的高投入(即高薪酬)转化为高产出,那么对企业而言,高薪酬就是一项高成本和高风险的投资策略。

(2) 跟随型薪酬水平策略。跟随型薪酬水平策略是指企业根据市场平均薪酬水平来给本企业的薪酬定位,即通常所说的支付市场薪酬水平。跟随型薪酬水平策略是大多数企业所采用的策略,尤其是在一个成熟的产业中。根据经济学的原理,劳动生产率是影响企业薪酬支付能力的重要因素,劳动生产率越高,员工单位时间的产出越高,企业的利润也会越高,相应的员工薪酬水平也越高。劳动生产率在很大程度上是由单位劳动力的技术所决定的,在成熟的行业内,技术、产品越来越具有一致的特征,企业采用跟随型薪酬水平策略就可以达到目标。因此,采用该策略的企业在人才吸纳和保留方面没有明显的优势,但也不会遭遇用工风险。

(3) 滞后型薪酬水平策略。滞后型薪酬水平策略是指企业大多数职位的薪酬水平低于市场平均薪酬水平。滞后型薪酬水平策略在吸纳和保留人才方面具有明显的劣势,而它往往会对企业控制成本有所帮助。采用滞后型薪酬水平策略的企业往往具以下特点:实力较弱;处于竞争性产品市场中;企业的利润较低;大多属于传统行业或劳动密集型产业的中小型企业。采用滞后型薪酬水平策略的企业未必处于衰退期或在人才竞争上永远处于劣势,关键在于它能否向员工承诺将来可以得到更多的收入或者能够为员工提供其他激励。

（4）权变型薪酬水平策略。权变型薪酬水平策略有两层含义：一是指企业根据职位类别制定不同的薪酬策略；二是指企业对薪酬组合要素分别采用不同的策略。事实上，企业不可能对所有职位都采用统一的薪酬水平策略，而是会有针对性地进行选择。例如，如果劳动力市场上高级技工短缺，企业就会对急需的高级技工采用领先型薪酬水平策略。企业也可以使基本薪酬低于市场平均薪酬水平，而使激励薪酬高于市场平均薪酬水平。

权变型薪酬水平策略最大的优点就是其灵活性和针对性较强，能够保持薪酬水平的静态适应性和动态弹性。但是权变型薪酬水平策略也需要与其他不同策略相互配合，否则会破坏企业薪酬的内部一致性。

（5）综合型薪酬水平策略。综合型薪酬水平策略是指企业以总薪酬管理理念为指导，综合考虑所有薪酬形式的特点，综合制定薪酬水平策略。企业传统的薪酬实践比较强调基本薪酬的功能，对奖金、短期激励、长期激励以及工作保障、晋升机会等其他薪酬因素不够重视。事实证明，薪酬水平策略只有以总薪酬为基础，才有利于管理目标的实现。例如，微软等公司的基本薪酬低于市场平均水平，可变薪酬与市场平均水平持平，但是通过培训、员工援助计划等其他激励手段的运用，它在吸引和留住人才方面也取得了较好的效果。

3. 企业生命周期与薪酬水平策略

（1）创业阶段薪酬水平策略的选择。在创业阶段，员工人数少，企业利润低，员工不会有过高的要求，唯一的愿望是企业能够生存下去。国家为鼓励创业，对于处于创业阶段的企业的管理也较为宽松，所以企业受国家政策的影响也较小，更谈不上最低工资、工资歧视以及工会的谈判要求等问题。处于创业阶段的企业可以采用低于标杆企业薪酬水平的滞后型薪酬水平策略，尽量降低人力成本，将有限的资金用于扩大经营。实际操作中，在处理作为薪酬核心部分的基本薪酬、奖金和福利三个板块时，福利和基本薪酬应该尽量降低，而奖金应尽量与市场平均水平保持一致且宜采用长期激励的方式，而不宜采用短期激励的方式，因为短期激励既占用企业有限的发展资金又起不到相应的效果，反而会引起员工过多地关注自身利益。企业应以精神激励为主，鼓励员工"向前看"且给以员工相应的承诺。

（2）高速增长阶段薪酬水平策略的选择。高速增长阶段是企业最容易出现问题的阶段，这时企业已有一定的经济实力，已拥有了第一桶金，有了相当可观的利润和经济效益，创业者开始追求享乐主义，员工也不再像创业阶段那样不求索取只讲贡献了。这时，企业应选择领先型薪酬水平策略，支付高于标杆企业的薪酬，以激励员工和吸引所需的大量高素质人才。高素质人才是高投资形成的，他们需要更高的投资回报。在实施过程中，基本薪酬由于其所具有的刚性，应与标杆企业的薪酬水平持平；奖金灵活性较大，企业可采用更高的奖金并让员工享有较好的福利，从而使企业的薪酬水平高于市场竞争对手的薪酬水平。

（3）成熟、平稳阶段薪酬水平策略的选择。企业处于成熟、平稳阶段时，员工考虑得更多的是长远、稳定的工作和由此带来的长期收益，因此，处于成熟、平稳阶段的企业可以选择跟随型薪酬水平策略，采用与市场竞争对手相当的薪酬水平，以使本企业员工享受与标杆企业员工同等的待遇，而奖金、绩效奖励可以调整到适当低于或与市场竞争对手薪酬水平相当的状态，保持较高的员工福利薪酬水平，以加强员工的企业认同感和归属感。企业应着重处理好员工薪酬的内部公平性，调动员工的积极性，提高企业生产率，维持企业健康发展，尽量减少人工成本，创造更多的利润。

（4）衰退阶段薪酬水平策略的选择。人有生、老、病、死，企业同样有产生、发展、衰退的过程，不同的是无论人采取什么办法，都不能长生不老，而企业可以根据内外环境的变化进行相应的变革，从而避免衰退和"死亡"。处于衰退阶段的企业，产品滞销，利润下降，企业应遵循事物发展规律，尽可能让员工知道企业的处境，争取员工的理解，选择滞后型薪酬水平策略，即奖金仍保持成熟、平稳阶段的水平，降低员工的福利薪酬，从而使企业薪酬水平降低。从长远发展和大局出发，企业应争取让员工自觉地与企业"同舟共济"，接受企业的薪酬水平调整策略，以适应企业经营战略目标的快速转移。

（5）再造阶段薪酬水平策略的选择。企业的再造可以说是企业的第二次创业，与初次创业不同的是，企业在再造阶段已经有相当的规模和实力。为使企业尽快重新"焕发青春"，在选准了战略转移方向后，相当于其他人力资源管理作用总和的薪酬作用应一次体现出来。企业应及时调整薪酬水平策略，提高员工薪酬水平，此时应选择领先型薪酬水平策略。在使员工基本薪酬和福利恢复至与市场水平持平的情况下，增加奖金激励薪酬，从企业外部吸引企业再造阶段所急需的人才，同时激发老员工的积极性和创造性，以实现企业新的战略目标，保证企业的正常运行乃至可持续发展。

企业薪酬水平策略的选择是一个动态发展的过程，不是一成不变的。企业在选择薪酬水平策略时，不仅要考虑不同薪酬部分的高低组合，还应综合考虑企业岗位和员工的实际情况，确定不同岗位和员工薪酬水平高低结构，以保证企业薪酬结构作用的充分发挥，从而促进企业健康快速发展。

三、组织薪酬水平的外部影响因素

员工的薪酬水平不完全是雇主和员工在劳动力市场上自由交易的结果，也不是雇主在组织内部随心所欲的产物，它要受到外部多种因素的影响和制约。组织薪酬水平的外部影响因素包括以下几个。

1. 经济发展水平和劳动生产率

经济发展水平和劳动生产率是组织薪酬水平的重要决定因素。对一个国家而言，劳动生产率低，劳动者的薪酬水平必然低，发展中国家与发达国家之间薪酬水平的差距主要是因为劳动生产率不同。对一个产业和行业而言也是如此，现代产业与传统产业的技术发展水平和劳动生产率的差异必然反映在员工的薪酬水平差异上，其实质是劳动者自身人力资本投资与收益之间的差异。

2. 劳动力市场供求状况

劳动力市场供求状况的变化影响着组织（或雇主）对劳动力成本的投入，从而引起组织员工薪酬水平的变化。这是因为，在其他条件不变的情况下，薪酬水平是由劳动力市场的供求状况决定的。如果劳动力市场上可供组织使用的劳动力小于组织需求，组织会采取提高薪酬水平的办法满足对劳动力数量和质量的需求；反之，如果劳动力市场上的劳动力供给大于组织需求，组织则通过降低薪酬水平的办法降低生产成本，赚取更多的利润。

3. 国家政策和法律、法规

企业在设置薪酬时，必须遵守企业所在地区政府的规定，如对劳动者最低工资水平的规定等，以免触犯法律、法规，引起法律诉讼。

4. 工会和行业组织的作用

工会的作用主要表现在集体协商制度下，工会有权与组织就员工的薪酬水平、薪酬决定、薪酬差异及分配、支付形式等进行集体协商，签订工资合同。因此，作为劳动力市场上的代表，工会的力量、行动直接影响着组织的薪酬水平。

某些行业组织也会对劳动力市场的薪酬水平进行干预和保护，如制定行业最低工资标准，通过行业组织的力量影响行业工资水平的调整和变动等。

5. 物价变动

物价变动尤其是生活必需品价格的变动将直接影响员工的薪酬水平。在物价上涨而货币薪酬水平不变或者货币薪酬水平提高幅度小于物价上涨幅度的情况下，员工的实际薪酬水平会随着物价的上涨而下降；反之，在物价不变而货币薪酬水平提高或货币薪酬水平提高的幅度大于物价上涨幅度的情况下，员工的实际薪酬水平会随着物价的下降而上升。实际上，前一种情况发生的可能性比较大。因为从长期看，物价往往呈刚性上涨趋势，后一种情况大多是政府干预和组织采取措施的结果。在生活必需品价格普遍上涨的情况下，组织必须提高薪酬水平，以保障员工的基本生活需要，确保组织的生产经营不受影响，因为保障员工及其家庭基本生活的需要是组织薪酬的基本职能之一，也是政府干预组织薪酬变动的主要动机。

6. 地区差异

不同地区的经济发展水平、物价水平及政策差异也是影响组织员工薪酬水平的外部因素，在不同经济体制下，表现特征不同。在计划经济体制下，薪酬差异主要由政府控制和调节。

从未来的发展看，随着组织员工薪酬水平的提高，地区间的薪酬差异还会存在，但各种外在因素的作用程度相应减弱，组织自身经营状况之间的差异将成为主导因素。

四、组织薪酬水平的内部影响因素

1. 经济效益

组织的经济效益是在市场经济条件下决定员工薪酬水平及其变动的最重要因素。组织之间劳动生产率的差距必然反映在员工薪酬水平的差距上,因为经济效益归根结底决定着组织对员工劳动报酬的支付能力。组织经营效益的好坏直接决定了员工的个人收入水平高低。薪酬是劳动力价格和价值的表现形式,它和其他的劳动要素成本的价格一样,随着组织效益的变动而变动。例如,在其他因素不变的情况下,组织的劳动生产率提高,表明组织员工在单位时间内创造的财富增加,员工的劳动报酬也会随之增加。反之,如果组织的经济效益不好,成品价值无法实现,则组织员工的个人收入也就失去了增加的基础。

组织的经济效益不仅决定了全体员工的薪酬水平,还决定了组织内部员工之间的薪酬差异,特别是非基本薪酬部分。因为现代企业组织普遍采取结构薪酬制度,员工的奖金、津贴等非基本薪酬与组织的经济效益联系密切。

2. 员工配置

员工数量和质量的配置与组织薪酬水平之间是一种相互影响的关系。薪酬是组织成本的组成部分,在产值一定的情况下,员工越多,表明组织支付的薪酬成本越高,劳动生产率越低;在薪酬成本一定的情况下,员工越多,平均薪酬越低。此外,员工的质量配置与组织薪酬水平也有直接的关系,高质量的员工要支付高薪酬,低质量的员工支付低薪酬,高薪低能和低薪高能都会影响薪酬效益。因此,组织在资本配置中,既要考虑薪酬成本与其他生产成本之间的转换和替代,比较各种资源及其配置效益,也要对不同质量的员工和员工的薪酬进行选择和配置。

3. 薪酬的分配形式和支付形式

薪酬分配形式影响着员工的薪酬水平及其变动。例如,相对而言,计件薪酬比计时薪酬更能促进某些产品的生产,因为它把劳动报酬和劳动成果直接联系在一起,比较适用于机械化程度不高但与劳动者主观努力程度联系得比较密切的工作。在计件薪酬形式下,一些个人劳动能力强、劳动成果多的员工可以得到较多的劳动报酬。目前,各种形式的绩效工资开始取代计件工资,成为新的主要工资形式。各种薪酬要素的配合(或者称薪酬分配结构)也影响着薪酬水平的高低。例如,基本薪酬、奖励薪酬以及附加薪酬所占的比重不同决定了组织员工之间的薪酬差距。此外,员工薪酬的支付形式,如是现金支付还是非现金支付,是现期支付还是延期支付,都会对员工薪酬水平产生影响。

总之,决定组织间和组织内部员工之间薪酬水平及其变动的因素很多,这些因素会在各种条件下,单独或者共同对组织员工的薪酬水平产生影响。

第六章 薪酬结构

普华永道如何支付加班工资

7月16日（星期五）是普华永道高级审计员约定的"起事"日期。"如果没有加班工资，那就不加班；到了5:30，全都提包走人。"这是来自普华永道员工的说法。没有高级审计员加班，普华永道就无法在约定时限完成进展中的审计项目，这是资方无法承担的后果。

普华永道员工大体分为三个层级，最底层是初级员工，中间层是高级员工，上层是以经理、合伙人组成的管理团队。其中，初级员工和高级员工这两个层级的人数最多。

普华永道以往的薪酬规则是初级员工按规则支付加班工资但没有年终分红，高级员工和经理以上的管理层不支付加班工资，但享有年终分红。

虽然这次普华永道高级员工"起事"时抱怨工作负担太重，但工作负担沉重一直是"四大会计师行"的工作特点，并不新鲜。其实，此次"起事"的直接原因为以下两点。

第一，经理以上的管理层不支付加班工资而给予分红是普遍认可的管理制度，但对不属于管理层的高级员工也采用这一套规则并不合适。第二，高级员工所得到的总收入反而比初级员工低，"职位升了，收入却降了"，这在普华永道的高级员工里并不鲜见。高级员工没有加班工资而有年终分红，但年终分红由资方自主决定，一般是1~3个月的工资，也就是说，对高级员工的加班补偿最多相当于基本工资的1/4。即使高级员工的基本工资比初级员工的高，但由于年终分红不能弥补加班工资，使得很多高级员工在职位升迁的同时，实际收入反而下降。

有业内人士指出："普华永道难以完全为高级员工支付加班工资，因为如果那样做，就可能导致另一番潜在震荡。而这里所指的潜在震荡来自管理层。"在普华永道的人事体系里，高于高级员工的是经理级，最低层经理的月薪约为2.2万元，没有加班工资。一位普华永道的高级员工说："如果一位高级员工每月的底薪为1万元，正常工作时间为每月170个小时，那么一旦每月加班时间超过140个小时，总收入就能超过最低层经理的月薪2.2万元。而在一些大项目上，加班150~200个小时是很常见的。"

也就是说，如果给予高级员工所有的加班补偿，那么他们的工资很可能超过更高一级经理层的工资。既然高级员工因为薪资低于初级员工而"起事"，管理层自然会因薪资低于高级员工而不满。这样一来，对高级员工加薪所导致的一系列加薪会导致企业成本增加。因此，问题出现在普华永道的薪资结构设计上，"如果把基本工资降低，对各级人员的薪资进行相应调整，问题就不存在了。"有普华永道员工这样说。但是，降低基本工资事实上是一个不明智的做法,因为那会大大削弱对求职者的吸引力。

普华永道需要调整内部的薪酬结构,使得初级员工、高级员工和管理层都有公平的收入。

此外,如果其薪资水平与其他竞争者有较大差距,还应该调整其薪酬的定位,以免人员严重流失。

资料来源:万莉.薪酬管理[M].上海:上海财经大学出版社,2014:108.

第一节　薪酬结构概述

一、薪酬结构的内涵与特征

1. 薪酬结构的内涵

薪酬结构包括广义和狭义两个层面的含义。狭义的薪酬结构是指在同一个组织内部不同职位或不同技能之间的薪酬水平的排列形式。广义的薪酬结构除包含狭义薪酬结构所指内容外,还包括不同的薪酬形式之间的关系体现和数值比例,如基本薪酬和浮动薪酬之间的比例关系等。

一直以来,以涉及内部一致性问题为主要内容的薪酬结构所反映的重点为职位与员工之间基本薪酬的对比关系,强调的是一个组织内部职位或技能薪酬等级的数量、不同职位或技能等级之间的薪酬差距以及确定这种差距的标准。同时,它也在一定程度上反映了组织对于职位重要性及职位价值的看法。

2. 薪酬结构的特征

一个科学、合理的薪酬结构应具备以下特征。

(1)合理差异性。在任何组织中,员工的薪酬水平都有差异,绝对平均主义(每人获取同样数额薪酬)的薪酬制度在现实中是难以存在和维持下去的。薪酬结构的基本属性和特点就在于保持组织内部员工之间薪酬水平的合理差异。事实上,薪酬结构就是由薪酬等级(包括等级的数目和各等级之间的关系)、薪酬级差(不同等级之间的薪酬差异)、决定薪酬等级和级差的标准、各种薪酬形式所占的比重四个因素构成的,这四个因素决定了员工之间实际的薪酬差异。企业要保持薪酬结构的合理差异,就要设计出符合工作流程、支持组织目标、公正、科学并能引导员工行为的薪酬等级、薪酬级差、决定薪酬等级和级差的标准及薪酬形式组合。薪酬等级是以职位等级为基础的,组织的结构设计和工作流程、技术特点不同,其职位等级数目不同,则薪酬等级的层级结构也不同。薪酬级差的大小取决于不同等级职位的任职资格要求,职(岗)位承担的责任和在组织中的地位、贡献,工作条件,任职者的人力资本投入等因素,它们之间存在正相关关系。各个组织决定其薪酬等级和薪酬级差时都有自己具体、明确、个性化的标准(计划经济体制中的公有制组织除外,其薪酬体系是由国家统一制定的),但不论各个组织的标准有多大的差别，确定这种标准的依据不外乎组织对内部不同职位工作的内容及其相对价值的描述和评估、组织对不同技能的员工拥有的工作能力及其相对价值的判断和确认、劳动力市场工资率和竞争对手的薪酬方案。薪酬形式的组合也会影响员工的薪酬水平差异，若固定薪酬（基薪）的比例小，变动薪酬（奖金、分红、股权计划等）的比例大，则员工薪酬水平差异就大。

（2）富有弹性。薪酬结构的弹性是指组织内部不同职位或技能薪酬水平的比例非刚性化，员工的薪酬水平可随着组织效益和个人业绩的变化而按一定比例变化，具有动态性。使薪酬结构富有弹性（在一定范围内自动调节薪酬水平差异）是现代薪酬结构设计中很重要的环节，原因在于：组织外部和内部影响薪酬结构的各种因素发生变化，要求组织内部薪酬结构相应变化；员工个人业绩发生的变化应当能在薪酬分配中得到反映，以体现公平性原则。富有弹性的薪酬结构具有更强的激励功能。据研究，薪酬的激励功能与薪酬结构中变动薪酬占总薪酬的比重存在着一种函数关系，当该比重达到40%时，薪酬具有一定的激励作用；当该比重达到60%时，薪酬的激励作用大大加强；但若该比重超过60%，则激励作用反而减弱。富有弹性的薪酬结构可减少组织固定人工成本的支出，有利于对人工成本的控制。

要使薪酬结构富有弹性，在薪酬结构设计中应注意以下几个方面的问题。

① 合理确定总薪酬中固定薪酬与变动薪酬的比重，寻找最适合本组织战略要求的弹性区间（变动薪酬浮动幅度的上、下限）。

② 合理确定组织薪酬形式的组合方案，尤其要注意选择适合组织性质、特点的利润分享激励型薪酬形式。

③ 要有科学的绩效评估系统和严格的考核管理制度。

④ 数量较多的薪酬等级层次、较小的薪酬级差和复合性质的薪资标准，能使员工薪酬水平保持较大的调整空间，有助于加强薪酬结构的弹性。

⑤ 应建立、健全薪酬调整制度，规范晋级、工资标准调整等行为。

二、薪酬结构的基本类型

薪酬结构基本类型的划分在薪酬结构的整个设计过程当中有着举足轻重的地位。薪酬结构划分的依据和角度很多，下面着重从两个角度进行讲解。

1. 从薪酬结构设计依据的角度审视

从薪酬结构设计依据的角度审视，薪酬结构可分为四种：以职位为导向的薪酬结构、以技能为导向的薪酬结构、以绩效为导向的薪酬结构和组合薪酬结构。

（1）以职位为导向的薪酬结构。以职位为导向的薪酬结构是以组织内部员工从事的工作作为薪酬结构设计的依据，通过工作分析和工作评价，确定组织的工作结构和相应的薪酬标准，进而形成的基于职位的薪酬结构。建立这种薪酬结构的关键在于进行工作评价，即根据各种工作所包括的技能要求、努力程度要求、任职资格要求和工作环境等因素决定各种工作的相对价值。通过对工作进行系统、合理的评价来最终确定工作结构，然后由工作结构确定薪酬结构。它适用于职级较多且职位工作内容明确、规范、标准和稳定的组织。

以职位为导向的薪酬结构的优点在于能够有效地实现人尽其才，帮助组织落实同工同酬，同时操作起来相对比较简单，管理成本也比较低。以职位为导向的薪酬结构的缺点在于对于职位的评价易于主观化，会影响内部公平的实现，从而难以激励员工创新。当职位有限且员工晋升困难甚至无望时，则会在很大程度上影响组织员工的工作热情和工作积极性。

（2）以技能为导向的薪酬结构。以技能为导向的薪酬结构是以组织内部员工所掌握的技能或知识为依据，通过技能分析（一般用于操作人员）或能力分析（一般用于管理和技术人员）确定组织的技能模块（完成工作所需的不同类型的技能的集合）或能力体系，并按技能水平或知识水平的不同在技能模块或能力体系内划分不同的等级，规定相应薪酬标准的薪酬结构。

以技能为导向的薪酬结构以技能分析为基础，强调技能广度的特点，有利于激励组织员工不断学习，鼓励员工成为一专多能的通才且便于组织根据需要灵活调配员工并留住内部高级人才。当然，如果单一地以技能作为薪酬结构的设定依据，则不可避免地出现员工技能普遍提高，进而导致组织成本居高不下而竞争力下降的情况。因此，组织在采用此种薪酬结构时应适当降低员工的起薪水平并控制好组织的员工培训计划。同时，要充分发挥员工的潜力，以较高的劳动效率、较少的定员定额来消化、吸收较高的薪酬成本。

（3）以绩效为导向的薪酬结构。以绩效为导向的薪酬结构是以组织员工对于组织目标达成的贡献程度为依据，通过员工的工作绩效表现确定组织的绩效划分体系，同时按照绩效水平的高低和绩效程度的多少来划分不同的分配等级，从而进一步规定对应薪酬标准的薪酬结构类型。

以绩效为导向的薪酬结构能反映出员工收入与工作目标完成情况的直接联系。在此类型的薪酬结构中，员工的工作目标比较明确，组织通过对整体组织目标的层层分解，进而提高其组织目标的可实现性。除此之外，组织若采用此种薪酬结构，可避免产生过高的人力成本，节省部分人力成本。由于以绩效为导向的薪酬结构基于金钱对员工的激励作用，因此若组织经营状况不能达到预期，组织员工不能拿到高报酬，那么该薪酬结构对员工的激励作用会减弱，从而影响员工的工作热情，甚至会有离职现象发生。

（4）组合薪酬结构。组合薪酬结构是一种根据决定薪酬的不同因素及薪酬的不同职能而将薪酬划分为几个组成部分，依据绩效、技术和培训水平、职务或岗位、工龄等付酬因素，通过对几部分数额的合理确定，汇总后确定员工薪酬总额的薪酬结构。组合薪酬结构吸收了以上各类薪酬结构的部分优点，广泛运用于机关、组织和事业单位。它相对全面地考虑了员工对组织的投入，但由于其各组成部分的比例比较难以确定，所以这种薪酬结构在稳定性上有所欠缺。

2. 从薪酬等级差异程度的角度审视

从薪酬等级差异程度的角度审视，薪酬结构可分为两种：扁平型薪酬结构和梯度型薪酬结构。

（1）扁平型薪酬结构。扁平型薪酬结构又称平等化薪酬结构，是指等级较少、相邻等级之间和最高与最低等级之间的薪酬差距较小的薪酬结构，其中应用得最广泛的是宽带型薪酬结构。

所谓宽带薪酬结构，实际上是一种新型薪酬结构设计方式，它是对传统的带有大量等级层次的垂直型薪酬结构的一种改进或替代。根据美国薪酬管理学会的定义，宽带型薪酬结构是指对多个薪酬等级及薪酬变动范围（薪酬区间）进行重新组合，从而变成只有相对较少的薪酬等级及相应较宽的薪酬变动范围，如图 6-1 所示。一般来说，每个薪酬等级的最高值与最低值之间的区间变动比率要达到 100%或 100%以上。一种典型的宽带型薪酬结构可能只有不超过 4 个等级的薪酬级别，每个薪酬等级的最高值与最低值之间的区间变动比率可能达到 200%甚至 300%。在传统薪酬结构中，这种薪酬区间的变动比率通常只有 40%～50%。

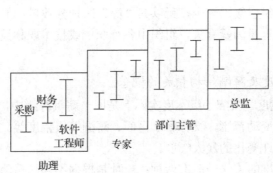

图 6-1 宽带薪酬结构示意

"宽带"这一概念来源于广播术语，而宽带型薪酬结构则始于 20 世纪 80 年代末 90 年代初的美国。在美国经济于 1987 年开始走下坡路，至 1990 年正式进入衰退期后，宽带型薪酬结构作为一种与企业组织扁平化、流程再造、团队导向、能力导向等新的管理战略相配合的新型薪酬结构设计方式应运而生。宽带型薪酬结构最大的特点是压缩薪酬等级，将原来十几个甚至二十个、三十个薪酬等级压缩成几个等级并将每个等级对应的薪酬范围拉大，从而形成一个新的薪酬管理系统及操作流程，以便适应新的竞争环境和业务发展需要。例如，IBM 公司在 20 世纪 90 年代以前的薪酬等级有 24 个，后来被合并为 10 个范围更大的薪酬等级。

（2）梯度型薪酬结构。梯度型薪酬结构又称阶层化薪酬结构，即等级层次多、相邻等级之间薪酬差异较大，最高与最低薪酬水平差异也较大的薪酬结构。

梯度型薪酬结构要求对每个等级的工作进行细致的描述，明确每个人的职责。采用梯度型薪酬结构的组织强调薪酬政策的差异性，认为这种薪酬结构承认员工之间在技能、责任和对组织的贡献上的差别，更能体现公平性要求，而且较多的等级和频繁的职位晋升具有更强的激励性，更能鼓励员工积极参加培训、勇于承担责任和风险，更具开拓、创新精神。因此，梯度型薪酬结构更适合结构层次多、工作的完成在很大程度上以员工个人为核心的企业。

三、薪酬结构的构成

1. 薪酬等级

薪酬等级是指在同一个组织中，薪酬标准由于职位或者技能等级的不同而形成的一种序列关系或梯次结构形式。在薪酬管理实践中，各类型企业的薪酬等级数量差异较大，一般而言，企业的薪酬结构由多少等级构成主要取决于企业的规模、性质、组织结构及工作的复杂程度，其数量多少没有绝对的标准。

薪酬等级的划分由"等"的划分和"级"的划分构成。在薪酬结构中，"级"的划分可能多达20个，而"等"的划分一般为7~10个，比"级"的划分数量要少得多。在薪酬管理实践中，薪酬结构可能是一等一级，也可能是一等多级。宽带型薪酬结构多适用于扁平化组织，其组织层级比较少，所以其"等"的划分数量一般为4~15个。当然，薪酬等级的划分除与上述因素有关，组织中各个职位或技术职称设置的复杂性等也会影响"等"的划分数量。

2. 薪酬等级宽度及薪酬结构相关的概念

（1）薪酬等级宽度。薪酬等级宽度实际上是同一薪酬等级中，薪酬最高值与最低值之间形成该等薪酬的变动范围，又称薪酬区间、薪酬等级幅度等。它实际上是指在同一薪酬等级内部薪酬允许变化的最大幅度。

确定薪酬等级宽度的方法一般有两种：一种是根据不同的薪酬等级确定不同的薪酬宽度，即将薪酬宽度差别化，不设定具体的数值；二是根据经验数据确定，但这种以经验确定的各个级差的等级宽度变化是有一定的规律的。一般而言，在等级工资制度下，以经验确定的薪酬等级宽度的设置为：生产后勤类的薪酬等级宽度可为15%~25%；中级管理类的薪酬等级宽度可为25%~40%；高级管理类的薪酬等级宽度可为40%~60%。但在宽带型薪酬结构中，其薪酬等级宽度要高于等级工资制度下薪酬等级宽度的2~5倍。

（2）薪酬变动比率。与薪酬结构密切相关的一个重要概念是薪酬变动比率，它是衡量薪酬区间的指标。薪酬变动比率是指同一薪酬等级内部最高值与最低值之差同最低值的比率，又称区间变动比率，其计算公式为

$$薪酬变动比率 = \frac{最高薪酬值 - 最低薪酬值}{最低薪酬值} \times 100\%$$

假设，最高薪酬值为7000元/月，最低薪酬值为5000元/月，其薪酬变动范围是5000~7000，变动的绝对差距是2000，则薪酬变动率是40%，即（7000-5000）÷5000×100%=40%。

通常情况下，薪酬变动比率的大小取决于特定职位所需的技能水平、任职资格等各种综合因素。薪酬等级越高，对特定职位的任职资格要求就越高，薪酬变动比率也会随

之上升。原因在于：一方面，低等级职位对任职技能、经验、承担的责任及对企业的价值贡献等要求较低，相对稳定的薪酬变动比率则有益于管理员工和控制人工成本，同时能为低等级职位员工提供更大的发展空间；另一方面，高等级职位对任职技能、经验、承担的责任及对企业的价值贡献等要求较高，员工一般很难达到要求，企业不得不采取其他方式（如较大的薪酬变动）来认可其进步，而且职位越高，晋升的机会越少且难度越大，企业不得不依据资历或绩效标准在薪酬区间内提高其薪酬水平以实现激励。表6-1为不同职位的薪酬变动比率。

表6-1 不同职位的薪酬变动比率

主要职位类型	薪酬变动比率/%
非豁免员工：生产工人、维修员、交易员	10～30
非豁免员工：办公室文员、技术人员、专家助理	25～40
豁免员工：一线管理人员、行政管理人员、专业人员	40～60
豁免员工：中、高层管理人员，专家	50～100

资料来源：理查德·亨德森. 知识型企业薪酬管理[M]. 何训，张立富，安士辉，译. 北京：中国人民大学出版社，2008.

从表6-1中可以看出，薪酬变动比率随着职位任职资格的提高逐级升高，薪酬变动比率为40%～60%的是对任职资格要求较高的一线管理人员、行政管理人员和专业人员，而薪酬变动比率为50%～100%的是对任职资格要求更高的中、高层管理人员和专家。

（3）薪酬区间中值。薪酬区间中值又称薪酬范围中值、薪酬变动范围的中值或薪酬等级中值，是薪酬结构管理中一个非常重要的因素，通常代表该等级职位在外部劳动力市场上的平均薪酬水平。之所以说薪酬区间中值是薪酬结构管理中一个非常重要的因素，是因为在薪酬结构设计中既要考虑每个职位等级本身的价值，又要考虑任职者的素质因素，一般的处理原则如下：通过职位对应的薪酬等级的中值确定职位的价值，而任职者个人能力的价值则体现在每个等级内部的薪阶中，这样就形成以"等"来体现职位价值、以"级"来体现个人价值的薪酬结构。薪酬区间中值对想要晋"等"或晋"级"的员工的要求，无论是在职位上还是在职位胜任力上都很高。

与薪酬区间中值相关的一个概念是"相对比率"，相对比率又称比较比率，它通常用来表示某一员工实际获得的基本薪酬与相应薪酬区间中值之间的比例关系。具体而言，就是某个任职者的基本薪酬在特定等级中的哪个薪阶上。

（4）薪酬区间渗透度。薪酬区间渗透度是在对同一薪酬区间内部的员工薪酬水平进行分析时所使用的一个概念，它用来计算员工的实际基本薪酬与区间的实际跨度（即最高值和最低值之差）的关系。薪酬区间渗透度的计算公式为

$$薪酬区间渗透度 = \frac{实际所得基本薪酬 - 区间最低值}{区间最高值 - 区间最低值} \times 100\%$$

假设，某员工的基本薪酬是7000元，而区间最高值是10 000元，区间最低值是5500元，则薪酬区间渗透度是33.3%，即（7000-5500）÷（10 000-5500）×100%=33.3%。

薪酬区间渗透度实际上反映了某一特定员工在其所在的薪酬区间所处的相对地位，即反映了员工薪酬水平的高低，是衡量员工薪酬水平的有效工具。

3. 相邻薪酬等级之间的交叉与重叠关系

（1）相邻薪酬等级的交叉与重叠。在薪酬结构中，相邻的两个薪酬等级之间经常会出现交叉与重叠，如图6-2所示。

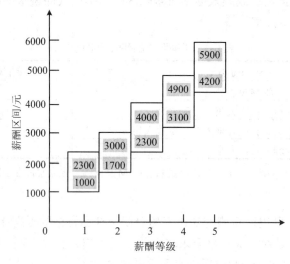

图6-2 薪酬变动区间

从图6-2中可以看出，相邻的两个薪酬等级都有一定程度的交叉与重叠，如第1薪酬等级与第2薪酬等级之间的交叉与重叠为1700~2300元，第2薪酬等级与第3薪酬等级之间的交叉与重叠为2300~3000元。

（2）薪酬等级级差。薪酬等级级差又称级差，是指相邻两个薪酬等级中值之间的差距，包括中点级差和中值级差。

假设最高薪酬等级的中值和最低薪酬等级的中值一定且不变，各薪酬等级中值之间的级差越大，则薪酬结构中的等级数量越少，反之则越多。

薪酬等级的区间中值级差越大，同一薪酬区间的变动比率越小，则薪酬区间的重叠区域越小；薪酬等级的区间中值级差越小，同一薪酬区间的变动比率越大，则薪酬区间的重叠区域越大。

企业根据自身的需要可以设计有交叉、重叠的薪酬区间，也可以设计无交叉、重叠的薪酬区间。无交叉、重叠的薪酬区间又可以根据需要设计成衔接式薪酬区间（指上一个薪酬等级的薪酬区间下限与下一个薪酬等级的区间上限在同一条水平线上）和非衔接式薪酬区间（指上一个薪酬等级的薪酬区间下限高于下一个薪酬等级的区间上限）。

在薪酬管理的实践中，企业的薪酬结构设计通常采用有交叉、重叠的薪酬区间，如图6-2中各相邻薪酬等级的最高值和最低值之间都有部分交叉，影响到薪酬等级内部的区间变动比率和薪酬等级级差。

四、薪酬结构的作用

薪酬结构既是薪酬管理的重要组成部分，也是企业薪酬体系的重要组成部分，具有其他制度体系不可替代的作用。薪酬结构的作用具体表现在以下几个方面。

1. 具有显著的激励效果

目前已有许多研究表明薪酬结构比薪酬水平具有更显著的激励效果。例如，詹森和墨菲认为，支付管理者多少报酬并不重要，重要的是如何支付他们报酬，即管理者的薪酬是如何构成的。迈赫兰提出证据表明管理者是由薪酬形式而不是由薪酬水平得到激励的。由此可见，薪酬结构的形式相对薪酬水平而言，具有更显著的激励效果。

2. 薪酬支付客观、标准

无论是以职位为导向的薪酬结构，还是以技能为导向的薪酬结构，都体现了价值差异和薪酬差异的对等关系，即薪酬结构最终反映的是职位与员工价值的大小，从另一角度体现了组织是按照一定的标准支付员工的薪酬的，而不是以管理者的主观喜好为导向来确定员工的薪酬支付的。

3. 展示组织结构与具体管理模式

薪酬结构类型的选择在一定程度上反映了组织特定的结构形式、组织文化和经营管理模式。例如，劳动密集型企业（如成熟的制造企业）比较适合采用严格的等级薪酬结构，而知识密集型企业（如高科技企业）更适合采用宽带型薪酬结构。

4. 促进组织变革与发展

合理的薪酬结构可以通过作用于员工个人、工作团队来创造出与组织变革相适应的内部氛围和外部氛围，从而有效地推动组织的变革与发展，使组织变得更加灵活，对市场和客户的反应更为迅速、有效。

5. 增值作用

薪酬是组织购买劳动力的成本，能够给组织带来大于成本的预期收益，尤其是合理的薪酬结构具有很强的激励功能，能够激发员工的积极性、创造性，使其能主动、自觉地参加培训，以提升自身的素质与能力，从而提高组织的绩效。

第二节 薪酬结构的设计

一、薪酬结构的设计原则

企业薪酬结构的设计必须遵循一定的原则，具体包括以下几点。

1. 战略导向原则

战略导向原则强调企业必须从企业战略角度进行分析，制定的薪酬政策和制度必须体现企业发展的战略要求。

2. 内部一致性原则

内部一致性原则又称基于工作价值付薪的原则，是体现企业内部工作价值一致性的原则，指企业应该清楚地了解每一项工作的相对价值并能客观地在薪酬等级中予以反映。

3. 外部竞争性原则

外部竞争性原则具体表现为按照市场价格付薪的原则。尽管薪酬结构设计属于内部薪酬管理，但是现代企业薪酬管理不可能将内部管理与外部管理完全割裂开。

4. 经济性原则

经济性原则强调企业设计薪酬结构时必须充分考虑企业自身发展的特点和支付能力。它包含两个方面的含义：从短期来看，企业的销售收入扣除各项非人工费用和成本后，要能够支付企业所有员工的薪酬；从长期来看，企业在支付所有员工的薪酬及补偿所用非人工费用和成本后要有盈余，这样才能支撑企业追加和扩大投资，获得可持续发展。

5. 激励性原则

薪酬结构的设计必须适应组织的人力资源策略并为之服务，如果实行以职位晋升为激励手段的策略，则要保证薪酬等级之间有足够的差距；如果实行以不断提高技能为激励手段的策略，则要提高技能工资的比重。

二、薪酬结构的设计方法

1. 工作评价法

工作评价法包括基准职位定价法和设定工资调整法。

（1）基准职位定价法。基准职位定价法主要是利用市场薪酬调查来获得基准职位的市场薪酬水平并利用对基准职位的工作评价结果建立薪酬策略线，进而确定薪酬结构。该方法能够很好地兼顾薪酬的外部竞争性和内部一致性，在比较规范的、与市场相关性强的企业薪酬结构中应用得比较广泛。

（2）设定工资调整法。设定工资调整法是指企业根据经营状况自行设定基准职位的薪酬标准，然后根据工作评价结果设计薪酬结构。企业设定薪酬水平的典型做法是首先设定最高端与最低端的薪酬水平，然后以此为标杆，酌情设定其他职位的薪酬水平。这种薪酬结构的设计比较重视内部一致性，但忽略了外部竞争性，比较适合与劳动力市场接轨程度低的企业。

2. 非工作评价法

非工作评价法包括直接定价法和当前工资调整法。

（1）直接定价法。直接定价法是指企业所有职位的薪酬完全由外部市场决定，根据外部市场各职位的薪酬水平直接建立企业内部的薪酬结构。这是一种完全的市场导向型企业薪酬结构设计方法，体现了外部竞争性，但忽略了内部一致性，比较适合市场驱动型企业，其员工的获取及薪酬水平的确定直接与市场挂钩。

（2）当前工资调整法。当前工资调整法是指在当前工资的基础上对原企业薪酬结构进行调整或再设计。薪酬结构调整的本质是对员工利益的再分配，这种调整将服从于企业内部管理的需要。

三、薪酬结构的设计步骤

1. 绘制薪酬策略线

（1）职位薪酬策略线的内涵。在薪酬结构的设计中，薪酬策略线是企业薪酬结构形态的集中体现，它是由每个薪酬等级的中值所在的点连成的一条曲线。在特定情况下，薪酬策略线也可以被看作企业认可的市场基准水平线。

对大多数企业而言，基准职位定价法是最常用的薪酬结构设计方法，它同时考虑了内部一致性和外部竞争性原则。应用基准职位定价法时，薪酬策略线的绘制需要将每个职位的内部等级或评价分数（点数）与该职位的市场薪酬水平画在一幅坐标图上，通过分析来平衡它们之间的差异，这样绘制成的曲线即薪酬策略线。

（2）薪酬策略线的绘制步骤。下面根据某公司市场薪酬调查与职位评价的部分结果（见表6-2）来说明薪酬策略线的绘制步骤。

表6-2 某公司市场薪酬调查与职位评价的部分结果

职位名称	职位评价点数	市场薪酬值/元
出纳	147	3414
设备采购专员	168	3750
薪酬专员	199	4375
公共关系专员	221	4657
秘书	242	4871
初级法律顾问	297	5936
系统分析员	359	6357
会计主管	419	8157
项目经理	449	9879
人事经理	587	11 732
财务经理	619	12 997
市场经理	694	13 998

① 确定基准职位的市场薪酬水平与内部评价结果之间的关系。以纵轴代表基准职位的市场薪酬值，横轴代表依据职位评价结果而确定的职位评价点数，按表6-2的结果绘制散点图，如图6-3所示。

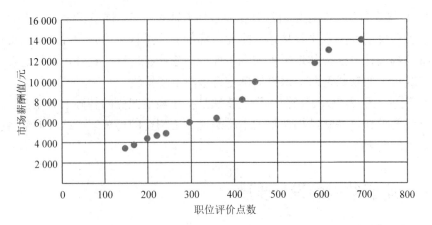

图 6-3 职位评价点数与市场薪酬值组成的散点图

② 利用确定的绘制方法绘制薪酬策略线。绘制薪酬策略线的方法包括徒手法、最小二乘法、曲线拟合法。

a. 徒手法。徒手法最为简便，适用于规模较小的企业，对薪酬数据的精确度要求不高且符合设定工资调整法的需要。徒手法绘制的薪酬策略线分为三种类型：线型徒手线、代数线型徒手线和设定值徒手线。

线型徒手线的绘制方法就是凭视觉直接绘制一条直线，它能较好地反映和对照薪酬散点图上的各个点。线型徒手线需要从图中的分散点中间穿过，使这条线的纵向离差最小，即与各点垂直距离的平方和最小，如图 6-4 所示。

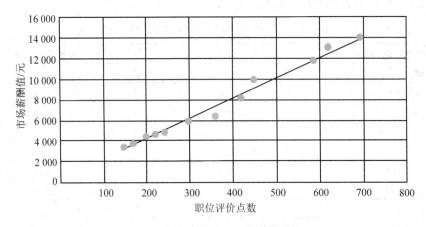

图 6-4 薪酬策略线——线型徒手线

代数线型徒手线的绘制方法：画一条直线连接两个典型职位在薪酬散点图中的位置点并以市场薪酬值为因变量、以职位评价点数为自变量建立一次线性方程。以薪酬专员和项目经理两个职位的市场薪酬值和职位评价点数来建立一次线性方程的具体步骤如下：

设市场薪酬值为 Y，职位评价点数为 X，二者之间的关系表示为 $Y=aX+b$；将薪酬专员和项目经理两个职位的市场薪酬值与职位评价点数分别代入上述方程，即将 X_1=199，Y_1=4375，X_2=449，Y_2=9879 代入上面方程，求得 a=22.016，b=-6.184，连接这两个职位评价点数所得到的就是线型徒手线的薪酬策略线，而方程为 Y=22.016X-6.184。

设定值徒手线一般是指在不需要市场薪酬调查数据的情况下，通过企业高层领导设定的企业最高薪酬值和最低薪酬值而绘制的徒手线。设定值徒手线比较适用于自行设定薪酬水平的企业。图 6-5 所示为根据设定的最高薪酬值和最低薪酬值而绘制的徒手线，其他职位的薪酬值介于二者之间。

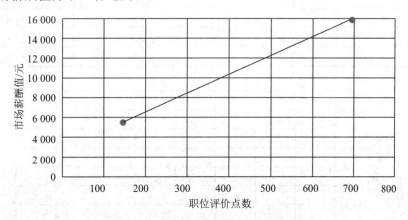

图 6-5 薪酬策略线——设定值徒手线

b. 最小二乘法

薪酬策略线最常用的绘制方法是最小二乘法，最小二乘法能够保证所绘制的薪酬策略线与各点值的离散程度最小，拟合优度较高。下面仍设市场酬值为 Y，职位评价点数为 X，二者之间的关系表示为

$$Y=aX+b$$
$$\sum Y = na + b \sum X$$
$$\sum XY = a \sum X + b$$

根据上述两个联立方程计算得

$$a = \bar{y} - b\bar{x}$$
$$b = n\sum X \cdot Y - \sum X \cdot \sum Y / n\sum X^2 - (\sum X)^2$$

如应用最小二乘法计算得到市场薪酬值与职位评价点数之间的关系为 Y=20.007X+200.560。根据该方程计算得到每个职位的薪酬值如表 6-3 所示，利用此结果绘制的最小二乘薪酬策略线如图 6-6 所示。

表 6-3 最小二乘薪酬回归值与市场值比较

职 位 名 称	职位评价点数	市场薪酬值/元	回归薪酬水平/元
出纳	147	3414	3142
设备采购专员	168	3750	3562
薪酬专员	199	4375	4182

续表

职 位 名 称	职位评价点数	市场薪酬值/元	回归薪酬水平/元
公共关系专员	221	4657	4622
秘书	242	4871	5042
初级法律顾问	297	5936	6143
系统分析员	359	6357	7383
会计主管	419	8157	8583
项目经理	449	9879	9184
人事经理	587	11 732	11 945
财务经理	619	12 997	12 585
市场经理	694	13 998	14 085

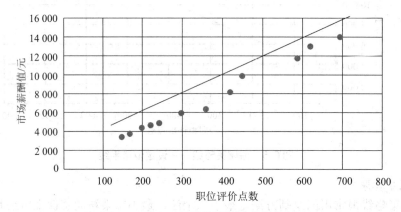

图 6-6　最小二乘法的薪酬策略线绘制

从表 6-3 中可以看出，同一职位在不同企业之间价值差距较大。回归薪酬水平正是为了实现外部薪酬水平与内部薪酬结构之间的均衡与协调。依据该表，企业市场经理的外部薪酬水平是每月 13 998 元，而回归值是每月 14 085 元，表明该企业的市场经理的职务工资高于市场的平均水平。随着计算机技术的普及，最小二乘法可以在 Excel、SPSS 等统计分析软件中自动完成计算。

③ 薪酬策略线的调整。初步绘制薪酬策略线之后，还需要根据薪酬水平策略对其进行调整。企业有领先型、跟随型和滞后型等外部薪酬水平策略。如果某企业采取领先型策略，那么它在绘制薪酬策略线时需要将相应职位的薪酬水平定位在第 50 个百分位之上；如果采取滞后型策略，则应将薪酬水平定位在第 50 个百分位以下；如果采取跟随型策略，则其薪酬水平应保持在第 50 个百分位左右。

上述薪酬策略线的调整不可忽视时间因素，因为在一段时间内不同职位的市场薪酬水平会有一定程度的浮动，因此薪酬策略线的调整是在薪酬策略执行过程中实现的。假设所有职位的薪酬水平策略都将发生变化并且预期平均薪酬水平在下一年度提高5%，那么不同企业需要根据其薪酬水平策略进行相应调整。

采取领先型策略的企业，在年初可以将薪酬策略线定位在高于市场线5%的位置，这样在年末，企业的薪酬水平就可以与市场水平持平，如图6-7所示。

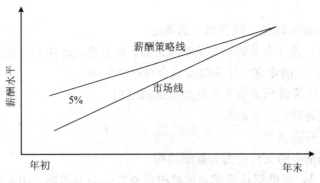

图6-7　薪酬策略线的调整（a）

采取跟随型策略的企业，在年初可以将薪酬策略线定位在高于市场线5%的位置上，而在随后一年的时间里逐步降低薪酬水平，到年末企业的薪酬水平已低于市场线的5%，而整个年度企业薪酬水平与市场水平持平，如图6-8所示。

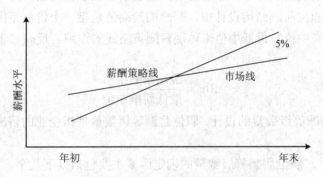

图6-8　薪酬策略线的调整（b）

采取滞后型策略的企业，在年初可以将薪酬策略线定位在市场线之下，这样在年末，企业的薪酬策略线已低于市场线的5%，如图6-9所示。

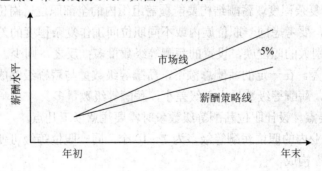

图6-9　薪酬策略线的调整（c）

2. 职位薪酬等级序列的设计

职位薪酬等级序列是指由每个职位薪酬等级的中值所形成的序列，它的四个设计要点分别为:最高与最低职位等级薪酬差、职位薪酬等级数量、职位薪酬等级级差和职位薪酬等级中值。

(1) 最高与最低职位等级薪酬差的确定。

① 影响因素。建立企业的薪酬策略线之后,需要确定最高职位薪酬等级与最低职位薪酬等级的比率,在确定这一比率时要综合考虑以下因素。

a. 最高与最低等级职位的工作复杂程度的差别。

b. 国家规定的最低工资标准。

c. 市场可比的薪酬率。

d. 企业薪酬基金的支付能力和薪酬结构。

需要注意的是,最低职位薪酬通常要根据外部劳动力市场、相关劳动立法,尤其是最低工资标准及其变动来确定。

② 设计要点。企业的总经理、首席执行官等通常被认为是企业最高薪酬的拥有者,但总经理对企业的价值往往难以衡量,其薪酬也不便同其他职位的基本薪酬进行对比。因此,在实行年薪制的企业中,以总经理为代表的高级职位的薪酬通常不纳入企业的整体薪酬结构。在职位薪酬结构设计中,薪酬的最高值是指一个价值范围,并非最高点,所以通常使用最高中值与最低中值来体现薪酬策略线的作用。反映二者比率的 Rh_1 的计算公式为

$$Rh_1 = \frac{最高薪酬中值}{最低薪酬中值}$$

(2) 职位薪酬等级数量的设计。职位薪酬等级数量是指企业的薪酬结构由多少个等级构成的。

① 影响因素。职位薪酬等级数量的确定因素主要包括以下几个。

a. 企业的规模、性质及组织结构。薪酬等级取决于职位等级。规模大、性质复杂及纵向等级结构鲜明的企业,薪酬等级多;反之,规模小、性质简单的扁平型企业,薪酬等级少。

b. 工作的复杂程度。薪酬结构要能覆盖组织内的全部职位、岗位和工种。在确定薪酬等级数量时,要考虑同一职位族内或不同职位间工作复杂程度的差别。例如,劳动复杂程度高、差别大的职位族,设置的薪酬等级数量多;反之,则少。

c. 薪酬级差。在一定的薪酬总额下,薪酬等级数量与薪酬级差成反向关系。一般情况是,级差大,薪酬等级数量少;级差小,薪酬等级数量多。

② 设计要点。设计职位薪酬等级数量时需要注意以下几点。

a. 一般企业内的职位薪酬等级多为 7~10 个,同一职位等级可使用多薪酬率,即由多个薪酬"阶"构成。

b. 不同职位薪酬等级的薪酬区间有部分交叉,即下一等级的高位薪酬可以超过上一等级的低位薪酬。

c. 目前的趋势是薪酬等级数量减少,每个等级之间的薪酬幅度拉宽,同一薪酬等级内的薪酬差距拉大,即出现薪酬结构的宽带化趋势。这种变革最初是为了缓解员工的资

历与晋升之间的矛盾，后来主要是为了适应组织扁平化、薪酬赋权、团队管理及员工激励等需要。

（3）职位薪酬等级级差的设计。职位薪酬等级级差是指薪酬等级中相邻两个职位等级薪酬中值的比率，它反映了不同等级职位由于价值差异、工作复杂程度差异等对应的不同薪酬水平。薪酬等级级差可以用绝对额、级差百分比或薪酬等级系数等指标来表示。

① 影响因素。设计职位薪酬等级级差时需要综合考虑以下因素。

a. 薪酬等级级差越小，某个职位被赋予特定薪酬率的可能性就越大。因为薪酬等级范围将职位评价结果相近的职位划分为一个等级，通常3%的级差率会划分出50个职位等级，而20%的级差率只有5~6个等级。50个等级的薪酬结构会使每个职位在其对应的等级内部仅有很小的调整空间，而6个等级的结构则给予每个职位在其对应的等级内部以较大的调整空间。

b. 薪酬等级级差越大，则需要企业拥有等级更多的薪酬结构，以适应不同职位群体的要求。

c. 薪酬等级级差越大，越有利于衡量员工在不同职位之间的薪酬差别，从而有利于其自身的职业路径选择。

② 设计要点。薪酬等级级差设计的重要指标是级差百分比，其值等于相邻两个等级薪酬中值的差额除以下一等级的薪酬中值，用百分比表示。例如，第3等级的薪酬中值为4000元，第4等级的薪酬中值为5000元，那么第4等级与第3等级之间的级差百分比为25%。

职位薪酬等级之间的级差百分比可按以下四种方式递增。

a. 等比级差，即各薪酬等级之间以相同的级差百分比逐级递增，计算公式为

$$D = \sqrt[n]{A} - 1$$

式中，D为等比级差；n为薪酬等级数量；A为薪酬等级表的倍数。

等比级差有两个优点：第一，薪酬数额以相同的百分比递增，级差随绝对额逐级扩大，但等级之间的差距并不悬殊；第二，便于进行人工成本预算和企业薪酬计划的制订。

b. 累进级差，即各等级薪酬之间以累进的百分比逐级递增（见表6-4）。

表6-4 累进级差薪酬变动

薪酬等级	1	2	3	4	5	6	7	8
级差百分比/%	—	13	14.2	15	16	17.5	18.2	19

资料来源：刘雄，赵延. 现代工资管理学[M]. 北京：北京经济学院出版社，1997.

按照累进方式确定的薪酬级差，等级之间的绝对额差距明显，收入差距大。与等比级差相比，这种级差对员工的激励作用大，适用于需要突出个人能力的工作，需要对员工进行定期培训，提高员工个人能力。

c. 累退级差，即各种薪酬等级之间以累退的比例逐级递增（见表6-5）。

表 6-5　累退级差薪酬变动

薪酬等级	1	2	3	4	5	6	7	8
级差百分比/%	—	27	21.3	17.6	14.9	13	11.5	10.3

资料来源：刘雄，赵延. 现代工资管理学[M]. 北京：北京经济学院出版社，1997：121.

d. 不规则级差，即各等级薪酬之间按照分段式来确定级差百分比和级差绝对额的变化。各段分别采取等比、累进或累退等形式。例如，一些企业采用"两头小、中间大"的级差（见表6-6）。

表 6-6　不规则级差薪酬变动

薪酬等级	1	2	3	4	5	6	7	8
级差百分比/%	—	12	15	20	20	18	16	14

资料来源：刘雄，赵延. 现代工资管理学[M]. 北京：北京经济学院出版社，1997：122.

不规则级差在薪酬等级级差的确定上比其他方式更为灵活，也比较符合薪酬分布的一般规律，在企业薪酬等级级差的确定中应用得比较广泛。

（4）职位薪酬等级中值的确定。职位薪酬等级中值又称薪酬等级范围中值或薪酬等级区间中值，它通常代表某等级职位在外部劳动力市场上的平均薪酬水平。

在薪酬结构的设计中，除考虑每个职位等级本身的价值外，还需要考虑任职者的素质因素。一般的处理原则是，职位的价值可通过其对应的薪酬等级的中值来确定，而任职者的能力或资历则体现在每个等级内部的薪阶中。这样就形成以"级"来体现职位价值，以"阶"来体现个人价值的薪酬结构。薪酬结构就像一座高楼，每一层的楼梯是一个"等级"，简称"级"（grade），而每层楼梯的每一个台阶就是一个"阶"（step）。员工如果想晋"级"，则需要通过职位变动；如果想晋"阶"，则需要提高职位胜任力。这种设计理念也可用于职位绩效的设计。

与薪酬中值相对应的薪酬等级形成了薪酬策略线上的点。与薪酬中值相对应的另一个概念是相对比率，它通常是指某一任职者实际获得的基本薪酬与相应薪酬等级中值之间的关系。形象点说，相对比率表明了任职者的基本薪酬在特定等级中的哪个台阶上。薪酬等级相对比率是企业薪酬管理诊断经常使用的一个指标。

3. 薪酬等级范围的确定

（1）薪酬区间的设计。在确定了每个职位薪酬等级的中值之后，就要确定该薪酬等级变动范围中的最高值和最低值。薪酬最高值与最低值形成薪酬等级的薪酬变动范围，又称薪酬区间，它实际上是指在某一薪酬等级内部允许变化的最大幅度。

衡量薪酬区间的指标是薪酬变动比率，又称区间变动比率，它是指同一薪酬等级内部的最高值与最低值之差与最低值的比率，即

$$薪酬变动比率 = \frac{最高薪酬值 - 最低薪酬值}{最低薪酬值} \times 100\%$$

以图 6-10 为例，最高薪酬值为 6000 元/月，最低薪酬值为 4000 元/月，则薪酬变动比率为 50%。

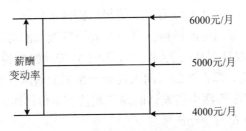

图 6-10　薪酬等级区间及其变动率

通常，一个等级内部的最高薪酬值与最低薪酬值是根据薪酬中值来确定的，这样就需使用另一种方法来计算薪酬区间变动比率，即以中值为基础来计算，公式为

$$以中值为基础的薪酬变动比率 = \frac{最高薪酬值 - 最低薪酬值}{薪酬中值} \times 100\%$$

$$上半部分薪酬变动比率 = \frac{最高薪酬值 - 薪酬中值}{薪酬中值} \times 100\%$$

$$下半部分薪酬变动比率 = \frac{薪酬中值 - 最低薪酬值}{薪酬中值} \times 100\%$$

在图 6-10 的例子中，以中值为基础的薪酬变动比率计算结果为 40%，上、下部分薪酬变动比率均为 20%。通常，薪酬变动比率为 20%～50%，上、下部分的薪酬变动比率为 10%～25%。

在设计薪酬等级区间时，各等级的薪酬变动比率不同。一般而言，薪酬等级越高，对特定职位的任职资格要求就越高，薪酬变动比率也会随之升高。职位等级之间薪酬变动比率存在差异的原因为：较低的职位所要求的任职者的技能、经验、承担的责任及对企业的价值贡献等相对有限，较为稳定的薪酬变动比率有利于管理和控制人工成本，而且能够给予较低职位的员工更多的发展空间；而对较高的职位而言，因为其任职资格要求高，员工很难达到要求，所以需要企业通过较大的薪酬变动来认可员工的进步，而且职位越高，晋升难度越大，一些缺乏晋升机会的员工只能按照资历或绩效的标准在薪酬区间内提高其薪酬水平。表 6-7 所示为不同职位的薪酬变动比率。

表 6-7　不同职位的薪酬变动比率

主要职位类型	薪酬变动比率/%
非豁免员工：生产工人、维修员、交易员	10～30
非豁免员工：办公室文员、技术人员、专家助理	25～40
豁免员工：一线管理人员、行政管理人员、专业人员	40～60
豁免员工：中高层管理人员、专家	50～100

从表 6-7 中可以看出，随着职位任职资格的提高，薪酬变动比率是逐级提高的，中高层管理人员和专家的薪酬变动比率为 50%～100%。

（2）薪酬区间内部结构的设计。

① 不同薪酬区间的内部结构特征。薪酬区间内部结构可以分为以下两种类型。

a. 开放的薪酬区间。它主要限定薪酬等级范围的最低值、中值和最高值，使员工的薪酬水平可以处在等级范围中的任何位置。开放的薪酬范围可以用于业绩奖励（成就工资），目的是奖励员工取得更高的业绩，也可用于宽带薪酬的设计。

b. 阶梯的薪酬区间，即在等级区间内设计一系列的薪阶，薪阶之间相隔一个具体的距离，距离的设计跟薪酬等级中值设计的原理相仿，不再详述。图6-11所示为一个特定薪酬等级内部薪阶的分布与变动比率。

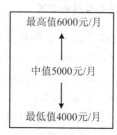

图6-11 薪酬内部等级结构的设计举例

根据图6-11，阶差比率是指从step1到step2、step3……的变动比率，用百分数表示，各阶差比率是常数10%，称为均匀型阶梯薪酬范围。另一种是非均匀阶梯薪酬范围，其阶差比率呈递增形式。例如，下半部分的递增比率为10%，上半部分的递增比率为15%，其原理与等级级差设计相近，表明越往上走，员工晋阶的可能性就越小。

② 晋阶标准的设计。如果员工的职位没有发生变动，那么员工的薪酬水平将在一个薪酬等级内部由最低值沿着薪阶升到最高值。晋阶的依据和标准通常有三个，分别是业绩、技能和资历。

业绩工资下，员工的薪酬水平随着年度绩效考核的结果逐步提高或者企业直接根据绩效考核结果计算薪酬区间允许的薪酬水平。

技能或资历工资下，随着员工技能水平的提高或者工作时间的延长，企业认为员工越来越胜任该项工作，因此其薪酬水平也会逐步得到提高。

综合考虑下，在中值点以下的部分体现了员工能否胜任该工作，通常以技能和资历作为晋阶的标准；中值点以上的部分体现了员工在该职位上的超常表现和能力，多以绩效形式作为晋阶的标准。图6-12表明了这个原理。

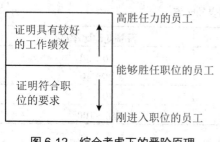

图6-12 综合考虑下的晋阶原理

（3）薪酬区间重叠度的设计。

① 薪酬区间关系的基本类型。在同一薪酬结构体系中，相邻薪酬等级的薪酬区间可以设计成有交叉、重叠和无交叉、重叠两种。无交叉、重叠的设计通常分为衔接式（上一薪酬等级的薪酬区间下限与下一薪酬等级的薪酬区间上限持平）和非衔接式（上一薪酬等级的薪酬区

间下限高于下一薪酬等级的薪酬区间上限）两种。

企业薪酬结构的设计通常会使薪酬等级有交叉、重叠，即除最高薪酬等级区间的最高值和最低薪酬等级区间的最低值外，其余各相邻薪酬等级的最高值和最低值之间往往有部分交叉。薪酬等级之间的薪酬区间交叉与重叠程度取决于两个因素：一是薪酬等级内部的区间变动比率；二是薪酬等级区间中值的级差。

薪酬等级重叠度的计算公式为

$$薪酬等级重叠度 = \frac{下一级高位薪酬 - 上一级低位薪酬}{下一级高位薪酬 - 下一级低位薪酬} \times 100\%$$

② 薪酬区间重叠度的设计。企业之所以倾向于将薪酬结构设计成有交叉、重叠，主要是为了给那些没有晋升机会但表现卓越的员工以更高的薪酬。其设计原理是：在下一个薪酬等级上技能较强的、绩效较高的员工对企业的价值贡献比在上一个等级上新晋级员工的贡献更大；薪酬区间的交叉、重叠还有利于控制人工成本。

然而，如果薪酬区间重叠度过大，则会出现薪酬压缩现象，即不同职位之间的薪酬差异太小，不足以反映它们之间的价值差别。其具体表现为：在某一等级上已获得最高薪酬值的员工当晋升到上一薪酬等级之后，发现薪酬水平没有提高多少，甚至降低。这样做会导致晋升效能减弱。因此，一些专家认为薪酬区间的重叠度一般不宜超过50%，即较低薪酬等级的薪酬范围的最高值低于相邻最高薪酬等级区间的中值。

第三节　宽带型薪酬结构的设计

在企业传统薪酬管理体系中，企业的职位薪酬结构通常是以"金字塔"形状分布的垂直型组织结构，薪酬往往是与一个人在一个组织中的行政地位或行政职级相匹配的，即一个人在一个组织中所担任的职位越高，则其所能够获得的工资、福利甚至奖金就会越多。在这种结构下，员工工作职位的职级和薪酬高低与员工的人数成反比，此外还具有职级多、级差小、浮动范围小的特点。通常情况下，企业对普通员工没有其他有效的激励方式，低职位者最多可通过努力得到一些不定额的奖金而已，无论其在自己的职位上干得多么出色，也始终不可能得到太高的工资收入。因此，晋升便成了员工提薪的"独木桥"。可见，这种"窄带薪酬"体系无法给企业广大员工提供平等的激励机会，极大地限制了员工能力和绩效的发挥，不利于调动员工的工作积极性。

宽带型薪酬作为一种与企业组织扁平化、流程再造、团队导向、能力导向等新的管理战略相配合的新型薪酬结构设计方式应运而生。宽带型薪酬管理彻底打破了"一岗一薪"的传统职位薪酬体系，更加注重员工的差异性，将员工的收入与个人能力和工作绩效密切挂钩，使分配更加公平、合理，为每个员工的成长提供了更大的空间，是一种以人为本而不是以企业为本的更好的薪酬制度，也是一种能有效地调动各层次员工积极性的薪酬制度。

一、宽带型薪酬概述

1. 宽带型薪酬的内涵

宽带型薪酬最早于1980年由美国海军研究所首先采用,当时美国海军研究所采用宽带型薪酬的动因是两个研究实验室的合并以及实验室高层管理者担心政府刻板的薪酬管理可能成为合并中的问题,目前这一薪酬管理模式已被越来越多的企业所接受。宽带中的"带"意指某薪酬等级的薪酬浮动范围,宽带则指薪酬浮动范围较大,与之对应的则是窄带型薪酬管理模式,即薪酬浮动范围小、级别较多。宽带型薪酬可以根据薪酬带中各档次能否灵活调整而分为动态宽带型薪酬与静态宽带型薪酬两种。前者可以在薪酬等级不变的情况下,随时通过绩效、能力等方面的改变实现薪酬档次的提升,这是宽带型薪酬的主要形式;而后者的薪酬档次相对固定,实际上是窄带型薪酬的一种特殊表现形式。此外,还有一种"非带型薪酬",它没有起薪点与顶薪点,一个薪酬等级只有一个对应的薪酬数额,这种职位薪酬结构较少见,但如辅之以绩效薪酬,也可以产生类似于动态宽带型薪酬的效果。

所谓宽带型薪酬,就是将企业通常实行的相对比较多的薪酬等级合并压缩为几个薪酬等级,同时扩大每一个薪酬等级的覆盖面和薪酬浮动的范围,形成一种宽波段薪酬体系。一种典型的宽带型薪酬结构可能只有不超过4个薪酬等级,每个薪酬等级的最高值和最低值的变动比率可能达到200%~300%,薪酬档次相应增加,而且各个薪酬等级之间的重叠度也较高。但在传统薪酬结构中,这种薪酬区间的变动比率通常只有40%~50%。也就是说,宽带型薪酬的等级少了,等级内部的薪酬差异或变动范围大了,给员工提薪创造了更大的空间,员工即使在同一等级内部也可以通过能力、绩效、职位、专业等多种渠道来增加薪酬,而不必再单纯地依靠在组织内的行政级别的改变。

宽带型薪酬的实质就是从原来注重职位薪酬转变为注重能力或绩效薪酬。但宽带型薪酬与职位薪酬体系并不是对立的,宽带型薪酬结构也可以应用于职位薪酬体系,但更适用于技能和能力薪酬体系。事实上,宽带薪酬本来就是技能或能力薪酬体系赖以建立和有效运营的一个重要平台。在前一种情况下,企业可以将传统的多等级薪酬结构加以适当合并来形成宽带型薪酬;而在后一种情况下,一家企业则可能将其专业类、管理类、技术类及事务类职位分别划入各自的单一薪酬宽带。

同时,宽带型薪酬在员工薪酬管理上也具有更大的灵活性,它把很多职位归类到同一个职级当中,使同一职级薪酬的人员类别增加,一些下属甚至能和主管享受一样的薪酬待遇,而且带宽拉大,雇员的薪酬浮动幅度加大,使员工薪酬有了更加灵活的升降空间,对员工的激励作用加强。这样设计的原因是考虑到某些优秀的低职级员工可能比高职级的员工对企业的价值更大,如一个技能超常的技工可能比车间主任的作用更重要。而在传统的等级工资制度下,不同级别的人员几乎不能越级享有更高的收入。

在现实中很少存在绝对的以岗定薪或以技能、业绩定薪,大部分企业采用的都是一定程度上的组合或结构薪酬体系,职位薪酬体系也应当利用绩效薪酬来增强其激励作用,只不过由于企业的具体情况和职位的不同性质使两者的比例有所不同。而绩效薪酬本来就是弹性和浮动的，而且职位薪酬体系中各级别也有一定的薪酬浮动范围。因此，从这个意义上来说，宽带型薪酬并不是现代薪酬管理的重大创新，只是一种变革或一种变形而已。

2. 宽带型薪酬的优势

和传统的薪酬体系相比较，宽带型薪酬使原来基于职位的薪酬体系向基于能力和业绩的方向发展，同时也带来了一些管理上的优势，主要体现在以下几个方面。

（1）支持扁平型组织结构。扁平型组织取代官僚层级型组织的变革能使组织的运作效率明显提高且能节省大量开支。然而，它也带来了消极的后果，即员工可晋升的职位明显减少，因此挫伤了员工的积极性并使其产生倦怠心理，不利于员工技能的拓展和组织绩效的最终改善。只有比较少的薪酬等级才能对应组织较少的行政和职位级别，才能符合扁平型组织的结构特征，同时只有同一级别内部差距的拉大才可以弥补管理层次减少而导致的员工薪酬提升空间不足，增强对员工的激励。因此，宽带型薪酬结构正好适应了组织扁平化的要求，它既打破了传统薪酬结构所维护和强化的等级制度，减少了工作之间的等级差别，有助于提高组织效率和创造学习型组织，又有助于提高组织的灵活性和适应外部环境的能力，是一种与扁平型组织结构相配套的薪酬结构。

（2）引导员工重视个人技能、能力的提高和业绩的增长。在传统的薪酬结构中，员工的薪酬增长往往取决于个人职务的提升而不是个人能力的提高，因为即使能力达到了较高的水平，若企业中没有出现职位的空缺，员工仍然无法获得较高的薪酬。而在宽带型薪酬结构中，即使是在同一个薪酬宽带内，企业为员工所提供的薪酬变动范围也相当大，员工完全有可能在职务得不到提升的情况下，获得薪酬的大幅度提高。在同一职位等级的专业技术人员之间薪酬差距更大，一般最高档与最低档相差一倍以上。这样，员工就不需要为了薪酬的增长而斤斤计较职位晋升等方面的问题，而将注意力集中在如何改善工作绩效、如何获得企业所需要的技术和能力方面，从而有利于增强员工的创造性，促进其全面发展。宽带型薪酬管理模式在给企业带来更强灵活性的同时，也给员工带来更大的发挥能力的空间。

宽带型薪酬结构强调绩效比岗位更重要，能引导员工重视工作绩效、个人技能、能力的提高。它不仅可以体现同一职级不同职责和工作性质之间的差别，还可以在同一级别内根据员工的能力和绩效水平拉开员工薪酬之间的差异，使之更加公平、合理。另外，它还支持员工的薪酬高于管理层的做法，忽略资历因素，从而能更好地体现各层次员工对企业实际贡献的大小。在宽带型薪酬体系下，企业员工将表现出极大的工作热情，刚进公司的员工也敢与中层职员比试，高级管理人员和资深员工就会压力倍增，如果不想输给低职级的员工，就必须不断进取。这样就能营造出一种以绩效和能力为导向的企业文化氛围，使员工个人和企业都能在宽带型薪酬的激励下得到发展并获益。

（3）有利于促进员工的全面（横向）发展和企业内部的职位轮换。在传统的薪酬结构中，员工的薪酬与其所担任的职位挂钩。如果是调到更高级别的职位上，员工当然乐意接受这种职位的变化，但若是同级别调动或向下一级的职位调动则会遇到障碍。因为横向同级别的职位调动并不能使员工的薪酬得到增长，而员工又不得不为适应新职位去学习新的技能和知识，付出了更多的努力却得不到回报，员工自然不愿意接受职位的同级轮换。另外，薪酬与职级是向下刚性的，调高容易调低难，因而从上一级职位向下一级职位调动，通常会被员工看成一种惩罚，更不会被员工所接受。但是，在宽带型薪酬结构下，职位概念逐渐淡化，很多职位被归类到同一个职级当中，而且员工的薪酬与级别的联系不再紧密，同一宽带中薪酬的增加与不同等级薪酬的增加是相似的。只要在同一个薪酬宽带里，即使向下一级职位调整，如果业绩良好，员工也可能获得更高的薪酬，因而员工愿意学习新的东西，乐意通过相关职能领域的职务轮换来提升自己的能力，而不再关注是同级别的调动还是职位的晋升了。因此，这种薪酬制度对于结束企业内长期存在的轮岗、换位阻力的作用是显而易见的。

宽带型薪酬体系有利于员工获得更多有关职业发展方向的选择权利，员工可根据自己的专长去设计职业发展通道，而不必为了薪酬而走行政晋升的"独木桥"。企业也可以通过对提升薪酬档次的依据进行科学设计来引导员工按照企业的需要去发展，从而更大地发挥员工的作用。同时，员工在同一薪酬宽带中的跨职能流动和多通道的发展方向，也有利于组织的灵活性、适应性和创新性思想的出现，提高其多角度思考问题的能力，从而增强企业迎接多变的外部市场环境的挑战的能力。

（4）为员工的薪酬晋升建立了新渠道，缓解了员工晋升的竞争压力。宽带型薪酬在一定程度上缓解了高层职位不足而员工又需要通过职位晋升而获得薪酬增长的矛盾，员工不必再为提薪而走行政晋升的"独木桥"。在宽带型薪酬体系中，员工不是沿着企业中唯一的薪酬等级层次垂直往上走，相反，他们在自己职业生涯的大部分或者所有时间里可能都只是处于同一个薪酬宽带之中。他们在企业中的流动是横向的，但是随着他们获得新的技能、能力，承担新的责任或者是在原有的职位上不断改善自己的绩效，他们就能够获得更高的薪酬（即使是被安排到低层次职级上工作，他们依然有机会因为自己出色的工作表现而获得较高的薪酬）。实际上，取消级别限制本身也有利于扩大员工的工作职责范围。显然，采用宽带型薪酬必然打破我国企业长期以来的金字塔式层级结构，打破员工只有在企业内寻求登上更高一级行政级别才能提高薪酬水平的现实。

在宽带型薪酬体系中，由于职务晋升的机会大大减少，在一定程度上也减少了"彼得现象"的出现。"彼得现象"的具体内容是：在一个等级制度中，每名员工都趋向于晋升到他所不能胜任的等级上或每一个职位最终往往被一个不适合履行其责任的员工所占据。因为传统等级制度在晋升原则上总是基于这样一个假设：在低一级别职位贡献突出的人也能胜任高一级别职位，然而事实并非如此。

（5）部门主管与人力资源部门的配合更加密切。在传统的薪酬结构中，员工的工资机械化地套用工资级别，部门主管参与薪酬决策的积极性和意义不大。在宽带型薪酬结构中，即使同一级别的工资差别也是很大的，薪酬级别内的职位调动也有较大的激励作用。宽带型薪酬提高了薪酬管理的弹性，使部门主管对员工薪酬水平上的调整空间增大了，所依据的员工完成的任务与职责也更广泛（而在传统薪酬级别中依据的只是职位描述中有限的职责）并赋予他们更大的薪酬决策权或提出更多意见和建议的机会。同时，部门主管也是对员工的工作能力和业绩最了解的人,应当承担起充分发挥宽带型薪酬职能的作用,更好地激励员工提高绩效和技能。当然,这也对直线经理的个人素质与人力资源管理能力提出了比以前更高的要求。

美国密西根大学教授大卫·乌里奇认为,人力资源部门人员的角色定位应当从传统的人事管理专家、员工代言人向战略伙伴、咨询顾问和变革推动者转变,而直线经理应当承担起更多人力资源管理的具体工作并成为人力资源开发与管理的主要责任者,人力资源部门的责任在于辅助直线经理做好工作。因此,宽带型薪酬授权直线经理进行日常薪酬决策,人力资源管理人员则向直线经理提供咨询设计服务,双方共同进行薪酬管理的做法,有利于强化人力资源管理人员与直线经理的工作伙伴关系,有利于促使直线部门的经理人员切实承担起自己的人力资源管理职责,还有利于人力资源管理人员脱身于一些附加价值不高的事务性工作,转而更多地专注对企业更有价值的其他高级管理活动,以及充分扮演好直线部门的战略伙伴、咨询顾问和变革推动者的角色。

(6)有利于推动良好的工作绩效的改善和组织核心竞争力及整体绩效的提升。这一点实际上是上述五方面作用的必然结果。因为宽带型薪酬体系促使员工把注意力放在个人能力和绩效的提升上,鼓励员工的跨职位流动,增强了组织的灵活性,同时弱化了员工之间的职位晋升竞争,强化了员工间的合作,避免了无谓的内耗,这些都会促进组织核心竞争力及整体绩效的提升。

(7)有利于薪酬变动的市场化。宽带型薪酬结构是以市场为导向的,它使员工从注重内部公平转向更为注重个人发展以及自身在外部劳动力市场上的价值。在宽带型薪酬结构中,薪酬水平的确定是以市场薪酬调查的数据及企业的薪酬定位为基础的,因此薪酬水平的定期审查与调整可使企业保持在市场上的竞争力,同时也有利于企业相应地做好薪酬成本控制工作。

3. 宽带型薪酬体系的局限性

宽带型薪酬体系是通过调节不定额的绩效或能力工资来实现员工的提薪的,需要与组织结构设计、职位设计、薪酬管理、绩效管理、技能评价、员工培训等一系列配套的人力资源管理制度相配合,因此在以下方面具有一定的局限性。

(1)对绩效考核体系的要求很高。宽带型薪酬的评估主要基于员工的绩效,因而要求绩效考核体系公正、合理。因此,宽带型薪酬虽然可节省花在职位评价上的时间与成本,但是对人的评价上的时间和精力增加了(因为对员工的绩效与能力进行考核并非易事)。事实上,在企业人力资源管理工作中,绩效考核历来就是一个令管理者头痛的事,有人将之形容为食之无味、弃之可惜的鸡肋。如果绩效评估本身存在着缺陷,如员工不能控制的非人为因素导致的绩效不稳定性;绩效指标体系设计不合理;人际关系与个人好恶对绩效考核的主观影响;在群体作业中,个人努力与群体绩效的关系较模糊,部分员工有"搭便车"现象等,将影响绩效评估的公正性。因此,采取宽带型薪酬体系需要企业建立一套健全的绩效考核制度,具有明确而可行的操作程序、切实有效的审查系统以及通畅、便利的员工申诉与反馈渠道。

如果绩效管理不到位，员工收入减少，那些自认为不比别人差的员工会对企业管理的公正性、公平性、合理性产生猜忌、怀疑，容易造成企业内部、上下级之间、同事之间人际关系的紧张。

（2）容易出现同工不同酬和薪酬歧视问题。在宽带型薪酬体系中，每一个薪酬级别中工资浮动的范围比较大，甚至同一职位或同一职位级别上不同员工之间的工资也可能会有很大差别，因而容易产生同工不同酬的问题，引发人们对薪酬内部公平性的怀疑。同时，宽带型薪酬倾向于从对职位的评价转向对人的评价，而对人的评价是很难做到完全准确的。如果员工缺乏对宽带型薪酬的了解或理解不正确，加之企业在绩效评估和技能评估方面做得不到位（如直线经理滥用薪酬决策权），薪酬的起伏波动就会给员工造成极强的不稳定感，从而使其对企业的忠诚度和归属感降低，导致员工流失率提高。

（3）加大了员工晋升的难度。由于宽带型薪酬体系对职级的压缩，在同一个级别里的员工人数增加，而较高职级减少，对希望获得晋升激励的员工而言，晋升将变得更为困难，员工甚至有可能在整个职业生涯中只能在一个职级里面移动。职级的上升对员工来说并不仅仅涉及薪酬增加的问题，也是个人价值提升的重要体现，有许多无形的好处。若采用宽带型薪酬以后，只有薪酬的变化而没有晋升，晋升产生的激励作用就得不到有效的利用了。另外，由于职位的晋升将导致员工薪酬所处的宽带上移，这对薪酬水平已经接近目前宽带上限而个人还有提高能力或绩效的潜力的员工（如那些长期没有机会得到职位提升而专业能力越来越强，薪酬也已达到原宽带上限的员工）而言，职位晋升无疑是其追求的目标。可见，即使仅仅从薪酬提高来看，相对职位提升而言，提薪幅度较小且带封顶的专业能力提升对员工的吸引力也要小很多，只能起到一定的安慰作用。因此，宽带型薪酬虽然在一定程度上加宽了可以通往高薪的"独木桥"的桥面，但在职级减少的同时加大了员工晋升的难度，仍然无法完全缓解晋升的压力。

（4）薪酬预测和控制人工成本的难度会加大。有人认为扁平型组织结构有助于降低成本，但事实上，在宽带型薪酬结构下，薪酬成本上升的速度要比传统薪酬结构快。这是因为宽带型薪酬体系增大了直线经理决定员工薪酬的自由度，而他们往往站在部门利益和员工关系的角度上，倾向于增加员工的薪酬。同时，员工的职位轮换、岗前培训机会增多将会增加企业在这些方面的支出。另外，浮动范围扩大后，薪酬变得更有弹性、更加灵活，预测值的误差逐级放大，薪酬额度变化不定，很有可能使原来的薪酬计划与成本控制失效。除此之外，企业要考虑绩效考核的结果与宽带型薪酬的联系不应影响自身利润或产品的竞争力，与财务业绩密切挂钩的利润分享是一个好方法。

（5）容易导致企业向心力、凝聚力的下降。宽带型薪酬鼓励竞争、崇尚个性发展，员工将专注自己的成长，这在一定程度上会导致削弱其团队精神、协作精神，造成企业内人际关系淡漠。

（6）宽带型薪酬并不适用于所有组织。宽带型薪酬结构适用于扁平型组织、"无边界"组织、团队型组织以及强调多职能工作或无明显专业区域的工作职责、跨部门流程、重视个人技能的增长和能力提高的组织，因为这种组织强调的并非一种行为或者价值观，其工作很难运用传统的工作评价和劳动测量方法计算员工的薪酬，因此希望通过一种更具有综合性、整合性的方法，将薪酬与新技能的掌握、能力的提高、更为宽泛的角色的承担及最终的绩效联系在一起，同时还要有利于员工的成长和多种职业轨道的开发等。"宽波段"的弹性薪酬设计思路恰恰与这种组织的上述需求相吻合。

相反，直线职能制度下，金字塔形组织结构却需要采用等级制薪酬模式。如果要在传统组织结构中推行宽带型薪酬，那么结果恐怕不会理想。因此，如果要引入宽带型薪酬，就应该有针对性地对企业管理方式和组织层级结构进行优化和变革，为其准备适宜的"土壤"。

除组织结构因素外，企业要想采用宽带型薪酬模式还应具备一些其他条件，如技术、创新、管理等智力因素对于企业的发展具有优势支撑作用，员工的创造性、主动性与企业绩效成明显的正相关关系，此外还有支付能力强、团队协作型企业文化且企业处于比较年轻的成长期、人力资源管理体系健全、用工制度和薪酬制度市场化程度较高等。从员工角度看，采用宽带型薪酬一般要求员工数量少、素质高且主流价值观是重视自我实现。由此可见，技术型、创新型高科技企业和外贸企业更适合采用宽带型薪酬管理模式，而劳动密集型企业则并不一定适合。

二、宽带型薪酬的设计要点

尽管宽带型薪酬对职位评价的要求不高，但并不意味着可以不进行职位评价。宽带型薪酬同样应根据企业的战略需要、职位的相对价值大小及市场薪酬水平等因素确定宽带职级与实付薪酬之间的关系。此外，宽带型薪酬的设计还有其他一些设计要点。

1. 确认宽带型薪酬是否适合本组织

薪酬结构的宽泛式策略或层级式策略并没有绝对的优劣之分，采取何种方式完全取决于组织的具体情况。组织应当根据自身的竞争战略、组织结构、组织文化、人力资源管理水平等来考虑是否适合采用宽带型薪酬体系。有条件实施宽带型薪酬体系的组织应该具有以下特点：具有扁平化的组织结构；非专业化或专业化程度不高；对创新和灵活应变环境的要求高；不强调职位与资历；对个人能力及其对组织的贡献充分尊重；提倡职业发展；强调团队合作；注重对团队绩效的考评等。而目前国内部分企业存在组织层级较多、官本位思想严重、论资排辈、不重视员工职业发展等问题，而且在薪酬管理及整体人力资源管理体系方面的基础非常薄弱，有些企业甚至连规范的职位说明书都没有，也没有做过职位评价，在这种情况下，实施宽带型薪酬体系不可能取得预期效果。因此，不同的企业有着不同的竞争战略、组织结构、文化背景及内外环境，这些都是在实施宽带型薪酬体系时应当考虑的重要因素。

2. 确定宽带型薪酬的主体框架

这是宽带型薪酬结构设计中最关键的部分。

（1）确定宽带的数量。宽带型薪酬首先要对职位价值相近的职位进行合并，确定宽带型薪酬结构的等级或薪酬带数量。但宽带的"宽"只是相对的，没有一个标准能将宽泛式和层级式完全分开，企业并不一定要把多少级压缩到几级，而是根据企业自身的特点、所处行业的特点、员工的特点、职位分布的特点来决定自己的宽带型薪酬管理体系。例如，有的企业甚至只设计两个薪酬宽带，一个是给管理人员用的，另一个是给技术人员用的。

在薪酬带之间通常应有一个分界点，它处于在工作或技能、能力要求方面存在较大差异的地方。在每一个薪酬带中及不同薪酬带之间，对不同工作性质的职位以及不同层级的技能、能力和职责的要求都是不同的。

（2）选择宽带型薪酬的应用模式。企业在决定宽带型薪酬中等级和档次的提升依据时应当充分考虑自身的实际情况，尤其要体现自身的战略意图。例如，若企业强调构建学习型组织，就可以将能力、知识、学历作为提薪的依据；若企业强调新技能的获取，则可以按照员工的新技能获取情况来安排薪酬；若企业强调绩效，就可着重以员工个人的绩效来确定薪酬。一般而言，划分薪酬等级的依据主要包括职位、能力和专业方向等，提升薪酬档次的依据主要包括业绩、工龄和能力等。与之相对应的宽带型薪酬模式包括以下几种。

① 以职位定级、以绩效定档的宽带型薪酬模式。这是宽带型薪酬的主流模式。这种模式适用于那些有完备的职位说明书且职位价值和员工业绩比较容易评定的企业。但是长期业绩与短期业绩有时是矛盾的，在"以绩效定档"的促进下，员工会选择短期业绩，这对企业的长期可持续发展是不利的。例如，在一个科技型企业中，不少人从事研发工作，这些职位的价值类似，只是专业方向不同而已。同时，价值大的科研成果往往所需时间长，失败的风险也大，如果以绩效作为提升薪酬档次的依据，那么科研人员可能不愿选择研究周期长的基础研究项目，而是选择短期的、易出成绩的项目，以提高短期绩效。

② 以职位定级、以能力定档的宽带型薪酬模式。这也是一种常见的模式，它适用于职位价值明确、员工业绩不易评定的企业。这种模式能够鼓励员工注重学习，有利于创建学习型企业文化。但是以能力水平来决定薪酬在操作上十分困难，因为既缺乏可借鉴的市场薪酬水平，也不易对能力进行评定。

③ 以职位定级、以工龄定档的宽带型薪酬模式。这种模式的优点是有利于提高员工的忠诚度，其缺点是不能激励员工注重业绩的提高，容易导致人浮于事。它适用于职位价值明确、业绩不易评价、薪酬水平竞争力强、辞退员工简单、员工有一定危机感的企业。

从大多数情况来看，虽然职位、员工的能力、业绩都可能影响员工薪酬在薪酬宽带中的位置，但职位因素仍然是最主要的决定因素。在"以岗定级"的模式下，职位的提升可以使员工薪酬由原来所处的宽带直接提升至更高一级的宽带，而专业能力（甚至业绩）的提升却只能使员工薪酬在原宽带内的小等级上提升，从而使宽带型薪酬具有一种串联嵌入式的特点。也就是说，对于员工薪酬的调整，职位的提升是粗调，而专业能力或业绩的提升只是微调而已，而且宽带越宽，这种粗调与微调的差别就越大。可见，主要由职位来决定宽带的薪酬水平在一定程度上会削弱宽带型薪酬结构的优点。

④ 以能力定级、以绩效定档的宽带型薪酬模式。它适用于员工能力层次清晰、职位价值不明确、员工业绩容易评定的企业。这种模式最大的优点是将促进员工同时注重学习与业绩提升。

⑤ 以专业方向定级、以绩效定档的宽带型薪酬模式。它适用于职位价值难以明确界定，员工业绩容易评定的企业。例如，非流水作业的高技术制造型企业可以按照技术、生产和行政三个专业方向进行分级，按照企业的战略进行取舍，如果重于技术，就可以将技术类职位定为最高级，然后按照员工的年度业绩在薪酬等级不变的情况下进行薪酬档次的提升。这种模式鼓励员工按照专业方向努力工作，实现纵向发展。

⑥ 以专业方向定级、以能力定档的宽带型薪酬模式。它适用于职位价值不清晰且绩效难以评定的企业。

⑦ 以专业方向定级、以工龄定档的宽带型薪酬模式。它适用于职位价值不明确、员工业绩不易评定、重社员工忠诚度的企业。

（3）确定宽带的定价。在薪酬宽带的设计中，很可能会出现每一个宽带中都包括财务、采购、软件开发、工程及市场营销等工作的情况，企业应明确如何向处于同一宽带之中但是工作性质各不相同的员工支付薪酬以及如何体现职位差异对薪酬水平的影响等问题。另外，不仅在不同的宽带中职位所要求的技能或能力层次会存在差异，在同一宽带内的各不同职能工作之间也存在能力差异，尤其是业绩差异。一般而言，宽带的定价首先应当考虑各类职位的情况并兼顾能力与绩效因素，其中位值可以通过薪酬市场上各职位的平均水平来确定，顶薪点与起薪点应能反映各职位在市场中的最高水平与最低水平。

（4）建立宽带型薪酬结构。企业应根据不同工作性质的特点以及不同层级员工的多样性需求建立不同的薪酬结构，以有效地激励不同层次员工的积极性和主动性。企业主要应确定宽带内的薪酬区间和宽带间的交叉、重叠关系。

① 确定宽带内的薪酬区间。每一薪酬带内的薪酬区间应该根据薪酬调查得到的客观数据及职位评价结果来确定，级差标准应该体现不同层级和职位对于企业战略的贡献值。薪酬区间越大，表明同等级员工的薪酬上升空间越大，对重叠式宽带型薪酬结构而言，也意味着平均主义更严重。同时，在每一个薪酬带中，如果职能部门采用分别定价的方式，那么各职能部门还要根据市场薪酬情况和职位评价结果来划分级别内的薪酬档次，确定各档次之间的薪酬差距。至于职位、能力与业绩薪酬因素在宽带内的比例关系，则还需要根据企业的具体情况来确定。

实际上，在宽带定价过程中，薪酬区间就已经被确定了，但主要是由职位所决定的，一般并未充分考虑业绩因素。在实践中，为了充分激励员工提高绩效并推动员工在宽带内横向职位的轮换，增强组织的适应性，还可以采取不设"地板"和"天花板"的薪酬浮动范围。也就是说，允许员工的实际薪酬水平在其绩效的调节下，突破其所在等级的理论薪酬水平，包括上限与下限，这实际上是使宽带本身也变得动态和浮动了。

② 确定宽带间的交叉、重叠关系。宽带型薪酬结构可以采取重叠式、分离式或结合式的模式，但典型的宽带型薪酬结构通常采用纵向差异的重叠模式，而分离式结构拉大

了等级间的差别,通常只在宽带数量很少的情况下采用。

3. 建立、健全绩效管理与技能/能力评价体系,做好任职资格及评级、升级工作

如果宽带型薪酬处理不当,则可能导致人力成本的大幅度上升。为了有效地控制人力成本,建立公平、公正的薪酬体系,企业在建立宽带型薪酬体系的同时还必须构建相应的绩效管理与任职资格体系,明确工资评级标准及其办法。企业既要鼓励员工冒尖,又要通过拉大薪酬差距,限制平庸员工的薪酬上涨,也可以制定惩罚性措施,对工作业绩较差的员工的薪酬进行扣减,从而从整体上限制薪酬的无限制上涨。只有这样,才能客观、公平地确定员工的薪酬及其变动。事实上,这是企业实施宽带型薪酬的一个前提条件。

第七章 员工福利管理

祥鹏航空开创云南地区先河，员工可互赠假期

民航资源网 2016 年 11 月 8 日消息：记者从云南祥鹏航空有限责任公司（以下简称"祥鹏航空"）获悉，祥鹏航空自 2016 年 11 月 1 日开始执行新休假政策，员工可互赠年假。

根据此次下发的新休假政策规定，祥鹏航空员工之间可以相互赠送年假，已经用完个人假期的员工可以从另一名员工那里"得到"其赠送的假期，这是互赠年假制度首次在云南地区的企业中出现。

制定新假期政策的目的是让员工更好地兼顾家庭。祥鹏航空一直致力于为员工提供形式多样的福利政策，为推动公司互动体验式人力资源管理，营造轻松愉悦的工作氛围，此次推出的年假互赠制度可让有需要的员工在其他同事的帮助下，既有时间忙自己的事，又不因此影响收入，达成兼顾工作、生活的"双赢"局面。祥鹏航空员工从进入公司第三年起即可享受 10 天带薪休假，除法定年休假之外，还享有带薪奖励假、探亲假、女工经期假、献血假、疗养假、怀孕待岗假等极具人性化的假种。

据祥鹏航空相关负责人介绍，祥鹏航空一直倡导"工作很重要，家人和生活也很重要"的理念——"希望每个祥鹏人下班后能带着笑容回到家，第二天能把生活的快乐和智慧带到工作中。"通过各种福利政策的制定和施行，祥鹏航空在潜移默化中引导员工提升自我认知能力和感知能力，共同营造良好的企业工作氛围，同时将自己的幸福力灌注于企业成长发展的大池子，汇聚成企业的幸福力并将这种幸福力传递到服务过程中，为广大乘客提供更真诚、优质的服务。

资料来源：祥鹏航空开创云南地区先河，员工可互赠假期[EB/OL]. (2016-11-08)[2022-06-06]. http://news.carnoc.com/list/377/377149.html.

第一节 员工福利概述

一、员工福利的概念

阿姆斯特朗这样陈述福利制度：有助于制定有竞争力的总薪酬组合中的条款，可以提供福利满足员工安全方面的需求以及满足员工有时提出的特殊经济支援的要求，因此可以论证这些福利是人道组织中的一部分，也为了提高员工对组织的承诺并且提供了一种可以通过征税产生效率的报酬方法。

里阿普德将福利描述为"薪酬组合中除了现金工资外的组合要素"。

通俗地讲，员工的福利待遇（又称劳动福利）是企业为满足劳动者的生活需要，在工资和奖金收入之外，向员工本人及家庭提供的货币、实物及其他服务的劳动报酬，它是薪酬的一个重要组成部分，是工资和奖金等现金收入的一个重要补充。现代企业员工的福利待遇可以分为两部分，一部分是国家法定强制性福利，是根据国家的政策、法律和法规，企业必须为员工提供的各种福利。在我国主要是企业必须为员工缴纳的各种社会保险，如养老保险、医疗保险、失业保险、工伤保险和生育保险等。另一部分称为非法定福利，即企业自愿性福利，是企业根据自身的管理特色和员工的内在需求向员工提供的各种补充保障计划以及向员工提供的各种服务、实物、带薪休假等，如免费工作餐、提供交通费、住房补贴等。

在所谓的开放市场体系中，企业要赢得竞争的优势，就必须对其所需要的劳动力的数量和类型具有足够的吸引力。一般来说，劳动者选择企业除了考虑工资和奖金水平，还要考虑工作条件的优劣、福利待遇的高低、自身能否发挥作用等因素。企业兴建集体娱乐、健身设施，提供职工食堂、免费午餐既方便了职工的生活，又创造了员工相互交流的机会；安排职工带薪休假可以帮助职工恢复和保持良好的精神和体力，这些都不是提供高工资所能取代的。

对于员工而言，企业员工福利制度能满足他们的经济与生活需要（如各种加班、乘车、伙食、住房等津贴与补助）、社交与休闲的需要（如各种有组织的集体文体和旅游活动、带薪休假等）、安全需要（如医药费报销或补助、公费疗养、因公伤残津贴、退休金、抚恤金等）并给他们提供充实与发展自己的机会（如业余进修补助或报销、书报津贴等）。

二、员工福利对企业的意义

对企业而言，员工福利的意义主要表现在以下几个方面。

1. 吸引优秀员工

优秀员工是企业的顶梁柱。以前，许多企业家一直认为组织主要靠高工资来吸引优秀员工，现在他们逐渐认识到良好的福利有时比高工资更能吸引优秀员工。

2. 提高员工的士气与干劲

良好的福利可使员工无后顾之忧，使员工与组织共荣辱，提高员工的士气。

3. 提高员工对组织的忠诚度，降低流动率

员工流动率过高必然会使组织受到一定损失，而良好的福利会使许多可能流动的员工打消流动的念头。

4. 激励员工

良好的福利会使员工由衷地产生工作满意感，进而激发员工自愿为组织目标而奋斗的动力。

5. 凝聚员工

组织的凝聚力受许多因素的影响，良好的福利是一个重要的因素，因为良好的福利体现了组织高层管理者以人为本的经营思想。

6. 提高企业的投资回报率

良好的福利一方面可以使员工得到更多的实惠，另一方面可使用在员工身上的投资产生更多的回报。

总之，合理的员工福利可以激发员工的积极性、加强组织的凝聚力、提高企业竞争力，同时也可以帮助企业吸引、保留员工，优化企业在员工和其他企业人员心目中的形象。企业提供高薪是吸引人才的一个重要手段，但良好的福利待遇也是吸引人才和保留人才的关键之一。

目前，虽然大多数国有企业的薪资水平与很多私企和外企相比并不具有竞争力，但其由于具有健全而又丰厚的福利待遇仍然是大多数人的首选。国有企业的福利待遇以稳定为特点，各种福利制度的落实十分到位且相当完善，员工退休后的退休金也不低，加之国民经济近年来保持高速稳定增长，公务员和国企员工的铁饭碗越敲越响。相反，一些薪资高而福利很一般的私企，尽管初期靠高薪吸引了一些优秀的人才，但因为福利制度落实不到位，这些优秀的人才陆续选择了离开。私企的优势在于它具有灵活的制度，但这也是私企的弊病，也可以说是制度上的不完善，老板的"一言堂"让员工摸不着头脑，不能给员工一个稳定、系统的福利计划，更别说提供足够的安全感了。

不合理或不公平的员工福利政策不但不能起到激励员工和加强企业凝聚力的作用，相反还有可能起到破坏作用，造成员工敬业度和忠诚度下降的情况。例如，给公司高层配车或者给新来的还没有体现业绩的人才配房等都可能引起员工的不同的想法，从而造成企业的不稳定。

三、提高、完善福利待遇的措施

1. 国家法定强制性福利的贯彻和实施

原则上，对于国家法定强制性福利，企业必须贯彻和实施，但还是有很多私企没有按照国家规定执行，如有些企业在法定节假日期间仍然实行每周六天工作制，在生产任务紧急的时候，甚至每周一天的休息日都没有。对此，有些企业会在薪资上做一些补偿，有的甚至没有任何补偿，这给员工的印象是企业在剥夺他们的休息时间，会对吸引员工产生十分不利的影响。

针对此情况，笔者认为，企业可以根据实际情况，即结合企业的生命周期逐步改善。对于刚成立或者正在成长中的企业，鉴于企业高速发展、员工数量不足，这个阶段企业可以实行淡旺季调节的工作时间,当然这也需要通过当地劳动部门的审核。另外,还可以采取倒休的方法调节员工的工作时间。随着企业逐步走向成熟,企业内部管理平台已初步搭建,管理工作也开始从不规范向规范转化。同时,这段时间企业从外部引进了大量的高级人才,这些人才来自不同的地方,在工作之余需要一定的时间处理私人业务,公司需要适时满足员工的需要,先试行大小周制度(一周工作六天,而另一周工作五天),再进行完全过渡到五天工作制,这样不仅可以满足员工对闲暇时间的需要,企业的生产效率也不会受到较大的影响。

2. 企业员工自愿式福利

福利是企业提供给员工的一种额外的工作报酬,其目的是体现企业对员工的关怀,塑造一种大家庭式工作氛围。但很多企业在向员工提供福利的过程中出现了很多问题,如公司提供的福利与员工的需求之间出现脱节、福利成本过高、员工对公司福利待遇不满等。为解决上述问题,企业可逐步实行自愿式福利,即根据企业的经营效益、利润等,结合企业发展的情况,在了解员工需求的基础上,增加新型福利项目或者停止不适宜的福利项目。

自愿式福利可考虑以下项目。

(1)免费工作餐。很多企业会为员工提供免费的工作午餐、发放固定的午餐补助或者设立自己的食堂,虽然这不能起到很大的激励作用,不能使员工感到满意,因为更多的时候员工认为这是应当的事,但是如果取消这一福利或者没有该项福利,根据赫兹伯格的双因素理论,就会造成员工的不满意,所以只要企业有条件,就应当提供此项福利。

如果企业有自己的食堂,随着企业规模的不断扩大,员工对食堂的要求会越来越高,不满意的情况也会越来越多,企业要结合内外部环境的变化,注意加强对食堂的管理,可以将食堂外包给当地具有竞争力的专门的餐饮公司进行经营,满足员工的多样化餐饮需求,提高其满意度。

(2)提供交通服务或交通补贴。出于城市规划和环境保护以及节约成本等方面的原因,许多企业将地址选在城郊地区,相应地,企业会为员工提供交通服务或交通补贴这一福利。从成本的因素考虑,为集中住在某几处的员工提供交通服务可使员工享受到便利,提升员工的工作效率,降低企业的成本,但其前提是员工人数较多且居住地较为集中。若企业员工人数不多,则可采用现金补贴的形式或为员工办理公交月票,但这样一来,这种福利会产生和免费工作餐相似的作用,即随着企业规模的扩大、员工数量的增多,公司的交通工具不再能满足所有员工的需要,从而引起员工的不满意。为解决这一问题,企业可将由内部提供交通工具变为引进外部交通工具并在员工补贴方面加大力度,将此类福利社会化。

(3)住房福利。提供住房是吸引和保留员工的重要方法之一,但对中小型企业尤其是刚起步的企业来说,住房福利的实施难度是相当大的。这类企业可以选择为员工提供临时宿舍,以解决员工的住宿问题。提供住房福利的形式主要为现金津贴、房屋贷款、个人储蓄计划、利息补助计划和提供公寓、宿舍等。

大多数企业采用现金津贴的住房福利形式，即每月为员工提供数量不等的现金。对于这种形式是否需要分等级进行，需要考量其公平性，即是否级别高的员工应该享受更多的现金补贴，而级别低的员工的现金补贴较少甚至没有这方面的福利。

目前国内很多民营企业在住房福利方面采用严格的等级制度。根据组织理论中的权变理论，职权不应该固化，而需要定时进行调整。因此，企业在采用分级方式实行住房福利时，应考虑其给整个组织带来的影响。一方面，公司已经在薪资和奖金甚至股票期权等方面使级别高的员工与级别低的员工拉开了很大的差距。另一方面，大多数企业的员工在晋升方面只有一条路可走，其终点是管理职位，这种福利方式在引导员工向专业化方向发展时也会产生不利影响。随着国内房地产的市场化以及房地产价格的不断攀升，一些效益好的企业开始在住房贷款方面为员工提供福利。例如，上海贝尔有限公司的员工普遍较年轻化，大部分员工正值成家立业之年，购房置业成为他们的迫切需要。在上海房价昂贵的情况下，上海贝尔有限公司及时推出了无息购房贷款的福利项目，在员工工作满规定期限后，此项贷款可以减半偿还。这一做法既为年轻员工解了燃眉之急，也使为企业服务多年的员工得到回报，巩固了员工和企业之间的长期情感契约。

（4）补充养老福利。为员工提供补充养老福利一方面符合社保的需要，另一方面也是吸引人才的主要方式之一，可以为员工提供合理的退休福利保障。在缴费问题上，此项福利主要由公司承担费用，员工不承担费用。部分企业设立此项福利也是从员工个人所得税的角度出发的。

（5）带薪假期。我国《劳动法》第四十五条规定："国家实行带薪年休假制度。劳动者连续工作一年以上的，享受带薪年休假。"带薪年休假是企业员工享受的国家法定福利项目，一般每年都有一周以上的假期，随着员工为企业服务年限的增加，企业将自行延长假期。但是，也有很多民营企业没有实行带薪假期的规定，这和企业自身的发展周期有关系。一般情况下，企业进入成熟阶段后可以考虑提供该项福利，从而缓解内部工作量不饱和的状况。

（6）卫生设施及医疗保险。一些企业提供免费或者低收费的医疗卫生服务。建立一般性卫生设施并提供医疗保险，无论何时都是需要的。小病可以通过公司的医疗设施处理，大病则通过医疗保险解决。

（7）文娱体育设施。在一个蓬勃发展的年轻化企业，这类福利的提供可以极大地丰富员工的业余生活，保障员工的心理健康，从而提升企业的工作效率。如果企业员工数量较多，可以通过成立相应的此类委员会有效组织员工的各项活动，也可以借助社会上比较发达的文娱体育设施，由企业内部委员会进行协商，让员工以低于市场价的价格享受这类服务。

（8）教育福利。教育福利包括向员工提供教育方面的资助，为员工支付部分或全部与正规教育课程和学位申请有关的费用，为员工提供非岗位培训或其他短训，甚至包括书本费和实验室材料使用费的报销。当然提供此类福利也有一定风险，即员工学成后离开公司，会给公司造成损失。因此，签订好相应的合同则是实行这类福利的关键。

提高员工福利水平可体现企业的人性化关怀,有利于凝聚人心,增强员工的归属感,激发员工的动力和活力。

第二节 员工福利管理

一、员工福利管理的主要内容

从人力资源管理的角度来看,员工福利管理包括福利方案制定、财务预算管理、管理部门设置、人员管理、福利申请管理、成本管理、效果评估和福利调整等内容。

1. 福利方案制定

员工福利方案是企业福利规划的具体体现,它详细介绍了企业福利的原则、目标,规定了福利项目和福利待遇的内容、形式、标准及给付方式,描述了企业福利方案的实施流程、管理责任以及权利、义务等。福利方案的制定结合了计划职能和实施职能,适用于员工福利的调查、分析、设计、实施、反馈、调整等过程,是企业福利管理的指导性、标准性文件,也是规范福利管理制度、开展福利管理的基础。

2. 财务预算管理

财务预算一般能反映企业的支付能力,对员工福利管理具有重要作用。

企业福利管理经理需要有特别的专长和知识,能仔细地分析潜在的精算假设和准备金要求。财务预算可以按照企业的业绩、销售额进行预算,也可以按照人力资源成本进行预算,其中,按照人力资源成本进行预算又可分为按照工资总额,即成本的一定比例确定和直接确定一个具体的数额等。企业也可以通过其销售量或利润估算出最高的、可能支出的总福利费用以及年福利成本占工资总额的百分比,确定主要福利项目的成本,确定每一年的福利项目成本,制订相应的福利项目成本计划。

3. 管理部门设置

一般由人力资源部门负责设计、制定企业员工福利制度体系并对福利制度的实施进行检查、监督和指导,各部门及相关人员参与对福利计划的管理。企业可根据实际需要决定设置专门的管理部门和管理岗位(一般设置薪酬专员)并明确管理人员工作职责的分工框架。即使是采用福利外包形式的企业,同样需要由专门管理部门进行福利的监控和沟通。

4. 人员管理

做好内部人员的管理是做好整个企业的员工福利管理工作的前提。制订和实施员工福利计划、控制员工福利管理的过程离不开工作人员,制度规范需要人员去推行,整个员工福利系统的正常运转需要人来实现。因此,企业需要选拔优秀的福利管理人员,在提高人员任职资格的前提下,加大培训力度,切实保障福利管理工作的正常开展。

5. 福利申请管理

员工会根据企业的福利制度和政策向企业提出享受福利的申请，而企业需要对这些福利申请进行审批，最终确定是否同意。企业需要审查员工是否具有享受某项福利的资格，审核员工应当享受什么样的待遇，处理员工购买力不足（员工本身所积累的点数不足以购买福利物品）和员工购买力剩余（没有用完的弹性积分）等情况。这项任务通常很费时间，同时，由于要对那些被拒绝的员工提供咨询服务并说明拒绝的理由，因此对工作人员的沟通能力要求较高。

6. 成本管理

成本管理是福利管理的一项重要内容。在做好财务预算的基础上，保证员工福利的各项成本符合既定的预算方案是成本管理的主要内容和根本目的。成本管理需要完整的程序，即计划的准确性、预算的可行性、制度的强制性和规范性、实施的严格性，同时要求相关管理人员恪守职责。

7. 效果评估

效果评估是评估员工对企业福利系统的反应和满意度，目的是改善员工福利的实施效果。同时，效果评估也是开展福利调整的重要依据。效果评估的方法有很多，薪酬专员或福利管理人员应根据福利调查的项目、内容编制薪酬福利调查问卷和薪酬福利调查面谈清单，经人力资源经理审核后用于福利调查和效果评估。此外，还可以利用一些技术方法对福利投入和相关产出进行测算。

8. 福利调整

福利计划在实施中难免有偏差，如果没有取得阶段性效果，必须根据评估情况进行针对性调整。此外，企业外部的法律、政策环境发生变化也会对福利项目的执行产生影响，同样需要及时对福利计划进行调整。

二、员工福利管理制度的建立

通常，企业员工福利管理是以一些专项管理制度为载体实现的。员工福利管理制度通过将企业员工福利计划的实施与管理制度化，使企业员工福利计划高效运行，达到实现员工福利计划经济效益和员工激励效果最大化的目的。

1. 制度建设的标准

一般而言，福利管理制度应该是恰当的、可支付的、易理解的、可操作的、灵活的，但是在企业的实践中，福利管理制度的建设应充分考虑企业的状况，应以降低管理成本、实现福利资源效用的最大化为基本目标，在确保福利公平性和提高员工福利满意度的基础上，逐步完善具体的规章制度的制定。

对于规模较小的企业而言，不宜一次性设置过多的规章制度，这会增加管理成本，可先设置对企业来说必要的规章制度，不一定要求完善和缜密，但一定要有效并坚持执行。对于规模较大的企业,要制定尽可能详尽的福利管理规章制度。

2. 主要制度

企业福利管理的规章制度主要包括:员工福利方案、员工福利管理办法、员工福利基金管理办法、员工福利实施条例、管理人员守则、离职人员薪酬福利管理办法、福利培训管理制度、津贴标准、劳动保护管理办法、带薪假期管理办法等。福利管理的规章制度应与企业薪酬制度及其他制度结合,相互支撑,这样才能更好地达到管理效果。

第三篇
薪酬管理的实施与调整

第八章 薪酬支付

致谢彩票，让奖励来得快一点

亚当斯兄弟建筑服务股份有限公司总裁亚当斯认为，对员工的感谢应该快一些，那种半年后才致谢的方式是没有激励效果的。但令他头痛的是让中层经理人员像他一样在实际工作中不断实践这一点十分困难。亚当斯设计了一种即时奖励方案，给中层管理人员都发了一大摞感谢卡，感谢卡很小，可以装在口袋里。亚当斯要求中层管理人员在看到某个员工做出了优秀成绩时，就将感谢卡当场交给这位员工。这些感谢卡类似彩票，有抽奖的机会，公司一年召开两次"彩票"抽奖大会。美国通用电气公司从1999年起开始实施一种类似的做法，被称为"快速感谢"（quick thanks）奖励计划。该计划规定，员工可以提名任何一位同事接受价值25美元的礼品券。此礼品券可在指定餐馆或商场使用。据统计，在实施的当年，通用电气公司就颁发了1万份礼品券。

资料来源：王凌峰. 薪酬设计与管理策略[M]. 北京：中国时代经济出版社，2005：209.

第一节 薪酬支付概述

薪酬支付就是薪酬的具体发放办法，包括如何计发在制度工作时间内职工完成一定的工作量后应获得的报酬或者如何支付在特殊情况下的薪酬等问题，主要涉及薪酬支付项目、薪酬支付时间、薪酬支付依据、薪酬支付流程、薪酬支付原则以及薪酬支付形式。

一、薪酬支付项目

薪酬支付项目一般包括计时工资、计件工资、奖金、津贴和补贴、延长工作时间的工资报酬以及特殊情况下支付的工资，但劳动者的以下劳动收入不属于工资范围。

（1）单位支付给劳动者个人的社会保险福利费用，如丧葬抚恤救济费、生活困难补助费、计划生育补贴等。

（2）劳动保护方面的费用，如用人单位为劳动者的工作服、解毒剂、清凉饮料支付的费用等。

（3）按规定未列入工资总额的各种劳动报酬及其他劳动收入，如根据国家规定发放的创造发明奖、国家星火奖、自然科学奖、科学技术进步奖、合理化建议和技术改进奖、中华技能大奖等以及稿费、讲课费、翻译费等。

二、薪酬支付时间

我国相关法律、法规明确规定，工资应当以货币形式按月支付给劳动者本人，不得克扣或者无故拖欠劳动者工资。劳动者在法定休假日和婚丧假期间以及依法参加社会活动期间，用人单位应当依法支付工资。工资应当按月支付是指按照用人单位与劳动者约定的日期支付工资，如遇节假日或休息日，则应提前在最近的工作日支付。工资至少每月支付一次，对于实行小时工资制和周工资制的人员，工资也可以按日或周发放。对完成一次性临时劳动或某项具体工作的劳动者，用人单位应按有关协议或合同规定在其完成劳动任务后即支付工资。

用人单位不得克扣或者无故拖欠劳动者工资，但有下列情况之一的，用人单位可以代扣劳动者工资。

（1）用人单位代扣代缴的个人所得税。
（2）用人单位代扣代缴的应由劳动者个人负担的各项社会保险费用。
（3）法院判决、裁定中要求代扣的抚养费、赡养费。
（4）法律、法规规定可以从劳动者工资中扣除的其他费用。

三、薪酬支付依据

1. 依据岗位付酬

依据岗位价值付酬是大多数公司采用的方式，岗位价值体现在岗位责任、岗位贡献、知识技能等方面。

2. 依据职务付酬

依据职务付酬是依据岗位付酬的简化，依据职务付酬不能体现同一职务不同岗位的差别。职务和岗位的区别在于：岗位不仅体现层级还体现工作性质，如财务部部长、市场经理等，而职务一般只表达出层级，不能体现工作性质因素，如科长、部长、主管等。

3. 依据技能（能力）付酬

依据技能付酬和依据能力付酬在理论上是有区别的，技能是能力的一个组成要素。在企业薪酬管理实践中，一般对工人习惯依据技能付酬，对管理人员习惯依据能力付酬。

4. 依据绩效付酬

这是指依据个人、部门、组织的绩效付酬。此种方式下，影响薪酬发放的因素不是职位、能力、努力状况，而是其最终的绩效结果。传统的计件工资制就是典型的基于绩效的薪酬方案。基于绩效的薪酬具有更强的公平性、灵活性、激励性。通常来说，销售人员比较适合采用这种形式支付薪酬。

5. 依据市场付酬

依据市场支付薪酬是在对劳动力市场薪酬展开调查的基础上，以薪酬具有竞争力为目标，对员工发放具有市场竞争优势的薪酬的方式。这种薪酬支付形式受外部市场环境的影响，有利于企业吸引和保留人才，但是会增加企业的薪酬成本。

四、薪酬支付流程

以下为薪酬的支付流程。

（1）确定薪酬支付的项目及薪酬总额。根据企业的薪酬制度或与劳动者签订的劳动合同确定支付给劳动者的薪酬总额及薪酬包含的项目。

（2）按照周期对劳动者进行工作考勤记录，确定劳动者提供正常劳动的时间、劳动者的休假时间及其他非提供正常劳动的时间。

（3）根据薪酬制度、考勤休假制度及劳动者在一个劳动周期内的考勤记录按时足额向劳动者支付薪酬并在支付时向劳动者提供其本人的薪酬清单。

（4）实务中，企业一般在每月发放薪酬前，根据"薪酬费用分配汇总表"中的"实发金额"栏的合计数，通过开户银行支付给职工或从开户银行提取现金，然后再向职工发放。

在支付薪酬的过程中，企业应注意以下几点。

（1）薪酬应当以货币形式支付，不得以实物或有价证券代替货币支付。

（2）企业应将薪酬直接支付给劳动者本人，劳动者本人因故不能领取薪酬时，也可以由劳动者授权的亲属代为领取，但应当有委托证明。

（3）企业应及时支付薪酬。

五、薪酬支付原则

所谓薪酬支付的原则，是保证薪酬支付充分发挥激励作用必须遵循的一些基本要求，概括起来包括以下六个。

1. 薪酬支付及时性原则

月薪必须每月支付一次且时间要相对固定。如有特殊情况，必须事先向员工解释清楚。员工的薪酬不是企业的施舍，是企业对员工的负债，因为员工已把劳动"贷"给了企业，企业能否按时兑现关乎企业的信誉问题。

月度奖励工资和附加工资一般都要求随基础工资一并发放。季度奖励工资和年度奖励工资也相应地要求在绩效考核完成之后的某一段时间内进行支付。年薪的结算和年度奖励工资的支付，最晚于春节假期开始之前，即必须在放假之前将年薪结算款和年度奖励工资发放到员工手中。

薪酬支付的时间不规范往往给员工造成应得薪酬数额不确定的印象，使其怀疑企业在欺骗员工或者让员工感到企业遇到了重大困难，从而影响他们的工作情绪和忠诚度。

2. 薪酬支付的现金原则

薪酬支付的现金原则即支付给员工的基础薪酬、奖励薪酬、附加薪酬只能采用现金的形式，不能选用企业股金或者企业产品的形式。在现实中，有些企业向高层次员工承诺高薪酬，但没有明确界定以何种形式支付，到年底要拿出大额现金兑现承诺时，企业感到过多的现金流出会让流动资金吃紧，因而单边改变主意，把奖励工资改为奖励股份，从而使员工有一种受骗的感觉，致使其工作积极性和创造性下降。有的企业直接用产品折价抵扣员工工资，但员工拿到产品后，或者是自己消费不了，或者是没有家庭财务计划安排这种消费，因此不得不再次打折转让。这一方面为员工带来了再销售的麻烦，增加了员工的格外付出；另一方面又因为转让打折而降低了员工的工资收入，从而使员工对企业失去信任感和信心。

3. 薪酬支付的足额原则

这是指企业对承诺的薪酬必须按时间约定足额支付，不得有任何截流。在现实中，有些企业只按一定比例发给员工薪酬，剩余部分则承诺在未来的某一天支付。如果企业确实经营困难，这是不得已而为之的办法。但如果企业有能力全额支付仍选择这种办法，往往会给员工留下企业面临经营危机的印象，使员工产生另谋高就的想法。

4. 薪酬扣除的约定原则

在企业管理中，对员工的某些行为进行惩戒性罚款是必不可少的，如旷工、迟到和缺勤要扣除一定数额的基础工资、奖励工资和附加工资，但对于这种扣除，事先必须有明确的约定并让每个员工都熟知这一事先的约定，不得有任何暗箱操作或事后任意追加的行为。

对每个员工的扣薪项目的统计和计算必须公开，使员工做到心里有数。个人所得税的代扣代缴也必须事先与员工约定。若国家有相关法规，企业在执行这些法规的时候必须耐心地向员工进行解释，不能先斩后奏，等员工提出疑问之后再做解释。

5. 福利享有的绩效挂钩原则

福利享有的绩效挂钩原则即企业对于社会保险和住房基金等福利的享有，必须事先在支付比例、支付方式上做出规范约定并与绩效考核挂钩，明确绩效考核得分与员工福利保险的享有数量和享有比例。

福利保险不能搞成"大锅饭"，不能对员工起到激励作用的任何形式的薪酬支付都是浪费，是拿投资人的钱白送人买怨言，这在企业管理中是必须避免的。

6. 薪酬预支的担保原则

在一般情况下，企业不会允许员工随意地预支薪酬，但是员工面临的问题多种多样，如果对薪酬预支的规定过于死板，就会让员工感觉企业缺乏人情味，难以把企业作为自己的依托，进而降低对企业的归属感。因此，企业有必要事先就薪酬预支的条件和数量做出规定。

一般存在以下情形，经员工本人或其家属的申请，企业可预支员工已出勤时间的基础薪酬和附加薪酬以及已核定的奖励薪酬：结婚、生育、丧葬、受伤、疾病、意外灾害。当这些情况发生时，如果员工感到已出勤和已核定的薪酬数额不足以应付所发生情况的支出时，也可以酌情进一步申请预支。为了减少企业的风险，企业可以附加担保条件，让其他员工以自己的薪酬收入为该员工做出担保。

六、薪酬支付形式

目前，企业常用的薪酬支付形式包括计时工资、计件工资，此外还包括奖金和津贴等辅助薪酬形式。

（一）计时工资

计时工资又叫计时薪酬，是按照单位时间薪酬标准和工作劳动的一定时间来计算和支付的薪酬形式。

1. 计时工资的计算方式

计时工资是企业按照劳动力这一特殊商品的价值支付的，员工按一定时间付出劳动力，工资就要按一定时间来计量和支付。计时工资实际上是按照劳动时间支付的劳动力价值的转化形式。计时工资的构成要素包括：① 在特定劳动数量和劳动质量下，薪酬的时间计量单位，如小时、日、周、月、年等；② 单位时间的薪酬标准，是指时间计量单位内的薪酬水平高低；③ 实际有效劳动时间，是指包括一定劳动成果（数量和质量）的有效劳动时间。有效劳动时间越长，计时薪酬收入就越高。

计时工资的计算公式为

计时工资=特定职位（岗位）单位时间工资标准×实际有效劳动时间

按照计算时间单位不同，计时工资有小时工资、日工资、周工资、月工资、年薪等表现形式。

我国企业通常采用的薪酬形式有以下几种。

（1）日工资。日工资是按照员工实际有效的工作天数和相应的日工资标准计算的工资。日工资的计算方法为：用每年天数减去国家法定节假日天数后除以12（12个月），得出平均每月应出勤天数，然后用员工本人月工资标准除以平均每月应出勤天数得出日工资标准。其计算公式为

某员工日工资标准=该员工月工资标准÷[(365-法定节假日天数)÷12]

例如，某项目经理的月工资标准是10 000元，则他的日薪为10 000÷[(365-52×2-11)÷12]=480元。其中，52是指全年有52个星期，2就是周六、周日2天，11是指11天法定节假日（元旦、春节、清明、端午、中秋、国庆等法定假日）。

（2）月工资。月工资按照员工的月工资标准，以月为时间单位计算工资，若员工在一个月内正常工作，则可按月工资标准支付工资，若出现缺勤或加班加点，则按照相应的日或小时工资标准减发或加发工资，然后并入月工资一起支付。

例如，员工小王的月工资标准是 5000 元，2012 年 6 月事假 5 天、病假 6 天，小王工作已满 3 年，按公司规定，其病假期间的工资按其月工资标准的 70%支付，则小王 6 月的工资如下。

$$小王日工资=5000÷21.75=229.9 元$$

$$小王当月应得工资=5000-5×229.9-6×229.9×(1-70\%)=3436.68 元$$

说明：法定节假日享受全额工资，因此，每个月的计薪天数为（365-52×2）÷12=21.75 天，每小时的加班费为月工资总额除以 21.75 再除以 8（小时），工作日加班按 1.5 倍支付加班费，双休日按 2 倍（或给调休，有 1 天按 1 天给）支付加班费，法定节假日按 3 倍支付加班费。

（3）年薪。年薪是一种以年为计算周期的工资形式。在计量年薪时，除了考虑员工薪酬的计量时间，还要考虑其在企业或在岗位上的工作年限。年薪通常适用于企业高级管理人员、咨询公司、金融投资行业或主要靠智力和经验工作的岗位。

2. 计时工资的适用范围

（1）不易直接、准确地统计计量劳动消耗、劳动成果的岗位，如企业的管理人员、专业技术岗位人员、职能类岗位人员及辅助岗位人员等。

（2）不便计件的工作。

3. 计时工资的特点

（1）形式明了、透明度高，对出勤率有制约作用。

（2）稳定性好、易于管理，计算和发放简单易行，便于管理。

（3）风险较小、保障性强。只要员工在工作中没有大的过失，企业就不会轻易改变员工的报酬，能保证员工收入稳定，有益于员工的身心健康。

（4）应用广泛、适用性强。

（二）计件工资

计件工资又叫计件薪酬，是按照员工生产合格产品的数量或完成作业量，根据预先规定的计件单位计算薪酬的形式，其计算公式为

$$计件工资=合格产品数量×计件单价$$

1. 计件工资的构成要素

（1）工作等级。工作等级是根据某种工作的复杂程序、劳动繁重程度、责任大小和不同生产设备状况而划分的技术等级标准要求，规定从事该项工作的员工所应达到的技术等级。它是确定劳动定额水平、计件单价和合理安排劳动力的依据。

（2）劳动定额。劳动定额分产量定额和工时定额两种。产量定额是在单位时间内应该生产的合格产品的数量；工时定额是在一定条件下，完成某一产品所必须消耗

的劳动时间。劳动定额与工作物等级共同决定了产品的计件单价，是实行计件工资制的关键。实行计件制工资的过程中，企业要按照定额管理制度对劳动定额进行定期检查和修订。

（3）计价单价。计价单价是完成单件产品或作业的工资标准，是支付计件工资的依据之一。通常情况下，计件单价是根据等级工资标准和劳动定额计算出来的。因此，单价的制定是否合理主要取决于岗位等级和劳动定额确定是否精准。

确定计件单价的方法有两种：标准工作量法和标准工作时法。

① 标准工作量法。标准工作量法是以单位时间内完成的工作量，即产量定额作为计件工资计算依据的方法。采用这种方法，计件单价的计算公式为

某工作等级计件单价=该工作等级单位时间的工资标准÷单位时间的产量定额

例如，完成某种产品需要二级工人制造，该工人的日工资标准是160元，经测试，在1小时内，一位该等级的工人能制造10件合格产品，则

计件单价=160÷8÷10=2（元/件）

② 标准工作时法。标准工作时法是以完成单位产品应需要的工作时间，即工时定额作为计算计件工资依据的方法。这种方法下，工时单价的计算公式为

工时单价=该工作等级单位时间的工资标准÷单位时间的工时定额计件单价
　　　　=工时单价×单位产品的工时定额

仍以上例说明，经测定，一位二级工人对这种产品进行合格加工所需要的合理时间是18分钟，则

工时单价=160÷8=20（元/时）

计件单价=20×(18÷60)=6（元/件）

这里的工时单价相当于标准小时工资率，18÷60=0.3是生产单位产品的工时定额。

2. 计件薪酬的形式

以下为计件薪酬的具体形式。

（1）全额无限计件薪酬制。不论员工完成或超额完成定额多少，都按同一计件单价支付薪酬。超额不受限制，亏额不保证底薪，即"上不封顶、下不保底"。

（2）累进计件薪酬制。对所有员工在生产定额内的部分，按正常计件单位核发薪酬，超过部分则按递增的计价单位核发薪酬。通常只有当某种产品急需提高产量时，才适宜采用此种方式。

（3）包工薪酬制，即企业将成批的生产任务发包给雇员集体，预先约定工作量、完成期限、包工薪酬数额等；雇员集体如期完成任务之后，获得相应的报酬总额，然后在包工集体中再做分配，在施工建筑企业中较为普遍。

（4）提成计件薪酬制，即员工的薪酬总额按照班组的营业额毛利或纯收入的一定比例提取，然后再按照各个员工的技术水平和作为量进行分配。这种方式适用于劳动成果难以根据事先制定的劳动定额和不易确定计件单位的工作。

(三)奖金和津贴

1. 奖金

奖金作为一种薪酬形式,其作用是对与生产或工作直接相关的超额劳动给予报酬。奖金是对劳动者创造出的超过正常劳动定额以外的社会所需要的劳动成果所给予的物质补偿。

我国企业实行的奖金制度是 19 世纪 50 年代初建立并逐步发展起来的,曾在 1958 年和 1966 年下半年两次被取消,现行的奖金制度则是 1978 年以后恢复和建立的。我国目前实行的奖金形式是多种多样的,根据不同的标准可分为不同的类别,其中有的相互交叉。

(1)根据周期划分,有月度奖金、季度奖金和年度奖金。

(2)根据在一定时期内(一般指一个经济核算年度)的发奖次数划分,有经常性奖金和一次性奖金。经常性奖金指按照预定的时期给予日常生产、工作中超额完成任务或创造优良成绩的职工的例行奖金,一般可以是月度奖金或季度奖金,如超产奖、节约奖等。经常性奖金应预先规定奖励条件、范围、标准和计奖期限等,使职工心中有数。经常性奖金按规定应列入工资总额。一次性奖金是对做出特殊贡献的职工进行的不定期奖励,如劳动模范奖;为攻克某种产品的质量问题,突击完成某一项机器设备大修任务或其他紧迫的重要任务等而设立的奖金。

(3)根据奖金的来源划分,可分为从工资基金中支付的奖金和从非工资基金中支付的奖金。例如,节约奖是从节约的原材料、燃料等价值中提取一部分支付的奖金。

(4)根据奖励范围来划分,有个人奖和集体奖。凡由个人单独操作并可以单独考核劳动定额和其他技术经济指标的,实行个人奖;凡是集体作业,不能对个人单独加以考核的,则以集体为计奖单位,实行集体奖。

(5)从奖励的条件区分,有综合奖和单项奖。综合奖是以生产或工作中多项考核指标作为计奖条件的奖金形式,其特点是对职工的劳动贡献和劳动成绩的各个主要方面进行全面评价,统一计奖、重点突出。其具体实施办法是把劳动成果分解成质量、数量、品种、效率消耗等因素,对每一因素都明确考核指标以及该指标的奖金占奖金总额的百分比或绝对数,只有在全面完成各项指标的基础上提供超额劳动的,才能统一计奖,如百分奖等。单项奖是以生产或工作中的某一项指标作为计奖条件的奖金形式,其特点是只对劳动成果中的某一方面进行专项考核,其优点是简便易行、易于管理、适用面广,同时由于计奖条件单一,主攻方面明确,也利于突破生产或工作中的薄弱环节。单项奖的主要缺点是容易造成奖项繁多,就综合奖金效益来看,容易顾此失彼,不利于全面完成生产任务。在生产和工作中,如果确有需要而且具备客观条件,可以按照国家有关规定实行单项奖。

奖金的具体形式多种多样,相互补充。企业正确运用奖励形式能充分调动职工的积极性,促进生产,提高劳动生产率,取得良好的经济效益。

2. 津贴

(1)津贴的定义。津贴是补偿职工在特殊条件下的劳动消耗及生活费额外支出的工资补充形式。常见的津贴包括矿山井下津贴、高温临时津贴、野外矿工津贴、林区津贴、山区津贴、驻岛津贴、艰苦气象台站津贴、保健性津贴、医疗卫生津贴等。此外，生活费补贴、价格补贴也属于津贴。

（2）津贴的种类。我国现行的津贴项目繁多，按其补偿性质和目的，可以分为以下几种类型。

① 具有补偿职工在特殊劳动条件下的劳动消耗性质的津贴。职工在特殊劳动条件下工作，劳动条件差，工作繁重，劳动消耗大，物质上的需要比在正常条件下工作的职工要多。国家为了补偿职工在特殊劳动条件下工作的劳动消耗并从物质利益上鼓励人们参加这一类工作，根据不同情况建立了相应的津贴制度，如矿山井下津贴、高温临时补贴。

② 兼具补偿职工的特殊劳动消耗和额外生活支出双重性质的津贴。职工在特殊的地理、自然条件和偏僻边远地区工作时，劳动和生活条件艰苦，体力消耗大，生活费用支出多，需要实行津贴制度。

③ 具有保护职工在有毒有害作业中身体健康的保健性津贴。

④ 属于补偿职工在本职工作之外承担较多任务所付出的劳动消耗的津贴。

⑤ 具有补偿职工因物价的差异或变动而增加生活费支出性质的津贴。国家为了保障职工在物价较高地区工作和在物价发生较大变动时的实际生活，实行地区性物价补贴和一些生活必需品价格上涨后的特定物价补贴制度。

⑥ 鼓励职工提高科学技术水平或奖励优秀工作者的津贴。

⑦ 具有生活福利性质的津贴。

第二节 特殊情况下的薪酬支付

一、特殊情况下薪酬支付的含义

特殊情况下的薪酬支付是指依法或按协议在非正常情况下，由用人单位支付给劳动者的工资。如劳动者在法定工作时间外提供了劳动，履行了国家和社会义务等，用人单位应依法或依协议的规定支付其工资。

二、特殊情况下薪酬支付的种类

1. 履行国家和社会义务期间的工资

劳动者在法定工作时间内依法参加社会活动时，用人单位应视同其提供了正常劳动，支付其工资。这里的社会活动包括：① 依法行使选举权或被选举权；② 当选代表出席乡（镇）、区以上政府、党派、工会、青年团、妇女联合会等组织召开的会议；③ 出任人民法庭证明人；④ 出席劳动模范、先进工作者大会；⑤ 不脱产工会基层委员会委员因工会活动占用的生产或工作时间；⑥ 其他依法参加的社会活动。

2. 加班加点工资

根据我国《劳动法》的规定，劳动者加班加点的，用人单位应当按照下列标准支付高于劳动者正常工作时间工资的工资报酬：① 安排劳动者延长工作时间的，支付不低于工资的150%的工资报酬；② 休息日安排劳动者工作的，支付不低于工资的200%的工资报酬；③ 法定休假日安排劳动者工作的，支付不低于工资的300%的工资报酬。

3. 年休假、探亲假、婚假、丧假工资

根据我国《劳动法》及相关法律规定，劳动者依法享受年休假、探亲假、婚假、丧假期间，用人单位应当按劳动合同规定的标准支付工资。

4. 停工期间的工资

根据我国《工资支付暂行规定》，非劳动者原因造成单位停工、停产在一个工资支付周期内的，用人单位应当按劳动合同规定的标准支付劳动者工资。超过一个工资支付周期，若劳动者提供了正常劳动，则支付给劳动者的劳动报酬不得低于当地的最低工资标准；若劳动者没有提供正常劳动，应按国家有关规定办理。

5. 企业依法破产时劳动者的工资

根据《工资支付暂行规定》，用人单位依法破产时，劳动者有权获得其工资。在破产清偿中，用人单位应按《中华人民共和国企业破产法》规定的清偿顺序，首先支付欠本单位劳动者的工资。

第九章 薪酬诊断与分析

从耐克加薪看企业薪酬管理

2018年7月,美国体育用品生产巨头耐克公司宣布对7000多名员工进行加薪,与此同时,耐克也在全球范围内改变了对于员工年度奖金发放的方式。以前,员工获得奖金的多少取决于个人和团队的绩效;改变发放方式后,员工的奖金将基于整个公司财政年度的收益来进行衡量,而且获得奖励的水平采用统一的标准。

这次加薪员工数量占耐克全球员工数量的10%,耐克为什么会有这次大范围的加薪举动呢?2017年,耐克公司的年营业收入达到了360亿美元,增长了约6%,但这显然不是公司这次加薪的主要原因。

2017年春天,《纽约时报》曝光了耐克公司存在的歧视女性员工的事件,导致耐克几位高管辞职,耐克CEO马克·帕克(Mark Parker)公开道歉,这极大地损害了耐克的形象。

而就在几个月之前,耐克进行了一次内部薪酬满意度调查,结果显示耐克内部员工对于"薪酬的不公平"最为不满,同岗不同酬现象十分严重,因此才有了这次加薪和调整年度奖金发放方式的举措。

企业薪酬管理可以说是人力资源管理六大模块中最为复杂的一个。为什么这样说?以耐克这次的加薪为例,其本意是强调同岗同酬,争取能够做到薪酬公平,但同样的岗位拿同样的钱,表面上看是公平的,但实际上并不是。

同样的岗位,一个工作了20年的老员工和一个刚参加工作的新人拿一样的薪酬,这是公平的?

同样一个岗位,一个员工勤快、任劳任怨,而另一个员工却不断偷懒耍滑,让他们俩拿一样的薪酬,这是公平的?

这样的例子不胜枚举。

笔者认为,企业想在薪酬管理方面做到皆大欢喜是绝对不可能的事。薪酬这个话题历来敏感,牵涉多方的利益,因此企业的薪酬管理实际上只能在多方博弈的情况下达到一个相对平衡的状态,让大部分人觉得比较满意。

耐克的这次加薪无非就是在内外重重压力之下,为了能够快速摆脱危机做的一次高调的危机公关罢了。

资料来源:从耐克加薪看企业薪酬管理[EB/OL]. (2018-08-10)[2022-06-06]. http://www.hrsee.com/? id=743.

第一节 薪酬诊断

一、薪酬诊断的定义

薪酬诊断是指由具有丰富的企业管理、人力资源管理和薪酬管理方面的理论知识和实践经验的专家与企业有关人员密切配合,综合利用各种先进的分析手段和方法,发现企业薪酬方面存在的问题和薄弱环节,分析产生问题的原因,提出切实可行的方案或建议,进而指导方案实施以解决问题、改进现状、提高企业的薪酬管理水平。

二、薪酬诊断的内容

薪酬通常包括固定工资、可变工资、员工福利与津贴等,薪酬体系涉及薪酬调查、员工薪酬满意度、薪酬策略、薪酬结构等多个方面的内容,薪酬诊断除需要考虑以上内容,还需要对组织的文化进行初步诊断。

在薪酬诊断时,不能想到什么就诊断什么,而应该采用科学、合理的方法。一般说来,诊断薪酬体系需要从以下几个方面入手。

1. 薪酬政策诊断

对组织的薪酬政策进行诊断需要重点关注组织所实施的薪酬政策是否符合以下几项基本原则。

(1) 与组织战略的基本方向和未来目标一致。

(2) 与组织人力资源管理系统及其各环节之间的关系协调。

(3) 体现了职、能、绩三者统一的原则。

(4) 考虑了现实可行性与未来调整的空间。

2. 薪酬水平诊断

这是指诊断组织当前的总体薪酬水平与市场的关系,以保持组织薪酬的外部竞争性,其主要诊断内容包括以下几项。

(1) 当前市场环境是否发生了新变化,这些变化对组织薪酬水平,特别是核心员工的薪酬水平的外部竞争力是否有影响;组织薪酬水平是否具有外部竞争力,特别是核心员工薪酬水平的外部竞争力。

(2) 当前薪酬水平与组织目前的经营状况和财务目标是否一致。

(3) 当前企业的薪酬水平和薪酬结构之间的关系是否协调。

3. 薪酬结构诊断

诊断当前组织薪酬的纵向结构是否合理,以保持组织薪酬的内部一致性。其主要诊断内容包括以下几项。

（1）薪酬等级的数量和级差是否合理，是否能体现内部公平的原则。
（2）各类各级员工的薪酬关系是否协调，是否能体现员工公平的原则。
（3）核心员工的流失率是否与薪酬结构，特别是薪酬等级结构的设计有关。

4．薪酬组合诊断

诊断当前组织的横向结构是否合理，以保持薪酬的激励功能。其主要诊断内容包括以下几项。

（1）员工薪酬组合中各薪酬要素之间的比例关系是否合理，是否具有激励效应。
（2）员工的努力程度是否与薪酬有直接的关系；激励薪酬对员工是否具有吸引力。
（3）当前的薪酬支付方式是否合理，是否考虑了时间性和个体差异。

三、薪酬诊断的方法

薪酬诊断的方式根据不同的标准可以有不同的划分。从薪酬诊断的解决过程是否正式的角度，可以将薪酬诊断方式分为正规方式与非正规方式两种；根据不同的诊断人员，薪酬诊断可以采取内部人员诊断和外部专家诊断的方式。

1．正规方式与非正规方式

正规方式的薪酬诊断包括在薪酬问题的获得、分析和诊断过程中所采取的各种正式途径，具体包括以下几个。

（1）通过正常的管理途径（例如，对一些经常性薪酬资料的统计和分析、企业的管理例会制度、员工的小组会以及与管理者的对话制度等）反映、收集和反馈一些企业薪酬管理的信息、资料和问题。

（2）组织专门的问题分析小组、薪酬专家和管理人员对薪酬问题进行及时的分析和诊断。

（3）将分析结果以诊断报告和诊断方案的形式递交有关管理和决策部门。正规方式中最常用的是员工薪酬满意度调查问卷（见表9-1）。通过开展定期或不定期的薪酬满意度调查，企业可以了解到最基层员工对薪酬制度和薪酬管理的意见。

表9-1 薪酬满意度调查问卷

调查问卷说明：
（1）本调查问卷共有 20 个问题，问题以单项选择和问答的方式呈现；
（2）本调查问卷可匿名填写；
（3）本调查问卷的任何信息将作为密件交专人保管，可放心作答；
（4）当超过 50%的题目未作答时，本问卷结果将被视为无效；
（5）请你按实际情况作答，否则将影响调查结果；

续表

（6）本调查表的结果将作为公司决策本年度职工酬薪制度的重要依据之一，请各位认真、真实填写。

你的姓名：（可以不填）_____ 所在部门：（可以不填）_____
你的职位：_____ 入职年限：_____
年龄：_____ 性别：_____
学历程度：_____ 所学专业：_____

1. 你对自己工作上的付出与收入回报二者公平性的感受是（　　）
   A．完全公平　　　B．基本公平　　　C．不公平　　　D．非常不公平
   如果选择 C 或 D，请简要写明理由或建议。
   _____

2. 以自己的资历，你对自己的工资收入（　　）
   A．非常满意　　　B．较满意　　　C．不满意　　　D．非常不满意
   如果选择 C 或 D，请简要写明理由或建议。
   _____

3. 领到工资及业绩奖金时，你的感受是（　　）
   A．非常开心　　　B．比较开心　　　C．有些失落　　　D．心情非常糟糕
   如果选择 C 或 D，请简要写明理由或建议。
   _____

4. 你的努力工作在工资中有明显的回报吗？（　　）
   A．一定有　　　B．可能有　　　C．没有　　　D．完全没有
   如果选择 C 或 D，请简要写明理由或建议。
   _____

5. 你觉得目前的工资就是你个人价值的体现吗？（　　）
   A．肯定是　　　B．应该是　　　C．不是　　　D．绝对不是
   如果选择 C 或 D，请简要写明理由或建议。
   _____

6. 你对公司目前薪酬制度科学性的评价是（　　）
   A．非常科学合理　　B．较科学合理　　C．不够科学合理　　D．非常不科学、不合理
   如果选择 C 或 D，请简要写明理由或建议。
   _____

7. 你对公司目前薪酬制度对人才吸引性的评价是（　　）
   A．非常吸引　　　B．较吸引　　　C．不够吸引　　　D．几乎没有任何吸引力
   如果选择 C 或 D，请简要写明理由或建议。
   _____

8. 你对公司目前薪酬制度对员工激励性的评价是（　　）
   A．非常强的激励性　　　　B．较强的激励性
   C．激励性不够　　　　　　D．非常差
   如果选择 C 或 D，请简要写明理由或建议。
   _____

9. 你对公司目前薪酬制度公正性和公平性的评价是（　　）
   A．非常公正和公平　　B．较公正和公平　　C．不够公正和公平　　D．完全不够公正和公平
   如果选择 C 或 D，请简要写明理由或建议。
   _____

续表

10. 你觉得公司目前薪酬的支付方式（　　）
  A．非常先进　　　　　B．较先进　　　　　C．落后　　　　　D．非常落后
如果选择 C 或 D，请简要写明理由或建议。

11. 你认为公司目前的薪酬制度直接代表着谁的利益？（　　）
  A．绝对是广大员工的利益　　　　　B．部分员工的利益
  C．少数人的利益　　　　　　　　　D．个别人的利益
如果选择 C 或 D，请简要写明理由或建议。

12. 你认为你的薪酬与你的职位和工作（　　）
  A．非常相称　　　　　B．基本相称　　　　　C．不相称　　　　　D．非常不相称
如果选择 C 或 D，请简要写明理由或建议

13. 你觉得公司目前薪酬的保密性怎样？（　　）
  A．有非常强的保密性　　　　　B．有比较强的保密性
  C．不够保密　　　　　　　　　D．完全公开，不保留
如果选择 C 或 D，请简要写明理由或建议。

14. 与过去一年相比，你薪酬涨幅（　　）
  A．非常合理且令人满意　　　　　B．较合理，比较满意
  C．不合理也不太满意　　　　　　D．非常不合理，令人很不满
如果选择 C 或 D，请简要写明理由或建议。

15. 你觉得目前企业的发展与员工薪酬制度之间的关系是（　　）
  A．公司效益好时员工的收入也会增长　　　　　B．公司效益好时员工的收入不一定增长
  C．公司效益好时员工的收入绝对不会增长
如果选择 B 或 C，请简要写明理由或建议。

16. 你认为公司薪酬制度所倡导的分配机制是（　　）
  A．绝对向勤奋及优秀的员工倾斜　　　　　B．按劳分配
  C．吃"大锅饭"，搞平均主义　　　　　　　D．多"捞"多得，少"捞"少得
如果选择 C 或 D，请简要写明理由或建议。

17. 你对公司过去一年在非经济性福利的建设方面的看法是（　　）
  A．卓有成效　　　　　B．基本可以　　　　　C．较差　　　　　D．非常差
如果选择 C 或 D，请简要写明理由或建议

18. 公司在传统节假日和纪念日有特别的费用发放吗？（　　）
  A．绝对有　　　　　B．大多数时候都有　　　　　C．基本上没有　　　　　D．完全没有
如果选择 C 或 D，请简要写明理由或建议。

续表

19. 以下关于薪酬与工作的关系，哪个最接近你的观点？（　　）
    A．通过工作，我自己感到生活充实并获得了合理的薪酬回报
    B．我工作的目的就是挣一份工资
    C．干什么工作都是次要的，只要有钱赚
    D．给我多少钱，我就干多少活
    E．没有钱什么也别谈
  如果选择 D 或 E，请简要写明理由或感受。
  _____

20. 在过去一年中，绩效工资的发放（　　）
    A．有科学、合理的正式考核制度和考核表格作为依据
    B．有一些简单的考核制度和考核表格
    C．没什么制度和依据，凭感觉考核
    D．完全没有所依据的客观标准
  如果选择 C 或 D，请简要写明理由或建议。
  _____

  非常谢谢你完成了这份调查问卷！
  不知你是否有一些我们未在调查问卷中列出的观点需要表达，如果有，请把它们写出来。
  你的想法、观点或想令人关注的问题是：_____
  _____
  _____

非正规方式的薪酬诊断是指通过一些内部的、灵活的沟通方式，及时地反映薪酬管理中的问题；同时，组织薪酬主管能够及时听取员工对薪酬政策和管理的意见、建议，甚至是抱怨并可从中发现问题，及时处理。

2. 内部人员诊断和外部专家诊断

内部人员诊断即由企业内部人员，如总经理、人力资源部门管理者和员工等组成诊断小组，运用专家咨询、公司决策层集中会诊、员工面谈等方法对企业薪酬管理全过程进行诊断。这种诊断方式具有费用低、时间机动灵活、诊断人员熟悉企业文化及其相关运作等优点，其最大的缺点是内部人员对企业存在的问题往往习以为常，不易发现问题及其原因。

外部人员诊断是请进外部人力资源方面的专家、学者或有丰富企业管理知识和经验的企业家来进行薪酬管理诊断。外部专家诊断的优点在于这些专家不属于某一企业，分析问题时较为客观、公正，同时他们具有深刻的洞察力，易于发现问题及其原因。此外，他们受过企业诊断技术的系统训练，因而对企业的人力资源管理有较为深入和独到的见解，分析问题的手段和方法较先进。这种诊断方式的缺点是费用较高，诊断时间需协商，诊断人员对企业特有的环境和文化不熟悉，需要一定的适应时间，所以对诊断人员的素质和能力的要求较高。

四、薪酬诊断的五大维度

如何科学地进行薪酬诊断、节省企业成本、提高人力资源投资回报率是现代企业薪酬管理的目标和工作重点。合适的薪酬诊断方法能够帮助人力资源工作者甚至企业管理者,深度挖掘现有薪酬体系存在的问题和薄弱环节,分析数据产生的原因,看到优化空间和方向,提高企业薪酬管理水平。以下主要介绍薪酬诊断的五大维度,为企业提供自检和自我审视的途径,进而做好薪酬管理水平提升的准备(见图9-1)。

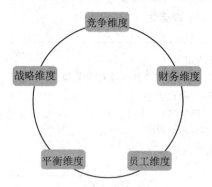

图9-1 薪酬诊断的五大维度

1. 竞争维度——精准定位薪酬外部竞争力

薪酬诊断的竞争维度主要指通过在同行业、同地区、同岗位之间进行薪酬调查,应用标准、规范的渠道以及专业的统计方法收集市场上雇主薪酬数据并做出判断,是一个系统的过程。通过对薪酬数据的分类、汇总和分析,形成能够客观反映市场人力资源用工环境成本现状的薪酬调查报告。通过薪酬调查,企业可以将自身的薪酬数据与市场数据进行有效对比,由此可以诊断企业自身薪酬水平、结构、涨薪幅度等的竞争性是否与外部市场匹配。

2. 战略维度——传递战略思维,凸显薪酬杠杆作用

企业根据自身经营目标和战略,制定相应的薪酬战略和行业薪酬定位,结合企业经营目标和市场定位、所处发展阶段、薪酬支付能力、公司文化特点等,确定企业在同行业中的薪酬水平。企业处于不同发展阶段可以采用不同的薪酬战略和参考不同的薪酬口径。在同一个公司内,也可能存在多种薪酬战略。不同的业务单元可能处于不同的生命周期,因此应对不同的业务单元或职能部门制定不同的薪酬战略。如有很多人总是将薪酬战略理解成领先型战略、跟随型战略和混合型战略等,这仅仅是反映岗位薪酬水平的初、中、高,完全忽视了薪酬战略的其他定位。其实,薪酬战略维度包含的内容不仅仅是薪酬水平一个因素,还需要完善六大策略,即成本策略、水平策略、架构策略、差距策略、增长策略和支付策略。

3. 财务维度——健全风险管理机制,薪酬管理成本与企业利润的博弈、统一

财务维度主要是从成本和控制监测方面对薪酬进行诊断,一般诊断周期与薪酬发放

周期一致并且略有提前,而到一个财年结束时,要进行全年的盘点,以便制定新一个财年的规划和战略。财务维度里主要有五大微观指标,即薪酬总额占营业收入的比例、薪酬总额占营业支出的比例、各薪酬组合占薪酬总额的比例、薪酬福利总额增长率和人力资本投资回报率。

在操作时,对财务维度的五大微观指标一定尽量要再进行细分。以各薪酬组合占薪酬总额的比例为例,不仅可以简单地分解成基本薪酬占薪酬总额的比例和浮动薪酬占薪酬总额的比例,通过层级也可以细分为高管薪酬总额占薪酬总额的比例、中基层管理人员薪酬总额占薪酬总额的比例或者各项福利费用占薪酬总额的比例等。同时,要结合企业历史情况和竞争维度,充实内部外部市场数据,与企业现状进行对比。完善的细分数据将更好地体现薪酬成本控制的细节,为人力资源管理决策提供更准确的分析数据。

4. 员工维度——直面员工心理,解决盲点数据

员工维度是定量和定性结合的一种薪酬诊断方式。这里提供四种微观指标,即薪酬满意度、离职调研、绩优员工访谈和环境影响调研。

访谈和问卷调研是传统调研方法,企业可以引入第三方咨询公司,在无利益冲突的情况下进行,使得获取的数据更真实,更能反映员工的真实想法,也可以进行有针对性的调研。一般情况下,核心员工和新进员工比较愿意畅谈自己对企业的看法。

5. 平衡维度——内部比较是产生内部公平的重要途径

平衡维度主要诊断薪酬体系的内部公平性,包含三个基本分析指标,即内部等级薪酬分析、各部门薪酬占比分析和内部薪酬差距(相对和绝对)。

第二节 薪酬分析

薪酬分析是运用多种分析手段,对一定时期内企业的薪酬数据进行综合分析,从而反映薪酬现状、诊断薪酬缺陷、推进人力资源变革、提出优化建议的过程。

一、薪酬分析的重要性

薪酬分析的重要性体现在如下四个方面。

1. 描述薪酬状况,反映人力资源现状

描述、反映功能是薪酬分析的首要功能,通过薪酬分析,企业可以宏观地、系统地了解薪酬水平与薪酬分布现状,准确把握企业外部竞争力和内部公平性。

2. 评估薪酬方案,考量人力资源决策

设计、实施一个薪酬方案后,其具体效果需要由薪酬分析来反馈、评估,即通过各

种指标和分析技术客观评估、考量某一阶段人力资源决策的正确性与有效性。

3．诊断薪酬制度缺陷，推进人力资源变革

不存在尽善尽美的薪酬制度，也不存在一成不变的薪酬制度，薪酬分析可诊断、发现制度缺陷并提出建议，在新一轮的人力资源变革中加以克服或者弥补，实现薪酬的内部公平目标和外部竞争性目标，实现有效激励。

4．综合推进管理优化，达致人力资源战略目标

薪酬分析不是孤立的，通过与岗位分析、人才结构分析等人力资源模块相关分析的结合，可以更加全面、深刻地理解当前的人力资源战略，综合推进管理优化，达成人力资源战略目标。

二、薪酬分析的原则

1．真实性

薪酬分析以真实数据为基础，真实性具体反映在以下三个方面。

（1）在原始薪酬数据的收集、处理阶段必须力求准确、真实、不遗漏、不虚报。

（2）薪酬分析数据不拘泥于实际数据，收集薪酬数据后应进行排异化处理，为便于历史数据对比分析，必须排除足以影响分析结论的特殊异常数据，同时在分析报告中加以注释说明，保证真实反映客观情况。

（3）谨慎使用外部薪酬调查数据。由于薪酬数据的保密性，从外部获取的数据往往存在主观或客观的误差，在参考外部薪酬数据时必须保持谨慎的态度，有选择地分析、使用。

2．长期性

薪酬分析的时间跨度一般在一年以上，注重纵向历史数据分析，可能涉及近几年的数据。薪酬分析的长期性主要基于以下三个原因。

（1）薪酬数据分析工作量大，短期分析过于频繁，不利于简化工作。

（2）一年期以上的薪酬数据在统计学意义上能通过规模化数据来减少由于个别月份特殊波动带来的误差。

（3）年度分析符合会计结算、年终总结等的工作习惯且由于与同期其他报表生成时间一致，有利于薪酬的扩展分析。

3．系统性

薪酬分析的系统性具体反映在以下三个方面。

（1）薪酬分析必须着眼于企业的整个薪酬体系才有意义，应坚持进行宏观、全面的分析。

（2）除了薪酬数量分析，薪酬体系结构分析也是薪酬分析的一个重要方面，一个合理的薪酬系统必须具有合理、优化的结构。

（3）薪酬分析改进建议应更加着眼于结构优化，薪酬改进绝不仅是绝对数量上的增减变化，更应该着手结构优化，构建合理的激励体系。

4. 可比性

薪酬分析的可比性具体反映在以下三个方面。

（1）薪酬数据必须具有可比性，保证数据具有可比性的方法是同期数据收集和排异化处理。

（2）薪酬数据对比是薪酬分析的重要方法，内部对比反映内部结构和内部公平性，外部对比反映外部竞争力。

（3）薪酬分析结论必须具有可比性，通过一些客观指标的横向对比得出薪酬分析可比性结论，有利于以后的薪酬历史分析和改进。

三、薪酬分析的实施

1. 薪酬分析的指标

在一个规范的薪酬结构中，薪酬水平会随着薪酬等级的提高而相应上升，而且每个薪酬等级通常对应的是一个薪酬范围，而不是一个薪酬数值。将每个薪酬等级所对应的薪酬的中点值连接起来，即构成了一条薪酬趋势线，它是公司（或薪酬序列）的薪酬参考线。

（1）中位数。中位数是指位于一组降序排列数据的中间位置上的数值，即中位数是该数据中$(N+1)/2$个数所对应的数值。其中，N为按从大到小排列的数据的个数。

当一组数据的数目为奇数时，中位数即是位于所有数据中间点上的数值。例如，共计有 11 个数，则中位数是把这 11 个数据按照从大到小的顺序进行排列后位于中间位置（即第 6 位）上的数。

当一组数据的数目为偶数时，中位数即是所有数据中位于中间位置的两个数的平均数值。例如，共计 12 个数，则中位数是把这 12 个数据按照从大到小的顺序进行排列后位于第 6 位和第 7 位的两个数的平均值。

中位数和平均数都是反映一组数据集中趋势的统计量，但当一组数据的分布不均匀时，中位数能更好地反映一组数据的一般水平。

（2）中点值与级差。中点值是指每个薪酬等级所对应的薪酬参考值，它是该等级所对应的薪酬范围中最大值与最小值的平均值，即

$$中点值 = \frac{最大值 + 最小值}{2}$$

级差即相邻两个薪酬等级的中点值的差。在进行薪酬设计时，通常需要先设计起始等级的薪酬中点值，然后根据外部市场数据或经验值设计一个中点增加率，再计算下一等级的薪酬中点值，即

$$上一等级的中点值 = 下一等级的中点值 \times (1+中点增加率)$$

$$中点增加率 = \frac{上一等级的中点值 - 本等级的中点值}{本等级的中点值}$$

(3) 最小值、最大值与幅宽。最小值与最大值分别指一个薪酬等级所对应的薪酬范围的下限和上限。幅宽是指一个薪酬等级中最大值与最小值的差与最小值的商,它反映了该薪酬等级中最大值与最小值的差异幅度。

在进行薪酬设计时,通常是先根据市场定位确定每个薪酬等级的中点值,然后根据市场数据或经验设定每个薪酬等级的幅宽,再行计算每个薪酬等级的最小值与最大值,即

$$最大值=最小值\times(1+幅宽) \quad 最小值=\frac{2\times 中点值}{2+幅宽}$$

(4) 重叠度。重叠度是指两个相邻薪酬等级薪酬范围的重叠区域与其中较低薪酬等级的最大值与最小值差的商,即

$$重叠度=\frac{该薪酬等级的最大值-上一薪酬等级的最小值}{该薪酬等级的最大值-该薪酬等级的最小值}$$

若两个相邻薪酬等级的重叠度高,则意味着两个薪酬等级之间的差距不显著;反之,则意味着两个薪酬等级间的差异显著。

2. 薪酬现状分析的实施过程

企业的薪酬现状是否合理、薪酬体系是否具备激励性是企业关注的焦点问题。下面从企业经营的角度分析薪酬现状是否合理。

(1) 从利润的角度分析薪酬现状。企业可以通过近几年的利润分析企业发展情况的走势,如果企业盈利状况良好,则可以适当让利于员工,提高员工的待遇,增强企业的向心力与凝聚力。如果企业的营业额一直呈现上涨的趋势,但是员工的薪酬没有发生变化,那么员工就会产生抵触情绪,使企业失去向心力和凝聚力。

在企业经营状况不断发生变化的时候,如果企业的薪酬支付能力较强,但是薪酬成本没有上升,则说明企业在薪酬支付方面的投入不充分,这样会使企业的竞争力下降,尤其是在以高科技为主要竞争力的企业,核心技术人才是决定此类企业竞争力的关键,因此在薪酬支付方面需要向高科技人才倾斜。

(2) 从组织效率角度分析薪酬现状。只有在企业的人均人工成本和人均销售收入都高于市场平均值的时候,才能够达到企业与员工共享利益的双赢的局面。企业的营业额较好,员工获得更好的薪酬回报,这样的经营状况才能使企业的盈利局面保持在一种相对稳定的平衡状态。

(3) 从人事费用率的角度分析薪酬现状。人事费用率是企业的人工成本占企业实际销售额的比例。这里所说的人工成本不仅包括薪酬成本,还包括企业在人力资源管理过程中产生的人事成本,如招聘费用、培训费用等。由于每个企业所处行业不同,因此产生的人事费用也不相同。同时,企业规模的大小也会影响人事费用率的变化。

在进行人事费用率分析时,企业需要与市场上同类型的企业进行横向比较,如果企业的人事费用率偏低,则说明企业在薪酬方面缺少吸引力;如果企业的人事费用率在市场范围内达到了一个较高的水平,就说明企业的薪酬在整个大环境中是具有一定竞争力的。

（4）从人员规模与营业额角度分析薪酬现状。在实际的市场调查分析中，一些企业的员工结构不合理，也就是说人员的规模与营业额不匹配。产生这种情况往往源于企业经营项目不稳定，在项目较多的情况下，企业需要较多的员工，但当项目较少时，企业又不能进行裁员，由此导致人均产出比较低，因此企业的薪酬水平普遍不高。人员过于冗杂也会对企业的薪酬支付产生一定的制约作用，导致企业招聘的员工的上岗资格低于正常水平。对这样的企业来说，更好的做法是裁撤多余的员工，在招聘员工方面选择一些能力较强的人员，在薪酬支付方面也应适当提高薪酬水平，以此吸引更为优秀的人才，这样才能够使企业的整体水平不断提高。

（5）薪酬内部公平性分析。评判企业薪酬设计好坏的一个很重要的标准就是薪酬结构是否可以体现薪酬的公平性。在一些薪酬水平普遍很高的企业，员工的离职率同样也比较高。实际上，一些员工跳槽之后的薪酬不一定比原企业高。对此，调查显示，尽管原企业的薪酬水平较高，但是令员工觉得很不公平，而跳槽后的薪酬给付较为公平，虽然不如原来的高，但是让人觉得开心。从这里可以看出，相对于单纯的高薪酬水平，员工更愿意选择薪酬结构更加公平的企业。因此，对薪酬内部公平性的分析就显得尤为重要。

薪酬的内部公平性主要体现在岗位价值的公平性、实际能力的公平性、绩效的公平性以及薪酬调整程序的公平性四个方面。

① 岗位价值的公平性。在薪酬设计的过程中，需要体现不同岗位对企业的贡献价值。因为员工在实际工作的过程中会做一种隐形比较，如果员工觉得自己所在岗位的价值比另一个岗位的价值高，但是实际的薪酬水平不如另一个岗位的高，那么员工就会觉得不公平。这种情况在一些没有进行职位价值评估的企业中表现得较为明显。员工在进行比较的时候是比较盲目的，也是比较主观的，因此会产生一定的认知偏差，这种认知上的偏差往往会使员工感到不公平。

例如，人力资源经理与行政经理虽然都是经理层级，但是由于具体工作内容不同，岗位职责不同，因此两者对企业的实际贡献价值是不同的。但是一些制度较为传统的企业常按照层级划分薪酬，将两者的薪酬定位在同一个水平上。而实际上，人力资源经理的价值是比行政经理高的，这样就伤害了对企业贡献价值较大的员工。

想要解决这种不公平的现状，最好的办法就是在企业内部实行职位价值评估。对企业内已有的岗位进行统筹划分，对职位的具体等级进行比较和分析，使员工明确岗位之间的价值差别，以这种划分标准进行实际的薪酬体系设计可消除员工的不公平感。

② 实际能力的公平性。在企业中还会存在这样的问题，两个员工所处的岗位相同，但是工作能力的差异使得二者对企业的贡献不同，这时如果二者的薪酬水平相当，那么必定会使其中一方产生不公平感。例如，有两名设计师，其中一名设计师能力很强，能够帮公司解决一些疑难问题，另外一名设计师的能力并不是很突出，只能承担一些难度不大的工作。而在薪酬设计方面，由于两人都处在设计师的岗位上，因此薪酬水平相当。在这样的情况下，能力较高的那名设计师就很有可能会选择跳槽到薪酬水平较高或者薪酬结构更加公平的企业。

综上，企业在薪酬设计方面除了要考虑岗位之间的差异，还要重视同岗位不同员工之间的差异。采取相同的薪酬水平对能力较强的员工是不公平的。在进行薪酬体系设计管理时，企业应该在每一薪酬等级内划分不同的档次，根据员工能力的不同，进行薪酬的分档设计。

③ 绩效的公平性。在企业中，做同一工作的不同员工由于表现不同，其实际为企业创造的价值也是不同的。例如，在企业中，同样是在服务岗位，某个员工表现良好，得到了客户的认可，而另外一个员工由于解决问题的能力不足遭到客户的反复投诉，影响了企业的信誉，但实际上，两位员工所获得的薪酬是一样的，这样会使表现较为优秀的员工产生不公平感，或者懈怠工作，或者选择到薪酬结构更为公平的企业就职。

企业在设计薪酬体系的过程中，需要考虑员工绩效表现的差异性，对绩效表现良好的员工适当倾斜政策。同时，薪酬也要随着员工的层级浮动采取合理比例的分配，这样可以对员工产生激励作用。

④ 薪酬调整程序的公平性。通常，企业在员工工作一段时间后会对员工的薪酬进行调整，但在员工能力相当的情况下，若薪酬调整幅度不同则会使员工产生不公平感，因此薪酬调整程序的设定需要体现企业薪酬的公平性，只有这样，才不会造成员工的不满。

第十章 薪酬预算的编制与调整

导入案例

替身演员的工资

全球著名的音乐剧《猫》自1981年在伦敦首演以来，先后被翻译成二十多种语言在全世界各个角落演出，2002年5月11日，也就是它21岁"生日"时，《猫》在伦敦落下帷幕，总计在纽约演出了7485场，伦敦演出8949场。《猫》中文版于2012年8月17日在上海大剧院首演。2012年12月21日至2013年2月3日，《猫》中文版在北京世纪剧院进行跨年演出。然而，今天要跟大家探讨的不是音乐剧，而是与工资有关的内容。

《猫》的主要演员分为两类：一类是正式演员，必须参加每周定量的排练和演出，如在百老汇每周必须演出20场，从而每周获得2000美元的报酬；另一类是替身演员，每场演出都在后台静坐待命。替身演员并不一定会上台表演，但他们必须学会该剧中五个不同角色的表演，一旦某位正式演员因故不能演出了，他们就得登台救场。在报酬上，他们无论每周是否登台演出20场，都可以得到2500美元。这是因为他们能够表演5个不同的角色，与是否登台表演无关。

资料来源：替身演员的工资[EB/OL]. (2022-01-22)[2022-06-06]. https://m.xtjob.net/news/39093.html.

第一节 薪酬预算

薪酬预算是组织规划过程的一部分，可确保未来财务支出的可调整性和可控制性，包括对未来薪酬系统总体支出的预测和工资增长的预测。薪酬预算是薪酬控制的重要环节，准确的预算可以保证企业在未来一段时间内的薪酬支付受到一定程度的协调和控制。薪酬预算要求管理者在进行薪酬决策时综合考虑企业的财务状况、薪酬结构以及企业所处的市场环境因素的影响，确保企业的薪酬成本不超出企业的承受能力。企业在每一个财务年度开始前会制定下一年度的财务预算，而薪酬预算是财务预算的一个重要组成部分。

一、薪酬预算的目标

薪酬预算工作应该达到以下目标。

1. 使人工成本的增长与企业效益增长相匹配

人工成本的适当增长可以激发员工的积极性，促使员工为企业创造更大的价值。在企业人工成本的变动过程中，一般会出现企业投入的边际人工成本等于企业获得的边际收益的状态，薪酬预算就是要找到这一均衡点，在使劳动者薪酬得到增长的同时，实现企业收益的最大化。

2. 将员工流动率控制在合理范围内

薪酬待遇是影响员工流动的主要因素之一，企业员工流动率应该保持在一个合理范围内。若员工流动率过高，员工会缺乏安全感，其忠诚度会下降；员工流动率过低，员工的工作积极性会降低，企业会缺乏创新精神。

3. 引导员工做出符合组织期望的行为

薪酬结构及薪酬构成的调整可体现企业对某系列岗位序列人员的重视，从而体现组织发展战略的变化；通过对符合组织期望的行为的鼓励，引导员工向着组织期望的目标努力。

如果企业在变动薪酬或绩效薪酬方面增加预算，而在基本薪酬方面控制预算的增长幅度，根据员工的绩效表现提供激励，那么员工就会重视自身职责的履行及高绩效水平的达成，这样就会促进企业目标的达成。

二、薪酬预算的编制原则

在编制薪酬预算时，要遵循以下几个基本原则。

1. 双低原则

设计薪酬预算时，要遵循双低原则。一是企业工资总额增长幅度低于本企业经济效益增长幅度；二是员工实际工资增长幅度低于本企业劳动生产率增长幅度。

2. 增长原则

增长原则是指员工个人工资的增长幅度要根据市场价位、员工个人劳动贡献率和个人能力的发展来确定。对贡献大的员工，增薪幅度要大；对贡献小的员工，不增薪或减薪。

3. 恰当原则

恰当原则是指恰当地确定人工成本的支出与销售额、销售利润的比例关系。只有控制好薪酬预算，才可以降低企业在用人上的直接资金风险。现实中，企业管理者经常抱怨缺乏人才，一旦企业陷入逆境，便不惜以高薪外聘人才并祈求高素质人才立即为企业解困。人才固然是企业所必需的，但如果用错了人，无疑是在增加成本、加大用人风险。

三、薪酬预算的编制方法

一般来说，薪酬预算的编制方法有两种：一种是自下而上法，另一种是自上而下法。

名称虽然很普通,但形象地反映了两种方法各自的特点。

1. 自下而上法

自下而上中的"下"指员工,"上"指各级部门乃至企业整体。自下而上法是指以企业的每位员工在未来一年的薪酬预算数字计算出整个部门所需要的薪酬支出,然后汇集所有部门的薪酬预算数字,编制企业整体的薪酬预算报告。

通常,自下而上法比较实际且可行性较高。部门主管只需按企业既定的加薪准则(如按绩效加薪,按年资或消费品物价指数的变化情况等)调整薪酬,分别计算出每个员工的增薪幅度及应得的薪酬额,然后计算出整个部门在薪酬方面的预算支出,再呈交给高层管理人员审核和批准,一经通过,便可以着手编制薪酬预算报告。

2. 自上而下法

与自下而上法相对,自上而下法是指先由企业的高层管理人员决定企业整体的薪酬预算额和增薪的数额,然后将整体预算额分配到每个部门。各部门按照所分配的预算数额,结合本部门内部的实际情况,计算每位员工的薪酬预算。

由此可见,自上而下法中的预算额是每个部门所能分配到的薪酬总额,也是各部门所有员工薪酬数额的上限。如何将这笔薪酬分配给每位员工,由部门主管自行决定。

部门主管可以按企业所定的增薪准则为每位员工分配薪酬数额,根据员工的不同绩效表现来决定增薪幅度或者采取单一的增薪幅度,不过这样会导致底薪较高的员工的薪酬增幅较大,而底薪较低的员工实际获益较少。

一般来说,自下而上法不易控制总体的人工成本,而自上而下法虽然可以控制总体的人工成本,但缺乏灵活性,而且确定薪酬总额时的主观因素过多,降低了预算的准确性,不利于调动员工的积极性。

由于两种方法各有优劣,通常企业会同时采用这两种方法,首先决定各部门的薪酬预算总额,然后预测个别员工的增薪幅度并确保其能匹配部门的薪酬预算总额,如果两者之间的差异较大,就要适当调整部门的薪酬预算总额。

自上而下的薪酬预算方法包括劳动分配率基准法、销售净额基准法、损益平衡点法等。

(1) 劳动分配率基准法。利用劳动分配率基准法计算人工成本支付限额的公式为

预算的劳动分配率=1年人工成本预算÷(1年人工成本预算+1年固定费用预算+1年必得利益)×100%

平衡点劳动分配率是指在企业无损益情况下的人工成本支付比率(比重),计算公式为

平衡点劳动分配率=人工成本÷(人工成本+固定费用)×100%

当实际的劳动分配率低于平衡点劳动分配率时,企业处于财务安全状态,因此企业当时预算的劳动分配率会低于平衡点劳动分配率。

(2) 销售净额基准法。销售净额基准法是指根据实际人工费比率、本年平均人数、上年度平均薪酬和计划平均薪酬增长率计算本年目标销售额并以此作为本年最低销售净

额,其计算公式为

$$人工费比率=人工成本\div销售额$$
$$目标人工成本=本年平均人数\times上年度平均薪酬\times(1+计划平均薪酬增长率)$$
$$目标销售额=目标人工成本\div人工费比率$$

有时因为竞争激烈,企业在销售额上没有上升空间,这就需要在预计销售收入的情况下进行薪酬预算。

$$经营所需人数=年度人工费用预算支付限额\div调薪后平均人工成本$$
$$=计划附加价值\times合理劳动分配率\times[预计销售收入\div$$
$$现在人均人工成本\times(1+计划调薪率)]$$

当现有人数大于经营所需人数时,可考虑降低薪酬成本或裁员。从这个角度来看,销售净额基准法也是一种人力资源规划措施。

（3）损益平衡点法。利用损益平衡点法计算人工成本支付限额的公式为

$$人工成本的支付限额=人工成本\div损益平衡点的销售收入\times100\%$$

损益平衡点又称损益分歧点,是指在单件产品价格一定的情况下,与产品制造、销售及管理费用相等的收益额或者是达到一定销售收入的产品数量。因此,损益平衡点可以概括为企业利润为零时的销售额或销售量。损益平衡点的计算公式为

$$损益平衡点=固定费用\div附加价值或边际利益率$$
$$固定费用=销售费用及一般管理费用+折旧费用+营业外支出$$

四、确定薪酬总额的方法

企业薪酬总额或人工成本总额可以根据销售收入净额、企业增加值、盈亏平衡和综合效益等来确定,分别对应销售净额法、劳动分配率法、盈亏平衡法和工效挂钩法,其中,工效挂钩法广泛应用于国有企业。

1. 销售净额法

销售净额法是指根据对市场销售收入的预测,分析企业收入人工成本率变化趋势并参考同行业相关数据,确定企业人工成本总额的一种方法。其计算公式为

$$人工成本总额=预期销售收入净额\times收入人工成本率$$

一般情况下,企业在做薪酬预算时,收入人工成本率应稳定在合理的水平,人工成本总额的增加反映在员工人数增加和人均人工成本增加两个方面,首先应确定新年度所需员工人数,那么上述公式可以表达为

$$人均人工成本=人均销售收入净额\times收入人工成本率$$

从上式可以看出,人均人工成本的增长率应该和人均销售收入的增长率保持一致。

2. 劳动分配率法

劳动分配率法是指根据对企业增加值的预测分析企业劳动分配率变化趋势并参考同行业相关数据确定企业人工成本的一种方法。其计算公式为

人工成本总额=预期企业增加值×劳动分配率

一般情况下，企业在做薪酬预算时，劳动分配率应稳定在合理的水平，人工成本总额的增加反映在员工人数增加和人均人工成本增加两个方面，首先应确定新年度所需员工人数，那么上述公式可以表达为

人均人工成本=人均企业增加值×劳动分配率

从上式可以看出，人均人工成本的增长率应该和人均企业增加值的增长率保持一致。

3．盈亏平衡法

盈亏平衡点又称零利润点、保本点、盈亏临界点，通常是指全部销售收入等于全部成本时（销售收入线与总成本线的交点）的产量。以盈亏平衡点为界限，当销售收入高于盈亏平衡点时，企业盈利；反之，企业亏损。盈亏平衡点可以用销售量来表示，即盈亏平衡点的销售量；也可以用销售额来表示，即盈亏平衡点的销售额，如图10-1所示。

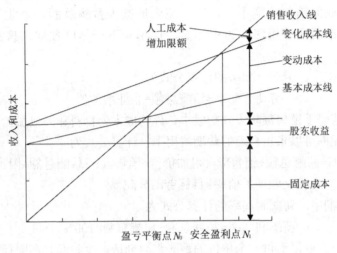

图 10-1　盈亏平衡示意

4．工效挂钩法

工效挂钩是指企业工资总额同经济效益挂钩。具体做法是：企业根据上级主管部门核定的工资总额基数、经济效益基数和挂钩浮动比例，按照企业经济效益增长的实际情况，提取工资总额并在国家指导下按"以丰补歉、留有结余"的原则合理发放工资。

五、薪酬预算的编制过程

企业在编制薪酬预算时应该充分掌握有关外部环境和内部条件的信息，这样可以清楚地知道企业目前的状况、竞争对手的动向及面临的挑战和机遇，只有这样，才能比较准确地预算需要支付的薪酬。

1．确定企业战略目标和经营计划

首先，需要确定企业下一年度的战略是快速扩张、适当收缩、稳步增长还是转换领

域,这决定着企业整体对人力资源的需求,同时会影响企业薪酬总额的预算。

其次,需要确定企业下一年度的经营目标,如收入、利润、增加值、产值等指标,这是决定薪酬总额的基础。一般地,如果有可能,还应将目标分为基础目标、努力目标和最低目标,以分别计算对应的薪酬总额。

最后,应该确定企业下一年度的组织结构、岗位设置,因为一方面组织结构的变动会影响员工人数,另一方面组织结构的变动会带来员工岗位工资部分的变动。

2. 衡量企业支付能力

衡量企业支付能力的指标有薪酬费用率、劳动分配率和薪酬利润率。

(1) 薪酬费用率。薪酬费用率的计算公式为

$$薪酬费用率=薪酬总额÷销售额$$

如果企业的销售额较大,则薪酬总额也应当相应地增加,因为企业的支付能力比较强;如果企业的销售业绩不好,则应相应地减少薪酬总额。企业可以根据过去的经营业绩计算出薪酬费用率,再根据这个比率和下一年度预期销售额计算合理的薪酬总额。

(2) 劳动分配率。劳动分配率的计算公式为

$$劳动分配率=薪酬总额÷企业增加值$$

其中,企业增加值等于销售额减去外购成本,外购成本为物料和外包加工的费用。

根据劳动分配率可以求出合理的薪酬费用率,计算公式为

$$薪酬费用率=薪酬总额÷销售额=(附加价值÷销售额)×(薪酬总额÷附加价值)$$
$$=目标企业增加值率×目标劳动分配率$$

(3) 薪酬利润率。薪酬利润率的计算公式为

$$薪酬利润率=利润总额÷薪酬总额×100\%$$

该指标表明,企业每支付一个单位的薪酬将会创造多少利润。在同行业中,薪酬利润率越高,表明企业薪酬取得的经济效益越好,人工成本的相对水平越低,企业薪酬提升的空间越大。

3. 确定企业薪酬策略

薪酬策略是指将企业战略和目标、文化、外部环境有机结合制定的对薪酬管理的指导原则。薪酬策略对薪酬制度的设计与实施具有指导作用,它强调的是相对于同规模的竞争性企业来讲,薪酬支付的标准和差异。

企业的薪酬策略既要反映组织的战略需求,又要满足员工的期望。薪酬与组织及其外部环境之间存在着一种依存关系,与企业的发展战略是契合的。薪酬策略对企业发展战略的支持作用表现在通过薪酬策略向员工展示企业的期望并对那些与企业期望一致的行为进行奖励。

薪酬策略包括:① 薪酬水平策略,分为领先型、跟随型和滞后型;② 薪酬激励策略,即重点激励哪些人群,采用什么样的激励方式;③ 薪酬结构策略,即薪酬应当由哪些部分构成,各占多大比例;④ 薪酬等级策略,即分多少薪酬等级,各薪酬等级之

间的关系如何。

4. 诊断薪酬问题

企业对薪酬的诊断可以从一些指标和数据入手,包括薪资均衡指标、递进系数、重叠度、幅宽等。

5. 分析人员流动情况

分析人员流动情况实际上是对人力资源需求和供给的预测,主要包括对总人数、有多少员工被提拔到上一层级、新增加多少员工、有多少员工离职等的预测。

6. 确定薪酬调整总额及整体调整幅度

首先,确定薪酬调整总额需要确定薪酬总额调整的依据,即是依据利润、增加值还是依据销售收入调整薪酬总额。

其次,要确定劳动分配率、薪酬费用率和薪酬利润率的目标值。企业可以根据行业内的平均水平或标杆企业的水平进行确定。

再次,依据经营目标、历史工资水平测算出预期薪酬总额。

最后,据此计算出薪酬调整总额并按照薪酬激励策略和原来各部门在薪酬总额中所占的比重、各部门的业绩确定各部门的薪酬调整总额。

在将薪酬调整额度分配到各部门的时候,还应该考虑到员工不同的薪酬模式产生的差异。例如,生产系统依据计件发放薪酬,销售系统依据提成发放薪酬,高层管理者依据年度业绩发放年薪等。同时,企业应当预留出一部分作为年底奖金和调节之用。

7. 将薪酬调整总额分配到员工

将薪酬调整总额分配到员工需要事先确定规则,如是依据资历进行薪酬调整还是依据绩效进行薪酬调整等。为了激励员工努力工作,创造更好的业绩,一般应当考虑依据业绩调薪,即绩效调薪。

绩效调薪是指根据员工的绩效考核结果对其基本薪酬进行调整,调薪的周期一般按年来进行。绩效调薪的确定涉及以下两个因素:一是员工的绩效水平的高低,绩效水平越高,调薪的幅度就应该越大,绩效平平的员工不应该获得绩效提薪,绩效水平差的员工,应该对其基础工资进行下调;二是员工薪酬在薪酬范围中所处的位置,如果该员工所获得的报酬已经处于薪酬范围的上端,那么为了降低企业的成本风险,其绩效调薪的幅度就应该比处于薪酬范围下端而绩效结果与之相同员工的调薪幅度小。

8. 根据市场薪酬水平确定员工薪酬水平

若外部市场薪酬调研显示,A岗位的薪酬在过去的一年中明显上涨了20%,说明原定的薪酬水平已经不能保证企业的薪酬对该岗位员工的吸引力,企业必须对应地做出薪酬调整。

第二节 薪酬调整

企业薪酬体系在运行一段时期以后,随着企业经营业务的变化而产生的用人政策的变化,往往使得现行的薪酬体系难以适应企业业务运营的需要,这时企业就必须对其现有的薪酬体系进行全方位的检测,以确定相应的调整措施。

一、薪酬调整的影响因素

在进行薪酬调整时,除了要考核薪酬设计的内部公平性、外部公平性、人员与岗位的公平性外,还必须考虑以下因素。

1. 人才的市场定位

企业应充分考虑自身的产业特点、技术研究、经营方式以及参与市场人才竞争等因素,明确企业核心人才在国内同类行业中的市场定位,以确保企业薪酬的外部竞争力。

2. 吸引人才、激发潜能的薪酬水平

依据人才的市场定位,企业为了留住、吸引及激发人才,企业必须针对同类行业的市场薪酬数据确定市场薪酬曲线的分位线。

3. 经济承受能力

有竞争力的薪酬调整策略必须以企业的经济承受力为基础,否则将失去整个薪酬调整的坚实基础。因此,企业在确定每个岗位的薪酬等级与福利等以后,应对薪酬总量进行测算,在提供有竞争力的薪酬的同时,确保有充足的资金支撑公司的经营发展。

二、薪酬调整的内容

1. 薪酬水平的调整

薪酬水平的调整是指薪酬结构、等级要素、构成要素等不变,调整薪酬结构上每一等级或每一要素的数额。在薪酬水平的调整中,除了贯彻三个公平性原则之外,还要处理好以下问题。

(1)选择调整战略和新的策略。企业总体薪酬水平的主要作用是处理与外部市场的关系,保持具有外部竞争力的薪酬水平。为了贯彻新的薪酬策略而进行的薪酬调整反映了企业决策层是否将薪酬作为实现外部竞争和内部激励的一个有效手段。

企业可以实行领先型薪酬水平政策,将薪酬水平提高到在同行业或同地区市场具有优势的水平。在实行领先型薪酬水平政策时,可以暂时不考虑企业当前的财务状况,不要单纯把薪酬作为一种人工成本投入，而要作为一种战略投资或者风险投资进行设计。

企业也可以选择先领先、后滞后的策略，即在前半年使企业的薪酬领先于市场水平，后半年逐渐与市场拉平。企业还可以选择薪酬落后于市场水平的策略，即以市场薪酬率作为薪酬调整的基准，随着时间的推移，企业薪酬水平会落后于市场水平。

（2）重视经验曲线规律，对不同岗位和员工进行有区别的调整策略。经验曲线是指随着时间的增加，某个人对某个岗位、某项工作的熟悉程度越来越高，经验积累越来越多，乃至感情会越来越深，从而有利于员工改进工作方法，提高工作效率，更好、更合理地完成本职工作。但是这种经验不是永远增加的，随着时间的推移，经验的积累速度也将越来越慢，直至停止。经验曲线在不同性质的工作之间的作用程度和积累效应是不同的，一般而言，技术含量高的工作的经验曲线的积累效应大，反之则小。例如，从事技术工作的员工，随着年限的延长和经验的积累，其研究和开发能力会逐步提高。因此，越是简单、易做的工作，其经验积累得越快，并且这种经验也将很快达到顶峰，不再继续增加。但如果工作本身难度很高，需要较强的创新精神，那么这种经验的积累速度将是十分缓慢并且是长期的，这种经验只要稍微增加就可以促进员工能力和工作效率的大幅度提高。因此，薪酬增加应该尊重经验曲线规律的作用，主要体现在经验曲线效应较强的工作，随时间的推移，从事这些工作的人员的薪酬需要上涨，而且在曲线上升期间，薪酬不仅应该增加，而且应该按照递增的比例增加；到经验曲线下降或者不起作用之时，可以适当地降低薪酬增长幅度或者采取其他激励方式。对于经验曲线效应不强的简单工作，如熟练工和后勤人员等，其技能与工作经验之间的相关性不强，薪酬调整可以不过多考虑经验与增资之间的关系。

2. 薪酬结构的调整

薪酬结构的调整包括纵向结构和横向结构的调整。纵向结构是指薪酬的等级结构；横向结构是指各薪酬要素的组合。

（1）以下为薪酬等级结构调整的常用方法。

① 增加薪酬等级。增加薪酬等级的主要目的是将岗位之间的差别细化，从而更加明确按岗位付薪的原则。等级薪酬制是与以岗位为基础的管理制度相关联的，是一种比较传统和正规的管理模式。增加薪酬等级的方法有很多，关键是选择在哪个层次或哪类岗位上增加等级。例如，是增加高层次还是增加中、低层次的岗位，是增加管理人员的等级层次，还是增加一般员工的等级层次。增加等级以后，各层次、各类岗位之间还需要重新匹配，调整薪酬结构关系等，这些都要慎重考虑。

② 减少薪酬等级。减少薪酬等级就是将等级结构"矮化"，是薪酬管理的一种流行趋势：将薪酬等级线延长；将薪酬类别减少，由原有的十几个减少至三五个；在每种类别中，包含着更多的薪酬等级和薪酬标准；各类别之间薪酬标准交叉。薪酬等级减少的直接结果是薪酬等级"矮化"，即合并和压缩等级结构，其优点在于：第一，使企业在员工薪酬管理上具有更大的灵活性；第二，适用于一些非专业化的、无明显专业区域的工作岗位和组织的需要；第三，有利于增强员工的创造性，促进其全面发展，抑制员工仅

为获取高一等级的薪酬而努力工作的倾向。

③ 调整不同等级的人员规模和薪酬比例。公司可以在薪酬等级结构不变动的前提下，定期对每个等级的人员数量进行调整，即调整不同薪酬等级中的人员规模和比例，实质是通过岗位和职位等级人员的变动进行薪资调整。例如，通过对高、中、低不同层次的人员进行缩减或增加，可以达到三个目的：一是降低薪酬成本；二是增强企业内部的公平性；三是加大晋升和报酬的激励性，以下为具体做法。

其一，降低高薪人员的比例。这主要是为了采取紧缩政策，降低企业的薪酬成本，因为一个高级管理人员的收入往往是低级和中级员工的数倍，甚至是数十倍。做法主要是控制薪酬成本，核心是减少高级员工，降低其薪酬和福利待遇，可取得较好的效果。

其二，提高高薪人员比例。企业为了适应经营方向和技术调整，增加高级管理人才或专业技术人才而采取的策略。在激烈的市场竞争中，一些采取经营者年薪制的企业之所以不惜花重金雇用高级经理人员是因为企业的竞争力主要取决于高级管理人员具有长期的战略眼光且高级管理班子具有稳定性。这两个因素是制订高级人员薪酬计划和实行年薪制的主要依据。

其三，调整低层员工的薪酬比例。一般是通过变化员工的薪酬要素降低员工的薪酬水平。例如，压低浮动薪酬、升高奖励标准，使得员工在一般情况下只能获得基本薪酬，很难获得奖金和浮动薪酬或者在薪酬水平不变或增加幅度不大的情况下，延长工作时间、减少带薪休假、提高工时利用率等。

（2）薪酬要素构成的调整。横向薪酬结构调整的重点是考虑是否增加新的薪酬要素。在薪酬构成的不同部分中，不同的薪酬要素分别起着不同的作用，其中，基本薪酬和福利薪酬主要承担适应劳动力市场的外部竞争力的功能，而浮动薪酬则主要通过薪酬内部的一致性达到降低成本与刺激业绩的目的。

薪酬要素结构的调整可以有两种方式：一是在薪酬水平不变的情况下，重新配置固定薪酬与浮动薪酬之间的比例；二是通过薪酬水平变动的机会，提高某一部分薪酬的比例。相比之下，后一种方式比较灵活，引起的波动也小。员工薪酬要素结构的调整需要与企业薪酬管理制度和模式改革结合在一起，使薪酬要素结构调整符合新模式的需要。

3. 员工薪酬调整

世界上并不存在一劳永逸的事情，薪酬管理也是如此，薪酬制度在运行的过程中，由于各种因素的变化，必须不断地加以调整，因为僵化不变的薪酬制度将会使其激励功能大大弱化。

（1）员工薪酬调整的原则。企业一般有人力成本的预算，加、减薪的幅度最好不要超过税后利润的增、减幅度，同时还要考虑现金流量、贴现能力和资金时间价值等因素。如果平时现金流量不多，那最好在发年终奖或现金流量大时才实施方案；如果资金时间价值较大，不如用期权等形式作为调薪方案。而减薪也可采取轮岗、提前退休和减少上班时间等多种方案灵活解决，与"少奖金"和"少工资"相比，员工更易接受减少工作时间。

在薪资必须做整体调整时,如何确定具体的加薪或减薪方案呢?总的来说,应该掌握以下几个要点。

第一,起草调薪方案并获通过。

第二,告知员工调薪方案的目的、原则、内容、原因及注意事项。

第三,要做好员工的思想工作,对容易引起歧义的内容做出解释说明。

第四,在条件允许的情况下,加薪方案中最好不要有减薪的个案,最好维持原状。同样,在减薪方案中尽量不要有加薪的个案,最好维持原状。

第五,在调薪方案出台前,要做好民意调查及薪资行情调查(同行业、同职位),有可行性后再将成熟的方案推出,如若强行推行,则负面作用会很大,甚至会造成员工的"胜利大逃亡",而且跑掉的员工都是重量级的。

第六,调薪要与公司的有关内容相互配合,如奋斗目标和机制转换等。

(2)员工薪酬调整的类型。一般来说,薪酬调整主要有以下几种类型。

① 奖励性调整。奖励性调整是指为了奖励员工所做出的优良工作绩效,鼓励他们保持优点,再接再厉,适当提高其薪酬水平,故奖励性调整又称功劳性调整。

奖励的办法和形式多种多样,有货币性和非货币性的,有立即给予或将来兑现的,有一次性支付的,也有分批或终身享用的。

② 物价性调整。物价性调整是指为了补偿物价上涨给员工造成的经济损失的一种工资调整方法。企业可以建立员工工资水平与物价指标自动挂钩的体系。在保持挂钩比例稳定的同时,实现工资水平对物价上涨造成损失的补偿。物价性调整有等比调整和等额调整两种方式。

③ 效益性调整。效益性调薪是指当企业效益提高时,对全体员工给予等比例奖励的薪酬调整方法,但是这种薪酬调整往往具有"不可逆性"。效益性调整的规律是企业的效益越好,可用于调薪的总额或比例就越高。

由于它在分配上的平均主义倾向,使得对员工的激励作用十分有限,特别是对企业发展做出了巨大贡献的关键员工,他们的积极性会受挫,因此这种调整不宜经常进行。

④ 工龄性调整。工龄性调整是指把员工的资历和经验当作能力和效率予以奖励的薪酬调整方法。工龄的增加意味着工作经验的丰富,代表着能力与绩效潜能的提高。工龄调整要体现对企业贡献积累的原则,鼓励员工长期为企业服务,增强员工对企业的归属感,提高企业的凝聚力。

⑤ 考核性调整。企业一般以一年作为一个经营周期,相应地,也会以一年作为对员工绩效表现进行综合评估的一个周期。在年度考核结束后,企业通常会根据员工的绩效考核结果来进行年度调薪。企业年度调薪实行效率优先、兼顾公平的原则,以员工的工作绩效考核为主,决定其调薪的资格和幅度,绩效表现差的员工则可能面临降薪的惩罚。故考核性调整的规律是员工的绩效表现越好或越差,其调薪(上升或下降)的幅度就越大。

⑥ 工资定级性调整。当员工的岗位或技术等级发生变动时,需要按照新岗位或新技术等级的薪酬等级确定员工工资。在岗位变动调薪和技术等级变动调薪的情况下,薪酬

调整的方式多种多样。岗位或技术等级变动调薪的规律是员工原先的薪酬水平在从事同类工作的员工中所处的等级越低，若为加薪，则调薪的幅度越大；若为减薪，则调薪的幅度越小。

⑦ 特殊调整。这是指企业根据内外环境及特殊目的而对某类员工进行的报酬调整。如实行年薪制的企业，每年年末对下一年度经营者的年薪重新审定和调整；或根据市场因素适时调整企业内优秀人才的报酬以留住人才。

总之，企业应根据自身内、外环境的变化不断调整薪酬制度，使其发挥应有的激励作用，保证整个薪酬体系顺利、正常地运转。随着企业发展，薪酬方案会出现不适应企业发展之处，需要随时调整。企业可参考劳动力市场供求关系的变化、政府提供的工资指导线、最低工资标准等信息，根据企业发展规划、薪酬规划进行薪酬方案的调整，以一定量的工资增加额，最大程度地带动员工的积极性。

第四篇

特殊人员的薪酬管理

第十一章 管理人员的薪酬管理

导入案例

佳丽宝公司的薪酬满意度

佳丽宝公司是由原来的三家企业合并而成的中型汽车配件企业。近几年,该公司的经济效益迅速提高,财务实力明显增强。但由于领导层重视生产、轻视管理,使公司各项管理的基础工作十分薄弱,规章制度也不够健全、完善,特别是在人力资源管理方面,绝大部分员工对公司目前的薪资制度怨声载道,严重地影响了公司生产经营活动的正常进行。为此,公司董事会决定对员工薪资制度进行一次全面调整。目前该公司一般员工实行的是技术等级工资制,采用计时工资加奖金(按月支付)的计酬方式,而管理人员实行的是职务等级工资制,按照职务高低支付工资,每个季度按照对各个部门的绩效考评结果支付一定数额的季度奖,其奖金水平不得超过一般员工奖金水平的30%。

图11-1、图11-2和图11-3是一家管理咨询公司对该公司员工薪酬满意度调查结果的分析图。图中横轴表示同一类员工的三种不同态度,纵轴表示该类员工人数的比例。

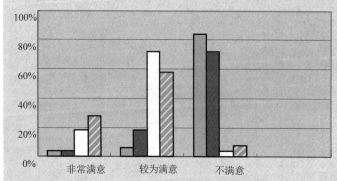

图 11-1 一般员工薪酬满意度调查结果分析图

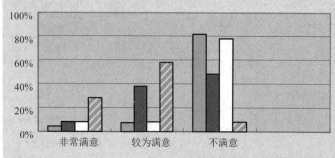

图 11-2 中级管理人员薪酬满意度调查结果分析图

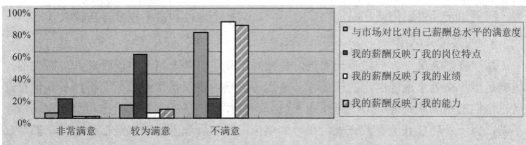

图 11-3　高级管理人员薪酬满意度调查结果分析图

根据薪酬满意度调查结果可发现，该公司存在以下几个问题：① 与市场劳动力价位对比，该公司三类人员一致认为自己的薪资水平低于市场水平。② 对一般员工而言，由于该公司管理基础薄弱，现行的技术等级工资加奖金的制度只能反映员工的技能和绩效的差别，不能反映出各种岗位的劳动差别。③ 对中级管理人员而言，由于该公司现行的职务等级工资制以及力度不大的季度奖金制度，使中级管理人员付出的劳动及实际贡献在薪资制度上得不到体现。④ 对高级管理人员而言，除"我的薪酬反映了我的岗位特点"外，对其他方面较为不满意，这说明公司现行的工资制度不能最大程度地调动他们的积极性。

资料来源：孙利虎. 战略薪酬管理：理论与实务[M]. 大连：东北财经出版社，2015：197-199.

第一节　管理人员概述

一、管理人员的构成

管理人员是指在正式组织内拥有正式职位，运用组织授予的制度权力做出决策，负责指挥别人活动并承担对组织实现预期目的做出贡献的责任的各类主管人员。

按所负责的组织活动范围分类，管理人员分为直线管理人员和职能管理人员。

按在组织中所处的层次分类，管理人员分为高层管理人员、中层管理人员和基层管理人员。

1. 高层管理人员

高层管理人员是指对整个组织的管理负有全面责任的人，他们的主要职责是制定组织的总目标、总战略，掌握组织的大致方针并评价整个组织的绩效。企业高层管理人员的作用主要是参与重大决策和全权负责某个部门，兼有参谋和主管的双重身份。

2. 中层管理人员

中层管理人员是指处于高层管理人员和基层管理人员之间的一个或若干个中间层次的管理人员，他们的主要职责是贯彻、执行高层管理人员所制定的重大决策，监督和协调基层管理人员的工作。在美国，一般情况下，中层管理人员是美国中产阶级的主要代表,但是由于其供职公司和职位性质的不同,其社会地位和富裕程度存在较大差距。

3. 基层管理人员

基层管理人员亦称一线管理人员,是相对于高层管理人员与中层管理人员而言的,也就是组织中处于最低层次的管理者,他们所管辖的仅仅是作业人员而不涉及其他管理者。他们的主要职责是:给下属作业人员分派具体工作任务,直接指挥和监督现场作业活动,保证各项任务的有效完成。在一个单位,基层管理人员通常是指在生产、教学、科研一线承担管理任务的人员。基层劳动纪律的管理是基层管理人员最重要的日常管理工作。

二、管理人员的技能

不论属于何种类型、层次的管理人员,都需要具备一些管理技能。究竟需要具备哪些技能,管理学家们提出了许多说法,其中以美国学者罗伯特·L.卡茨提出的观点最具代表性。他认为管理者要具备三种技能,即技术技能、人际技能和概念技能。

1. 技术技能

技术技能是指使用某一专业领域内有关的工作程序、技术和知识完成组织任务的能力。对于管理人员来说,虽然不一定要成为精通某一行业、某一领域的专家,但不能不了解所从事的工作,否则不能胜任管理工作。

2. 人际技能

人际技能是指处理人际关系的能力。对一个组织的管理人员来说,不可避免地要处理与上级、同级和下级的关系。因此,管理人员要具有说服上级、团结同级、带动下级的工作能力,同时还要能够协调组织与外界的关系,形成人际关系网。

3. 概念技能

概念技能是能够洞察组织及组织所处环境的复杂性并能根据环境的变化迅速做出对某种客观事物的发展规律的抽象概括和思维能力。管理人员在面对复杂的环境变化时,要能够认清组织的优势和劣势,准确地把握机会,迅速做出有利于组织发展的决策。因而,这种思维能力和决断能力十分重要。

以上三种技能是任何层次的管理人员都要具备的,只是由于管理人员管理层次的不同而各有侧重而已。一般来说,对高层管理人员的技能要求是概念技能最高,人际技能稍次,技术技能最低;对中层管理人员的技能要求是人际技能最高,概念技能居次,技术技能最低;对基层管理人员的技术要求是技术技能最高,人际技能居次,概念技能最低。这其中,人际技能对于任何层次的管理人员都是非常重要的。

第二节 管理人员薪酬管理的实施

一、管理人员薪酬的构成

与其他员工群体相比,管理人员是企业进行薪酬管理时需要关注的特殊群体中最重要的一部分,因为管理人员受激励水平的高低会直接影响组织的经营绩效和员工的工作满意度,不仅关系到企业的经营方向和生产营销策略,而且还影响到企业的整体竞争力。

管理人员的薪酬是一个甚为敏感的话题,毕竟组织里的各种决策,包括薪酬决策,都是由管理层负责的,他们必须让员工相信自己没有以权谋私。此外,虽然管理层在数量上只占组织中员工总数的很小一部分,但企业给他们支付的薪酬却占企业薪酬总额相当大的部分。由于以上种种原因,为管理人员制定合适的薪酬方案是一件至关重要的事情。

1. 基本薪酬

基本薪酬又称"基本薪金",是根据员工所承担或完成的工作本身或者员工所具备的完成工作的技能向员工支付的稳定性报酬,是员工收入的主要部分,也是计算其他薪酬性收入的基础。

基本薪酬对企业的一般性人力资本来说就是"基础工资"(wage),而对专业技术人员和经营管理者来说就是"薪水"(salary)。在企业整个薪金报酬体系中,它是最为基础的收入报酬。由于企业人力资源在企业中的不同性质,因而其基本薪酬的表现形式也大不相同。

2. 短期奖金

一般情况下,企业向管理人员支付短期奖金旨在对其在特定的时间段里(通常是一年)为组织绩效做出的贡献进行奖励。

二、管理人员薪酬管理的原则

1. 公平原则

公平是薪酬设计的基础,员工只有在认为薪酬设计是公平的这一前提下,才可能对企业产生认同感,薪酬才可能产生激励作用。

2. 竞争原则

企业要想获得真正具有竞争力的优秀人才,必须制定出一套对人才具有吸引力并在行业中具有竞争力的薪酬系统。在进行薪酬设计时,除了较高的薪酬水平和恰当的薪酬价值观外，企业应针对各类员工的自身特点制定灵活的多元化薪酬结构，以增强对员工的吸引力。

3. 激励原则

对一般企业来说，通过薪酬系统来激发员工的责任心和工作积极性是最常见和最常用的方法。一个科学、合理的薪酬系统对员工的激励作用是最持久的，因为科学、合理的薪酬系统解决了人力资源所有问题中最根本的分配问题。

4. 经济原则

经济原则在表面上与竞争原则和激励原则是相互对立和矛盾的。竞争原则和激励原则提倡较高的薪酬水平，而经济原则提倡较低的薪酬水平，但实际上三者并不对立也不矛盾，而是统一的。当三个原则同时作用于企业的薪酬系统时，竞争原则和激励原则就受到经济原则的制约。这时企业管理者所考虑的因素就不仅仅是薪酬系统的吸引力和激励性了，还应考虑企业承受能力的大小、利润的合理积累等问题。

5. 合法原则

薪酬系统的合法性是必不可少的，合法是建立在遵守国家相关政策、法律、法规和企业一系列管理制度基础之上的合法。

6. 补偿性原则

薪酬应保证员工收入足以补偿其付出的费用，不仅应该补偿员工恢复工作精力所必要的衣食住行费用，而且还应补偿员工为开展工作所必须投入的用于学习知识、技能等的费用。

7. 战略导向性原则

企业在进行薪酬设计时，必须从企业战略的角度进行分析，要分析薪酬因素中哪些因素相对重要，哪些因素相对次要并赋予这些因素相应的权重，从而确定每个岗位的价值。

三、高层管理人员的薪酬管理

在现代企业中，高层管理人员属于企业运营的核心人才，他们从事管理工作并拥有一定的职位，对整个组织的管理负有全面的责任，主要职责是制定组织的总目标、总战略，掌握组织的大方针并且要对企业的整体绩效做出评价。高层管理者的工作重点在于决策，因此他们要掌握的知识更加趋向于概念技能，如经营预测、经营决策、管理会计、市场营销和公共关系等。同时，在企业对外的合作和交往中，企业的高层管理人员需要以企业代表的身份出现。企业以其所承担的计划、组织、领导和控制职责作为制定高层管理人员薪酬体系的主要依据。高层管理人员工作的特殊性导致了其薪酬管理的差异性。而高层管理人员对企业的发展起着重要的作用，应该突出其薪酬管理的重要性，选择年薪制度作为核心管理人员的薪酬模式。在这种薪酬模式下，高层管理人员的薪酬结构应该主要由岗位工资、效益奖金、长期激励和待遇福利四个部分组成。

1. 岗位工资

岗位工资是高管人员位于管理序列岗位的基本收入，其比例一般以占到总体薪酬的 1/3～2/3 为宜。岗位工资对于高层管理人员来说属于固定收入部分，主要是为其提供可靠的生活保障，但是岗位工资在激发高层管理人员工作积极性方面的作用不够明显。

2. 效益奖金

效益奖金是针对高层管理人员的短期激励方式。由于高层管理人员的决策、控制、领导能力对于企业效益的影响比一般员工更大，因此要将企业短期效益的变化作为其奖金的发放标准，让高层管理人员在企业经营效益的进步中获取自己努力的成果。

3. 长期激励

由于高层管理人员对企业的发展有着至关重要的作用，因此他们的流失也会给企业造成很大的负面影响。高层管理人员往往承担着企业经营决策方面的巨大风险，效益奖金这种短期激励方式无法满足其更高的利益需求，因此要通过长期的激励来予以弥补。近年来，以各种股票计划为主要内容的长期激励方案越来越受到欢迎。这主要是因为高层管理人员对于企业效益的改善作用并不总是能够很快显现出来，因此企业主对于他们工作的有效性和努力程度无法进行及时、有效的监管，而长期激励是对其进行激励的最佳途径之一。同时，长期激励可以将企业的总体利益和高层管理人员的个人利益联系起来，从而激励他们关注企业的长期发展以及持续性地达到更高的绩效水平。

4. 待遇福利

这是赋予高层管理人员的一些特殊待遇，目的是对高层管理人员在工作中需要承担的一定的企业风险进行补偿。留住管理者对于组织而言是至关重要的，而特定内容的福利和服务在吸引这些核心员工方面有着不可低估的效果，可以鼓励其在进行短期行为时着眼于企业的长期利益。高层管理人员通常享受的福利项目除了针对普通员工的福利外，还有特别针对高层管理人员的在职福利和退休福利。在职福利即公司内部为高层管理人员提供舒适的工作环境，在公司外部为高层管理人员的工作提供良好的服务，同时在生活上为高层管理人员解决可能遇到的各种问题；最后还要使其享受各种待遇，如带薪年假等。退休福利主要是要建立高管人员社会保障制度，涉及各种形式的"金色降落伞"，对其所要承担的企业管理风险提供一定的补偿。

第十二章 技术人员的薪酬管理

A公司面临的薪酬管理难题

A公司主要从事维修服务、配件销售等业务，下设有一家小型租赁分公司，从事工程机械的租赁业务。按照业务类型，公司可以分为四个部门：项目部、修理厂（大修厂）、贸易公司和租赁公司。项目部是针对钢铁厂的一些外包服务而设立的，服务于数家钢铁厂。贸易公司的业务主要分为两个方面：一是为公司发标书、竞标以及与投标现场对接，二是在市区和外地进行采购。租赁公司主要从事租赁工程设备方面的业务，负责提供设备和操作手。

随着近几年企业经营逐渐走上轨道，业务量扩大，公司内部的人员管理问题逐渐凸显。由于公司涉及的业务类型较多，关联度不大，各业务部内部的人员结构、管理要求不同，使得建设合理薪酬体系的难度较大。

通过与A公司沟通，调查人员发现公司在规范化管理方面存在着很大的问题，具体表现在以下几个方面。

（1）行业特殊性决定技术人员的培养和储备难度较大。A公司的维修业务（包括项目部和大修厂）虽不是收入主体，却是规模主体，需要的员工最多，对技术性人才培养和储备的要求较高。A公司维修业务的员工属于技术工人，培养该类型人才的特点是时间长、难度大，并且维修类技术工人的社会存量较少，在行业间人才需求竞争较激烈。

（2）员工满意度较低，难以留住核心人才。该公司的绩效考核体系不明确，薪酬制度不合理。对于一线工人以及普通管理人员，并没有按照工作量和工作难度来制定合理的薪酬体系，缺乏一个合理的、量化的指标，导致员工满意度下降，为追求更高工资选择跳槽。

（3）岗位说明不明确，工作安排随意性较大。例如，在工作内容上，A公司并没有明确、具体地规定员工的工作内容，只是自然地让技术高的员工干高技术的工作，让技术低的员工干低技术的工作。

（4）劳动合同制度不规范，存在人才流失的隐患。例如，租赁公司操作手与A公司之间没有固定的正式劳务合同关系，人员比较松散、不固定。

总的来说，A公司在薪酬方面的安排随意性较大，存在着人才流失的隐患，只有建立合理、规范、可量化、令人信服的制度，才可以大幅度提高员工的满意度，保持公司人员的稳定性。

A 公司在完善制度方面会面临较大的变动,对于公司来说,这是一件大事,一定要周详考虑,尽量避免引起员工的反感和抵制,对任何人员在薪酬、岗位上的变动都要谨慎安排。

资料来源:张宝生. 薪酬管理[M]. 北京:北京理工大学出版社,2018:185-186.

第一节 专业技术人员概述

一、专业技术人员的概念

专业技术性工作或职业非一般社会普通公众所能从事或胜任,这是因为专业技术的掌握必须用一定时间进行专门学习或研究,有的专业技术还要求从业人员具备很强的特定素质和灵性、悟性,不是光靠勤奋刻苦就能掌握的。

专业技术人员是指掌握某一特殊领域的知识、理论或操作技术手法并以其掌握的专门知识、理论或操作技术手法从事某种专门性工作或职业,依照法律或合同、协议获得相应权利和相应利益的人员。

二、专业技术人员的特点

(1)掌握某一领域的专业知识、理论或操作技术手法。这不仅是专业技术人员从事专业技术工作或职业的前提和基础条件,也是专业技术人员区别于其他普通社会公众的显著标志之一。

(2)从事社会生产和社会生活某一领域的专业技术工作或职业。

(3)涉及社会领域广泛,层次不尽相同,当前绝大部分的专业技术人员的资质都由政府和社会有关机构进行认证。

(4)专业技术人员大都从事以脑力为主的劳动,是先进社会生产力的重要代表之一。

(5)依照法律或合同、协议享有特定权益和承担相应的义务。

总之,专业技术人员是社会分工日益细化和高度专业化的必然结果,分布在社会各个领域和各个环节,是工人阶级的一部分,是推动社会生产力发展的重要生力军,是先进生产力的重要代表之一。

第二节 专业技术人员的薪酬设计

一、根据事业成熟曲线制定薪酬方案

1. 事业成熟曲线的含义

专业人员的技术水平取决于两个方面的因素：一是其接受过的正规教育和训练的水平，二是工作经验年限和实际工作能力。

所谓事业成熟曲线，实际上就是从动态的角度说明专业技术人员的技术水平随着工作时间而发生变化的情况以及它与技术人员的薪酬收入变化之间的关系。

在实践中，根据专业技术人员的事业成熟曲线来确定专业技术人员的薪酬水平是一种比较常见的做法，如图12-1所示。

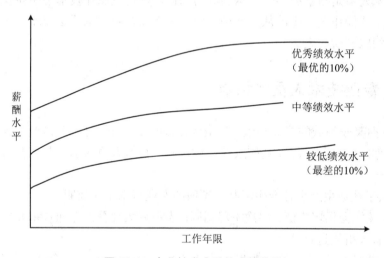

图12-1 专业技术人员的成熟曲线

2. 事业成熟曲线对薪酬的影响

（1）专业技术人员在刚刚进入劳动力市场时的初期阶段的薪酬增长速度会很快。事业成熟曲线反映出，专业技术人员所积累的专业知识和技术在刚刚进入劳动力市场时是非常有优势的，再加上工作经验的逐渐丰富，其工作能力提高很快，因而这一阶段的薪酬增长速度会很快。

（2）经过一定的发展阶段后，专业技术人员的薪酬会相对稳定在一定的水平上。经过一段时间以后，专业技术人员的工作能力提高速度逐渐减缓，直至进入一个事业平台，此时专业技术人员的薪酬也相对稳定在一定的水平上。

除了工作经验、年限因素以外，专业技术人员的实际工作绩效差异也会导致他们的事业成熟曲线出现不同。

3. 双重职业发展通道

所谓双重职业发展通道，就是指在薪酬方面，专业技术人员可以谋求两条不同的晋升路径：一种路径是走传统的路子，即从从事专业技术工作转变到从事管理型工作；另外一种路径是继续从事专业技术工作。无论是走哪一条道路，专业技术人员同样具有薪酬增加的空间。

二、专业技术人员的薪酬水平

在实践中，专业技术人员的劳动力市场价格不仅非常清晰，而且受供求影响的波动非常明显。如果其他企业所支付的薪酬水平明显较高，而且在知识和技能开发方面也不差，则专业技术人员出现流动的可能性是非常大的。

确定专业技术人员的薪酬水平的因素有：事业成熟曲线、外部薪酬数据、员工个人的知识技能水平及经验、员工的具体职位。

当企业薪酬的内部一致性与外部竞争性之间产生冲突的时候，对于技术人员的薪酬决策来说，外部竞争性的重要性会远远超过内部一致性的重要性。

三、专业技术人员的薪酬结构

1. 基本薪酬与加薪

专业技术人员的基本薪酬主要取决于他们所掌握的专业知识与技术的广度与深度，以及他们运用这些专业知识与技术的熟练程度，而不是他们所从事的具体工作岗位的重要性。

在基本薪酬一定的情况下，专业技术人员的加薪也主要取决于他们的专业知识和技能的积累程度，以及运用这些专业知识和技能的熟练水平的提高。

因此，通过接受各种培训以及获得相应的学习机会提高自身的知识水平和能力是专业技术人员获得加薪的一个主要途径。专业技术人员的薪酬一般会随着工作年限增加而上升。此外，专业技术人员的绩效评价结果对于他们的加薪也会有一定的影响。

2. 奖金

一般说来，在专业技术人员的薪酬体系中，奖金的重要性不大。由于专业技术人员主要是靠知识和技能的存量及其运用来获得报酬，而在很多时候，他们的这种专业知识和技能本身是有明确的市场价值的，因此，专业技术人员通常是获得较高的基本薪酬，即使有一定的奖金发放，奖金所占的比重通常也比较小。

一种例外是对于研发出为企业带来较高利润的新产品的专业技术人员或专业技术人员团队，企业往往会给予一定金额的一次性奖励或者是让他们分享新产品上市后一段时期中所产生的利润。

3. 福利与服务

在福利和服务方面，专业技术人员非常看重继续接受教育和培训的机会。因此，在专业技术人员比较多的企业中，企业除了尽力为专业技术人员的工作提供各种物质条件上的便利之外，还应尽量为员工提供一些在国内外进修深造的机会，为他们参加各种学术活动提供费用和时间上的便利。

企业这样做的目的一方面是满足员工个人发展的需求，提高其对组织的忠诚度；另一方面是要使他们有机会吸收新的科技知识，接触本学科的前沿问题，学习其他企业同类人员的科研方法，同时建立企业间的技术合作关系，从而为员工个人和企业的未来发展创造条件。

第三节 技术人员薪酬设计的要点

基于专业技术人员的特点，企业的薪酬设计应与其需求相匹配，这样才能更好发挥薪酬的激励作用。在具体操作上，企业可以把握以下几个要点。

一、合理设计薪酬标准，体现企业的发展战略

专业技术人员的薪酬设计必须解决企业的基本矛盾，即专业技术人员管理与企业发展战略之间的矛盾、企业发展与员工发展之间的矛盾。它强调企业设计薪酬时必须从企业战略的角度和专业技术人员的角度进行分析，制定的薪酬政策和制度必须体现企业发展战略和专业技术人员目标的要求。企业的薪酬不仅仅只是一种制度，更是一种机制，合理的薪酬制度可驱动那些有利于企业发展战略和调动专业技术人员积极性的因素的成长和提高，同时使那些不利于企业发展战略的因素得到有效的遏制或淘汰。

二、着力营造尊重和包容的文化氛围

企业一方面要提升专业技术人员在企业中的地位，制定重要的决策时可以听取他们的意见或者吸收他们参与决策制定；另一方面，技术攻关和产品研发失败的风险较大，企业要给予员工足够的协助和保护，尊重他们的工作，鼓励创新，允许犯错，鼓励试错，让员工在错误中学习和成长。尊重、创新和包容的文化氛围可以让专业技术人员放下包袱，突破思维局限，在创新的道路上一往无前。

三、体现出内部公平

相对公平是斯密公平理论在薪酬设计中的运用，它强调企业在设计薪酬时要"一碗

水端平"。一方面,企业专业技术人员之间的薪酬标准、尺度应该是一致的。对于一些技术人员比较多的企业来说,对技术类人员实行以技能为基础的基本薪酬确定方式比较合理,也比较有利。但在实行技能工资制的情况下,企业必须制定出明确的技能等级评价以及再评价的方案,而不能搞成变相的论资排辈。单纯依赖国家的职称评定系统来界定技术类人员的技能等级的做法已远远适应不了企业人力资源管理的需要,企业必须自行研究制定适用于本企业的技能资格等级标准并定期进行评价和重新评价,这样才能保证技能工资制真正落到实处。

四、合理设计薪酬结构,满足专业技术人员的个性化需求

1. 提供具有竞争力的基本薪酬

基本薪酬是指一个组织根据员工所承担或完成的工作本身或者员工所具备的完成工作的技能或能力而向员工支付的稳定性报酬。根据调查结果和我国具体的国情,高薪对国内企业的核心员工具有很强的激励作用。大多数的专业技术人员都是风险回避型的,而且对专业技术的认同程度高,期望得到较高且稳定的收入,以潜心于专业研究。因此,专业技术人员的基本薪酬应当在薪酬总额中占较大的比重并且处于劳动力市场的领先地位。在确定基本薪酬之前,应该通过周密的市场调查,以确定核心技术人员的基本薪酬水平并要保持其基本薪酬的外部竞争性,这样才能达到激励人才和留住核心人才的目的。

2. 短期激励和长期激励相结合,关注员工的长期发展

专业技术人员的工作周期在很多时候比较长,而且其工作结果对企业的影响也是滞后的,甚至有时根本就显现不出来,所以对他们的评价和激励不能以短期的利润为重要依据。对于有突出贡献的专业技术人员,应该给予一定金额的一次性奖励或按其成果所创造的利润进行提成。为了解决短期激励不充分的问题,可以采取员工持股计划、股权激励或技术入股等,逐渐完善长期激励机制,深化企业与员工的长期利益联系,把员工的长期收益与公司的利益结合起来,提高员工忠诚度,实现双方的互利共赢。

3. 提供满足员工高层次需求的福利和服务

由于知识更新速度加快、竞争加剧,核心技术人员的自我发展意识也在不断加强。因此,在福利和服务方面,核心技术人员对一些常规的福利和服务往往不感兴趣,但是他们非常看重继续接受教育和培训的机会。因此,企业除了对核心技术人员提供各种物质条件上的便利之外,还应该尽量为他们提供一些到国内外继续深造、出国考察、参加各种学习培训的机会,为他们参加各种学术会议,如专业学术研讨会、科技发明认证会等提供费用和时间上的便利。这一方面可以满足核心技术人员个人发展和自我实现的需求,提高其对企业的忠诚度和归属感;另一方面也可以使核心技术人员有机会吸收新技术知识,接触本行业的前沿问题,学习其他同类企业的科研方法,加强技术合作,为企业和员工的发展创造条件。

4. 开辟双重通道职业发展路径，实行专业技术职务薪资制

除了传统的管理职位晋升外，企业应根据专业技术人员特点，设立专门的专业技术职务晋升通道并配套专业技术职务薪资，为技术人员提供职业发展的双通道路径。专业技术职务薪资是针对专业技术人员专业技能变化的特点，以技术职务为对象建立起来的薪资体系。企业依据专业技术工作的性质和自身需要设立专业技术职务级别，在专业技术岗位上的员工依据自身的专业技术职务，享受对应的薪资等级并沿着相应的薪资等级进行晋升。

第十三章 销售人员的薪酬管理

导 入 案 例

新进销售人员的薪酬——瓜分制

新进销售人员大多对行业具体情况不熟悉,加上经验欠缺,在销售过程中遇到挫折后,自信心易受打击,一段时间后往往心灰意冷、士气低落。在此情况下,即使新员工享有与老员工相同的提成比例,但由于其完成业绩较少甚至极少,"提成"成了可望而不可即的空中楼阁。因此,对新进销售人员的薪酬,瓜分制是一种较好的方法。

所谓瓜分制,就是企业把新进销售人员视作一个整体,确定其收入之和,每个员工的收入按其贡献占总贡献的比例计算,其计算公式为

$$个人月薪 = \frac{总工资 \times 个人月贡献}{全体月贡献}$$

例如,某企业共有 6 名新进销售人员,根据市场和竞争对手的具体情况,企业确定 6 人月收入之和为 9000 元。当月各人完成的销售额分别为 10 万元、11 万元、12 万元、10 万元、16 万元、11 万元,共计 70 万元,则第一位销售员的月薪为:1286 元(9000×10/70),其他销售人员的报酬以此类推。

薪酬瓜分制剔除了市场环境因素的影响,站在同一起跑线上的新进销售人员只要付出努力,就能在固定的总收入中占据较大份额。如此既强化了新进销售人员之间的竞争,也提高了他们的积极性。当然,为保障新进销售人员的基本生活水平,提高他们的职业安全性,还可进一步将瓜分制与混合制结合,其计算公式为

个人月薪=固定工资部分+(总工资-总固定工资)×(个人月贡献/全体月贡献)

如上例,如将每个销售员固定工资定为 500 元,则第一位销售人员的月薪计算方式为

$$500+(9000-500 \times 6) \times 10/70 = 1357 元$$

总之,在将销售人员的薪酬与绩效指标量化的结果挂钩时,计算基数是企业降低销售费用和提高薪酬激励性、竞争性之间的平衡点。当销售人员的激励薪酬部分在企业销售费用中所占比重不大时,可将计算基数定得高一些,反之则稍低。

计算基数的确定方法最好是透明的,以提高公平性和员工满意度。将销售人员绩效的量化结果同薪酬水平挂钩回答了员工在企业的绩效管理中常常会提出的"我将得到什么?我的利益是什么?"。当员工看到组织所期望的目标由于较好的落实而得到回报时,与绩效相匹配的薪酬才会变得真实。即使他们会对那些得到更多奖励的人做出嫉妒或愤愤不平的反应,但是他们会承认管理层对绩效考核计划和薪酬计划都是认真的。于是,在下一个考核期,他们会更用心。这个时候,他们会开始问一些与绩效考核有关的问题,如"它到

底是怎么回事儿""如何才能得到更令人满意的绩效"等。于是，他们才会在将来成为积极的参与者。与绩效考核相匹配的薪酬计划把组织所期望的绩效指标转化为行动。

资料来源：新进销售人员的薪酬——瓜分制[EB/OL]．(2012-10-30) [2022-06-06]．http://www.doc88.com/p-744822892595.html．

第一节　销售人员的薪酬模式及其选择

一、销售人员的工作特点

1. 工作业绩直接影响企业的生存

销售工作与其他各项工作不同，其他各项工作对企业的影响只是局部的，而销售工作则影响企业的全局。如果一家企业的销售工作无法开展，则该企业的其他各项工作都无法正常进行。因此，企业管理者在制订工作计划时的口头禅往往是"销售是龙头"，这是有一定道理的。

2. 工作时间不确定

销售人员的工作时间分配取决于客户，很难有一个确定的工作时间，因此也就无法对他们进行严格的考勤考核。

3. 无法对工作过程实施有效的控制和监督

对基层管理人员的工作进行监督是必要的，也会起到应有的效果。对销售人员的工作监督则很难实施，也无法达到预期的目的，销售人员的工作与研发人员的工作相类似，其工作在很大程度上取决于自觉和主观努力。如果一个销售人员本身对销售工作没有兴趣，那么再多的监督也不会有任何效果。

4. 工作业绩能够衡量

专业技术人员的工作业绩在短期内无法衡量，销售人员的工作业绩则在短期内就能体现出来，其业绩表现为一定时期内的销售额、新客户开发数、货款回收额等，业绩指标具体、明确。

5. 业绩不稳定，波动性大

基层管理人员的业绩绝大部分取决于自己的主观努力，因此其业绩是可以由自己左右的，是比较稳定的。而销售人员的业绩除自己的主观努力以外，很大一部分还取决于外界环境因素，这不是由销售人员所能控制的，因此其业绩常常表现出不稳定性，各统计期间业绩的差距常常很大。

二、销售人员薪酬设计应遵循的原则

在设计营销人员薪酬制度时应遵循以下原则。

1. 有效性原则

权衡整个行业内人才市场的薪酬行情和本公司的支付能力与经营理念,所支付的薪酬既不能失去激励性,又不能产生"油多了不香"的后果。

2. 灵活性原则

薪酬制度的建立应既能满足各种销售工作的需要,又能比较灵活地根据市场行情和营销周期加以调整。

3. 竞争性原则

薪酬制度必须富于竞争性,所给予报酬要高于竞争者的水平,这样才能吸引和留住最佳销售人员,从而形成一支强有力的销售团队。

4. 激励性原则

薪酬制度必须能够给予员工一种强烈的激励作用,以便使其取得最好的营销业绩。同时,又能引导销售人员尽可能地配合企业的整体运作。

5. 稳定性原则

优良的薪酬制度必须使大部分有安定性心理需求的销售人员每周或每日有稳定的收入,这样才不至于使其太过紧张和不安。

6. 便于理解和管理的原则

一种有效的薪酬制度必须使员工能随时以自己的业绩计算出自己的薪酬水平,同时也不能给薪酬管理带来更大的麻烦和更高的成本。

7. 配合性原则

销售人员薪酬制度的建立必须以认识和配合各有关部门的目标为基础,否则不易确定其与公司长期利益的吻合程度。

8. 相称性原则

营销人员的薪酬必须与其本人的能力、性格等相一致,与其合理的生活水准相一致,还要与其他部门相一致。

三、销售人员常用的薪酬模式

鉴于销售人员的工作特点,目前流行的销售人员薪酬模式有以下几种。

1. 纯薪金模式

纯薪金模式是指营销人员的薪酬全部是固定的基本薪酬。这种模式的优点是使得营销人员的收入得到了保障,增强了他们的安全感,使得员工能够保持高昂的士气且便于管理。其缺点在于,由于收入与业绩不挂钩,员工缺乏动力去提高销售业绩,不能对员工形成有效的激励,容易形成"吃大锅饭"的氛围,而且这种模式可能会给有进取心、有能力的营销人员带来伤害,造成企业人才的流失。就企业来说,固定薪酬将成为企业的一笔固定费用，不利于企业控制销售费用。在实践中，使用纯薪金模式的企业较少。当销售人员对晋升机会、成就感、荣誉等的需求较为强烈时或者当销售业绩的取得需要有很多人进行团队协作时，纯薪金模式较为适用。

2. 纯佣金模式

纯佣金模式是指营销人员的薪酬中没有基本薪酬部分，其收入全部来自按销售额的一定百分比提成的佣金。其计算公式为

$$个人收入=销售额×提成率$$

上述公式只是一个简单的描述。在实践中，提成率有时并不是固定的。例如，有些企业为销售人员设定了目标销售业绩，当销售额低于目标销售业绩时，提成率为3%；当销售额高于目标销售业绩时，超出部分销售额的提成率上升到5%。其目的是激励销售人员创造更好的业绩。提成率的确定没有固定之规，它的高低取决于产品的价格、销售量及产品销售的难易程度等。

这种模式的优点是，它将销售人员的收入直接与业绩挂钩，能够产生很强的激励作用，而且它将营销的风险完全转移到了销售人员身上，降低了公司的运营成本。其缺点在于，销售人员承担了较大的风险，其收入易受经济环境等外部因素的影响而大幅波动，这将会减弱销售人员对企业的归属感，营销团队的稳定性和凝聚力也相对较差。而且，由于销售人员的目标单一，仅仅集中于销售额，这可能会使其忽视其他很多与其收入没有直接关系，但对企业非常重要的营销活动，如客户信息的收集、企业的形象等。

在实践中，这种薪酬模式常见于产品标准化程度较高但市场广阔、购买者分散、很难界定销售范围、推销难度不是很大的行业，如人寿保险、营养品、化妆品等行业。当营销行为能够在短期内产生业绩，而且已有人获得众所周知的高额收入时，这种模式就更具吸引力。另外，在实践中，这种模式常用于企业的兼职销售人员。

3. 基本薪酬加佣金模式

基本薪酬加佣金模式是指销售人员的收入包括基本薪金和销售提成两部分。在这种薪酬模式下，销售人员一般都有一定的销售定额，当月不管是否完成定额，均可得到基本薪金即底薪；如果销售人员当月完成的销售额超过设置的销售定额，则超过部分按比例提成。其计算公式为

$$个人收入=基本薪金+(当期销售额-销售定额)×提成率$$

薪金加佣金模式实际上是纯佣金模式和纯薪金模式的混合模式，它兼具两者的优点，使得销售人员收入既有固定薪金做保障，又与销售业绩挂钩；既有提成的刺激，又给员工提供了相对固定的基本收入，使他们不至于对未来收入产生恐慌。正因为它既克服了纯薪金模式和纯佣金模式两者的缺点又吸收了两者的优点，所以被企业和销售人员广泛接受，成为当前最通行的销售人员薪酬模式。

4. 基本薪酬加奖金模式

基本薪酬加奖金模式与基本薪酬加佣金模式类似，虽然佣金与奖金都与销售业绩挂

钩，但二者仍有区别，不同之处主要在于佣金与奖金的计算方法不同。佣金是根据销售业绩和提成率直接计算确定的，无论销售业绩如何都可以获得佣金，只不过是多少的问题；而奖金则不然，只有营销人员的销售业绩达到一定水平时，他们才可以获得奖金。另外，在佣金的设计中，一般只能与量化的销售业绩指标挂钩，如销售收入、销售量、销售利润等；而在奖金的设计中，企业可以采用市场开拓、客户投诉状况、货款回收速度等不太容易——量化的指标作为营销人员获得奖金的门槛。这一模式的优缺点与基本薪酬加佣金模式基本相同。

5. 基本薪酬加奖金加佣金模式

基本薪酬加奖金加佣金模式将基本薪酬、奖金和佣金三种薪酬手段集合在了一起。在这一模式下，营销人员除每月有固定的底薪外，还可获得销售额一定比例的佣金，当其销售业绩达到既定标准时，还可以获得奖金。这一模式的优点在于兼具奖金和佣金的激励效果，同时还有基本薪酬为员工提供保障，因此在实践中也很常用。其缺点在于，加大了公司的销售成本，并且使成本变得不可控制。另外，由于提成率、销售业绩标准等设计起来比较复杂，该模式加大了薪酬设计的难度，增加了薪酬激励的成本。

四、销售人员的薪酬模式选择

对于一个特定的企业来说，对销售人员具体采取哪种薪酬模式要综合其所处的行业、企业所提供产品或服务的特点、企业所处的生命周期以及企业以往的做法等几方面来考虑。

从行业因素以及企业所提供的产品或服务的特点来看，销售的技术含量低、销售对象广泛、产品的销售周期较短的行业，如前面提到的人寿保险、营养品、化妆品行业等，对销售人员较宜采用"低固定+高提成"的底薪加佣金模式，也可采用纯佣金模式。这种薪酬模式以销售业绩为导向，能最大程度地刺激销售员工提升业绩，令员工承受巨大的工作压力并迅速提升公司销售额，但是一旦市场出现不利条件，销售工作遇到瓶颈，销售队伍也很容易分崩离析。

不过这些行业由于产品销售过程中的技术含量不高，对销售人员的培训较为简单，因此在克服困难之后重新组建一支高效的销售队伍并非难事。而对于一些专业性很强、产品销售过程中需要高含量的技术支持、市场相对较狭窄以及销售周期较长的企业而言，对销售人员宜采用"高固定+低提成"的底薪加奖金或底薪加佣金模式。例如，产品的专业性非常强、竞争激烈、人才流动性很高的IT行业，其销售人员就比较适合这种薪酬模式。较高的底薪能够给员工以安全感和归属感，能有效保证工作和人际关系的延续性，防止人员频繁流动给销售工作带来的困扰。但在这种薪酬模式下，如果没有相应的考核控制措施，将导致员工滋生惰性，工作效率降低。

从企业的生命周期来看，当公司产品刚刚上市时，产品没有什么知名度或者知名度很小，产品的性能也可能不太稳定，这个时候，市场开拓的困难程度和风险性是很高的，销售人员的努力很可能无法得到足够的市场回报。因此，企业对其销售人员适合实行"高固定+低提成"的底薪加奖金或底薪加佣金模式,甚至可以完全采用固定薪酬模式。而当企业进一步改进其产品性能,市场开拓逐渐显露成效的时候,企业开始进入快速成长期,需要销售人员不断拜访客户以开拓市场或产品性质决定其需要不断开拓新的客户源,保持与客户的密切联系,这时较适合采用"低固定+高提成"的底薪加佣金或底薪加奖金模式,以鼓励销售人员更加积极地去扩大市场份额,增加销售额。当企业进入成熟期和衰退期时,企业的知名度往往已经比较高,管理体制趋于成熟,客户群相对稳定,市场份额开始逐渐缩小,企业产品的销售额更大程度上是来自于公司整体规划和推广投入而非销售人员的个人努力,这个时候对销售人员采用"高固定+低提成"的底薪加奖金或底薪加佣金模式将更有利于企业维护和巩固现有的市场渠道和客户关系,保持企业内部稳定,有利于企业的平稳发展或者有利于企业延缓衰退,从该产品中赚取更多的收益。

第二节　销售人员薪酬体系的设计

一、薪酬设计与绩效考核结合

在销售人员的薪酬方案设计中,绩效考核与薪酬的关系是重点,绩效考核指标及其相应权重的确定非常重要。若企业未选择合适的业绩指标,而仅以销售额作为考核销售人员业绩的唯一指标,则会导致销售人员的短期化行为,给企业造成重大损失。若企业想使销售人员关注销售额和到款率,则可以选择销售额、到款率作为考核销售人员业绩的指标,但也会导致销售人员仅重视现有客户,忽视培养潜在客户群的缺陷。为了避免上述情况的发生,企业应采用较为全面的考核指标,如销售额、销售利润、销售回款率、客户满意度等,并采用科学、有效的方法确定各考核指标的相应权重。

同时,企业在设计绩效考核制度时,应从企业的实际出发,协调企业与部门及员工之间的利益关系。在绩效与薪酬的执行过程中,企业还要做好对销售人员工作过程的记录,保证过程的透明、公正。

在市场经济中,没有任何一种薪酬模式是绝对可行的。如果企业在适合的时候采用了合适的薪酬制度并通过这样的一种薪酬机制实现销售人员和企业的和谐、可持续发展,那么这种薪酬制度就是好的制度,就是值得企业采用的。销售人员薪酬制度的设计也是这个道理,如果销售人员认可并接受该种薪酬制度,则表明此制度就是可行的、适宜采用的。

二、浮动薪酬模式

在销售人员的薪酬结构方面,大多数企业都会有浮动薪酬部分,这主要是为了激励员工更好地完成销售业绩，实现企业的经营目标，因此销售人员的浮动薪酬设计部分就显得十分重要。通常情况下，销售人员的浮动薪酬部分主要有以下六种模式。

1. 恒等式

可变薪酬随着销售量或者销售额的增长，按照一个恒定的比例提取奖金部分，不要求事先确立精确的目标，业绩与薪酬挂钩。这种模式对销售人员的目标设定是比较困难的，没有一定的计划性，但是适用于处于初创期的企业。在市场环境不稳定的情况下，企业常采取这种提成模式。

在这种模式下，业绩的好坏变化与提成的比例没有关系，提成的比例是固定不变的。这样的提成方式简单，比较容易计算，但是对业绩比较突出的销售人员没有太大的激励作用。

2. 递增式

这种模式主要是向销售人员表明随着业绩的不断增加，提成的比例也会随之提高。这种模式需要事先设定一个目标，以免出现薪酬支付成本过高或者支付没有得到相应回报的情况。在销售管理过程中，企业也要加大控制力度。这种模式对目标设定的要求是比较高的，对市场可以预见和发展较为成熟的行业是比较适合的。

在这种模式下，企业能够激励销售人员完成更高的业绩，尤其是对绩效优异的员工，这种模式所具有的激励性更为明显，同时企业薪酬成本的压力也是比较大的。

3. 封顶式

封顶式是指当销售人员完成预期的目标之后，就不再进行奖励。这种模式适用于企业品牌较强的公司，更多的销售业绩主要来源于企业的品牌，对销售人员的依赖性没有那么强，同时需要对销售人员的业绩提供一定的奖金以鼓励其完成目标，保证企业经营目标的达成。

这种模式能够帮助企业节省薪酬成本，但是对员工的激励作用是不够的，尤其是对业绩比较突出的员工。

4. 递减式

递减式的模式主要是为了控制企业的薪酬支付成本，当完成预定的目标以后，降低提成比例。这种模式的难点在于付出比较少但是绩效的回报是比较大的，这就要求对目标的设定是非常精确的，否则就会减弱激励作用。这种模式适用于销售人员对订单规模或者利润较难控制的市场环境，而且大多数销售人员的业绩处于一般水平之下。

这样做虽然能够在一定程度上节省薪酬成本，但是也缩小了业绩优秀的和业绩一般的销售人员之间提成的差距，容易打击优秀员工的积极性。

5. 阶梯式

阶梯式是根据某一个范围内的销售业绩给予固定奖金的一种模式，业绩越高奖金不一定越高，需要员工突破某一个目标之后，才能获得更高的奖金。这种模式强调的是员工之间的差异性，只有达到预期的目标，才能够获得相应的报酬。如果运用得当，则能够激发销售人员的潜能；如果运用不当，就会打击销售人员的积极性。

这种模式在一定程度上可以对销售人员起到一定的激励作用，但是容易出现提成比例的空档。

6. 混合式

混合式是根据交易市场上多变的情况不断地调整提成比例，这种模式既能够提供有效的激励又可以合理地控制支付成本。这种模式是前面五种模式中某几种的混合与组合，是比较复杂的，而且在比例递减阶段可能会使激励作用减弱，因此在进行比例和目标的设定时，企业要对市场的变化情况有具体的了解，对销售订单有足够的控制力。

这种混合式的模式可以避免某一种模式的缺点，综合多种模式的优点，但是操作起来比较复杂。

三、销售人员薪酬设计的关键因素

销售人员的薪酬设计会受到很多因素的影响，其中比较常见的有产品市场特征、产品类型、员工的特征等。

1. 产品市场特征

产品的市场特征大致被分为四个类型：全新市场、新兴市场、成熟市场与衰退市场，适用不同的薪酬模式，具体如表 13-1 所示。

表 13-1 产品的市场特征各依据因素对比表

产品市场特征	激励重点	适用薪酬水平	适用薪酬模式	适用薪酬结构
全新市场	市场开拓；销售渠道建立	中等或中等偏下	基本薪酬+佣金+奖金	固定60%、浮动40%
新兴市场	市场占领速度；销售业绩达成	高或较高	基本薪酬+佣金+奖金	固定30%、浮动70%
成熟市场	销售业绩达成；销售成本控制	中等或中等偏上	基本薪酬+佣金+奖金+福利	固定50%、浮动50%
衰退市场	销售回款完成；销售成本控制	中等或中等偏下	基本薪酬+佣金；纯佣金	固定30%、浮动70%

2. 产品类型

产品类型决定了销售人员的工作方式和方法。对于简单的实体商品，员工个体完全可以胜任销售工作，因此企业激励员工个体充分发挥自身的销售能力以完成销售目标是薪酬设计的主要导向，也可以根据适当的需要兼顾团队协作。复杂、成套的设备或者专业服务的销售任务则需要整个销售团队的充分协作和信息共享且销售周期比较长，因此如何充分体现销售团队之间的个体差异以及设计合理的销售团队激励方案就是薪酬设计的重点，具体如表 13-2 所示。

表 13-2　产品类型与激励方法对比表

产 品 类 型	销 售 特 点	激 励 导 向	激 励 模 式
简单的实体商品	个人完成； 注重个人销售能力； 销售周期短	个人激励	自由，基本薪酬+佣金+奖金
复杂、成套的设备或专业服务	团队协作； 注重团队销售能力； 销售周期长	团队激励	在个人激励的基础上关注团队奖金设置

3. 员工的特征

员工的共同特征主要是指员工的业务方式与销售要求，员工的个体特征是指业务目标和资历、资格等，这两个方面的特征共同决定了销售人员的薪酬模式。

第十四章 国际外派人员的薪酬管理

导入案例

某石油公司薪酬方案

1. 背景介绍

某国有石油企业要求派遣大量相关专业技术人员（包括技术员、工程师、专家等）到偏远的海外地区工作，但是在技术人员派遣上出现了三个方面的问题：第一，只有少数员工自愿去海外工作；第二，被派出的许多技术人员未达到工作期限就要求回国；第三，一些技术骨干借机辞职。

通过调查发现，出现上述问题的原因主要是：海上石油工作平台条件艰苦，这些技术人员如果留在国内，收入仍然很可观，一笔派遣费不足以吸引他们；技术职业的报酬偏低、地位偏低、晋升路径很短；驻外工作需要远涉重洋、远离家人，不能很好地照顾家庭。

2. 薪酬方案设计

（1）薪酬战略目标。体现公司以人为本的企业文化理念，采用相应手段吸引和留住专业技术人才，鼓励员工支持海外业务，解决技术职业地位偏低、发展机会相对有限、晋升路径短的问题；薪酬要充分体现专业技术人才的价值和贡献；支持公司的财务战略目标（储备资金）。

（2）影响薪酬战略的因素。外派员工长期工作在外，往往在工作和生活上有着诸多不便。例如，对生活方式转变的不适应，远离家人朋友所产生的孤独、焦虑等。因此，公司应想方设法减少这些因素产生的不利影响，使他们的生活得到保障。此外，还有些细节需要注意：第一，员工报酬参照本国还是外国薪酬结构和水平。由于派遣期限一般是两年且被派往的国家在工资水平上低于国内，薪酬结构可以按本国的薪酬结构和水平计算。第二，发放方式。发放一定比例的外币，以方便员工的生活。第三，外派对家庭生活产生影响，公司要照顾到员工在国内的家人。

（3）薪酬结构。采用价值取向型薪酬体系，按员工所拥有的技能和业绩因素的多少或者等级确定其薪酬待遇。薪资总额=固定工资+浮动工资+派遣费+福利。

资料来源：靳娟. 国际企业外派人员管理[M]. 北京：首都经济贸易大学出版社，2016：195-196.

第一节　国际外派人员薪酬管理的特点

一、国际外派人员概述

经济全球化拉近了国与国之间的距离，使世界变得越来越小，然而这种距离的缩短并不意味着世界大同，文化差异仍客观存在。市场的全球性要求企业必须站在全球的角度来配置资源并解决全球性管理问题，全球营销、全球采购、全球雇用等行为成为企业获得竞争力的重要方式，向其他国家和地区派遣员工成为必然。当公司努力使自己在新的全球市场具有竞争力时，确定在其他国家分支机构工作的员工的薪酬也就成为一个极为重要的管理问题。在国外运作的公司雇用员工时面临三种选择：本国驻外员工、第三国员工、当地员工。本国驻外员工是母公司所在国家的居民，他们通常在国外工作过多年。第三国员工既非母公司所在国家的居民，也非国外子公司所在国家的居民，而是第三国的居民，他们通常因为自己的职业而不断地从一个国家转移到另一个国家。当地员工是国外子公司所在国家的居民。

二、外派人员薪酬管理的难点

1. 成本较高

外派人员薪酬体系设计的难点之一是这类雇员的人工成本较高。例如，一家公司派一位带有妻子和两个小孩的美国雇员（基本工资 80 000 美元）到伦敦工作 3 年，预计要花费 80 万~100 万美元，这种高成本必然要由雇员所做的贡献来弥补。据估计，美国公司为驻外执行官所花费的薪酬成本是他们在本国薪酬的 3~5 倍。

2. 公平

公平是在设计这类薪酬体系时需要考虑的重要因素。对于外派人员而言，要体现两个方面的公平性：一是要体现其派到国外后所得到的薪酬与其在国内所得到的薪酬的公平性；二是要体现其派到国外后所得到的薪酬与当地雇员的薪酬的公平性。处理这类公平问题时，一方面，要通过薪酬体系的设计使公司雇员有接受外派任务的兴趣；另一方面，外派人员的薪酬与当地雇员的薪酬水平不能有过大的差距。当本国与东道国在经济发展状况、收入水平、生活水平等方面差异较大时，外派人员薪酬的公平问题会尤为突出。

3. 雇员偏好

由于地区差异以及市场地位的不同，某些雇员担心去国外工作会对自身的职业生涯产生不同程度的影响，再加上个人的家庭情况、生活因素等，雇员对于被派到国外去工作的态度会不一样,而这种态度在外派期间也可能会改变。相关的调查表明,大部分外派员工不知道他们回到本国后的工作将变得怎样;超过半数的外派员工回国后,要么还是从事比较低级的工作,要么在一年内选择了离职;只有少量的归国人员认为公司重视他们的海外工作经验并得到提升。因此,雇员对外派工作的疑虑或者偏好给组织带来了更大的薪酬设计压力。

第二节 国际外派人员薪酬体系

一、外派人员薪酬的构成

一般情况下,外派人员的薪酬构成包括以下几个部分。

1. 基本薪酬

基本薪酬包括基本工资和激励工资两部分。基本工资是指外派人员薪酬中固定的部分,这部分薪酬和其他员工的薪酬同样与绩效的好坏没有联系。对外派人员基本薪酬的确定是确定外派人员薪酬的首要工作,因为基本薪酬是影响及确定激励报酬、津贴的重要参考数据。基本薪酬还包括激励工资。激励工资可以分为短期激励工资和长期激励工资。其中,短期激励方面主要有绩效奖金和海外任职奖金两种。绩效奖金一般是以分支机构的经营业绩及个人的绩效考评结果为依据计算并支付的,是薪酬中浮动较大的部分;海外任职奖金是跨国公司为鼓励外派人员接受海外任职而发放的额外报酬,一般是由基本薪酬的一个固定百分比计算并且仅在海外工作期间支付。

长期激励报酬是指通过股权方式,使外派人员的薪酬与企业的股票价格和长期的经营业绩紧密结合,方式一般包括赠送股份、虚拟股票、股票期权、仿真股票认购权等。

2. 税收

外派人员在国外的收入需要承担的缴税义务主要通过企业方面的税收平衡解决,即雇主承担向东道国和本国政府缴纳所得税的责任,这部分税金是需要从员工的收入中扣除的。

3. 津贴

由于外派工作的特殊性,公司需要向外派人员支付一定的津贴,用来弥补员工在外派过程中的经济损失或者是为激励员工接受外派任务所给予的额外补贴。在不同的外派工作环境下,津贴可分为许多种类。

4. 福利

福利是外派人员薪酬中的重要组成部分。福利是为了培养员工对组织的归属感和信任感的额外薪酬,主要分为标准福利和额外福利两部分。

二、制定外派人员薪酬方案的原则

为达到组织外派员工的目的以及对外派人员形成一定程度上的激励,企业需要确定外派人员薪酬方案的原则。

一般来说,应当使从事外派工作的员工拥有与在本地相同的消费能力。但外派员工的薪酬水平也不能过高,否则可能会使本地员工感到不公平或者使外派员工在回到原企业时形成心理落差。米尔科维奇认为,在当前的环境下,外派员工的薪酬体系缺乏对确保外派员工薪酬与组织目标一致性的关注,这是非常不利的。

合理的外派薪酬制度应当满足一致性、公平性、合理流动性、灵活性等原则,从而使得外派人员能够在短时间内适应地区差异。

三、外派人员薪酬方案的制定方法

1. 传统方法——平衡表模式

平衡表模式即借贷平衡法,目的是使外派人员的收入与在原企业中的收入相联系并且尽力平衡外派人员在本国和东道国之间的购买力。

2. 现行比率法

现行比率法即外派人员的工资报酬是基于当地劳动力市场比率进行计算的。该方法的特点是以当地劳动力市场的薪酬水平为基准,通过对分支机构所在地劳动力市场的调查确定外派人员的薪酬水平。但是这种方法会使得同一外派人员在不同分支机构工作时,薪酬待遇出现较大波动,不利于外派人员的自由调配。

3. 一笔总付模式

由于平衡表模式过多地介入外派人员的个人经济状况,因此跨国公司开始逐渐采用一笔总付模式。一笔总付模式通常是将按照原平衡表典型模式一一支付的各项津贴和福利汇总后与基本薪酬、激励性薪酬一起按月发放。在这种模式下,只要公司确保确定的总数不变,公司和外派人员之间就容易形成高度信任感。

4. 自助模式

自助模式是比较灵活的一种模式,公司提供菜单式薪酬项目,以供外派人员根据自己的情况和偏好自由选择并且各种可选项能够根据各国的征税情况而做出相应的调整。这种方法容易被外派人员接受,灵活性比较高,也能够在薪酬支付方面充分尊重员工的意愿。

四、外派人员薪酬的新兴模式

随着市场商业环境的逐渐改变,跨国公司在审视外派人员薪酬的传统模式是否仍然有效、是否能够随着时间和具体情境的变化进行调整的同时，也开始研究并实施外派人员薪酬的新兴模式。常见的新兴模式主要有以下几种。

1. 当地化模式

当地化模式主要是将外派薪酬与当地工资结构相联系。在这种模式下，外派人员能够得到与东道国国民平等的待遇，可以节约外派成本。

2. 当地化附加模式

除了向外派人员支付与东道国员工相当的薪酬外，一般企业还会将一些比较实际的补贴和奖励作为对外派人员额外生活开支的补偿以及对其知识和经验给公司创造价值的认可。

3. 谈判模式

公司和外派人员通过沟通和协商达成一致协议的薪酬支付方式。这种模式使用简单、灵活且易于操作，但是在实际操作中是比较耗费时间的。

五、制定外派人员薪酬方案的要点

1. 外派薪酬要具有竞争力

外派薪酬要具有竞争力，这种竞争力具体表现在两个方面：第一，对内具有竞争力，即外派人员的薪酬水平要高于总部同级人员的薪酬，这样才能鼓励员工承担外派工作；第二，对外具有竞争力，即外派人员的薪酬水平要高于东道国员工的薪酬水平，否则可能导致外派人员跳槽。这对公司的损失可能是巨大的，因为外派人员一般为公司的核心员工，在其成长过程中，公司对其进行了大量投资，若其辞职，公司不仅要为招聘其替代者支付招聘费、培训费，而且在该职位空缺时和在新进替代人员适应工作期间，公司仍要支付相关费用。因此，外派人员的薪酬一定要具有竞争力。

2. 对外派人员的各种补贴要说明其用途

对外派人员来说，各种补贴（包括商品服务补贴、个人纳税补贴、住房补贴等）在其薪酬中占据相当大的比例。外派人员的各种补贴是用于鼓励外派人员从事外派工作对他们在外派工作时在工作与生活方面的困难进行弥补，在支付外派人员各种补贴时，一定要说明公司支付这些补贴的用意，否则外派人员回国工作后会感觉他们的薪酬毫无理由地下降了。

3. 外派人员薪酬要包含一定比例的长期激励薪酬

第一，长期激励便于把外派人员的薪酬与其一段时期内的绩效挂钩，这样使支付给外派人员的薪酬更合理。第二，"金手铐"作用，长期激励对外派人员具有束缚性，能更有效地留住外派人员。第三，长期激励有利于公司节省其人力成本，因为长期激励使用未来的钱为员工现今的工作支付薪酬。

4. 外派人员的薪酬要建立在有效的绩效评估体系上

外派人员的薪酬支付要建立在有效的绩效评估体系上,而且外派人员的绩效评估指标有其特殊性。公司外派员工的主要目的是扩展公司视野,寻找新的商业机会。因此,在构建外派人员的 KPI 指标时,不仅仅要关注其财务指标,还要使其 KPI 指标与外派工作的目的以及公司的长期战略挂钩,这样才能使对外派人员的绩效评估有效,为其支付合理的薪酬。

参 考 文 献

[1] 张宝生. 薪酬管理[M]. 北京：北京理工大学出版社，2018.
[2] 陈小平. 薪酬管理[M]. 北京：科学出版社，2017.
[3] 李中斌，冯颖，谭志欣. 薪酬管理[M]. 北京：科学出版社，2016.
[4] 杨毅宏，赵新刚. 绩效薪酬管理实务[M]. 北京：中国电力出版社，2014.
[5] 肖剑. 员工考核与薪酬管理实用必备全书[M]. 北京：企业管理出版社，2019.
[6] 白睿. 薪酬管理全流程实战方案[M]. 北京：中国法制出版社，2019.
[7] 张霞. 绩效考核与薪酬管理[M]. 西安：西安电子科技大学出版社，2019.
[8] 于彬彬. HR薪酬管理整体解决方案：共享价值分配规则[M]. 北京：中国法制出版社，2018.
[9] 邹善童. 薪酬管理实操全流程演练：实战案例版[M]. 北京：中国铁道出版社，2018.
[10] 张萌，王松林，武啸. 名企人力资源管控最佳管理实践[M]. 北京：中国法制出版社，2017.
[11] 孙利虎. 战略薪酬管理：理论与实务[M]. 大连：东北财经大学出版社，2015.
[12] 云鹏. 薪酬福利管理[M]. 北京：中国商业出版社，2016.
[13] 周晓飞. 薪酬设计与绩效考核案例实操指南[M]. 北京：中国铁道出版社，2017.
[14] 于洁. 销售管理：理论与实训[M]. 2版. 上海：复旦大学出版社，2017.
[15] 靳娟. 国际企业外派人员管理[M]. 北京：首都经济贸易大学出版社，2016.